本书为国家社会科学基金青年项目《社会主义协商民主与选举民主协同发展研究》（编号：15CKS019）主要结项成果

| 光明社科文库 |

社会主义协商民主
与选举民主协同发展研究

刘俊杰◎著

光明日报出版社

图书在版编目（CIP）数据

社会主义协商民主与选举民主协同发展研究 / 刘俊杰著 . -- 北京：光明日报出版社，2023.3

ISBN 978 - 7 - 5194 - 7141 - 5

Ⅰ . ①社… Ⅱ . ①刘… Ⅲ . ①社会主义民主—民主协商—研究—中国 Ⅳ . ①D621

中国国家版本馆 CIP 数据核字（2023）第 099477 号

社会主义协商民主与选举民主协同发展研究

SHEHUI ZHUYI XIESHANG MINZHU YU XUANJU MINZHU XIETONG FAZHAN YANJIU

著　　者：刘俊杰

责任编辑：鲍鹏飞　　　　　　　　责任校对：周文岚　乔宇佳

封面设计：中联华文　　　　　　　责任印制：曹　净

出版发行：光明日报出版社

地　　址：北京市西城区永安路 106 号，100050

电　　话：010 - 63169890（咨询），010 - 63131930（邮购）

传　　真：010 - 63131930

网　　址：http：// book. gmw. cn

E - mail：gmrbcbs@ gmw. cn

法律顾问：北京市兰台律师事务所龚柳方律师

印　　刷：三河市华东印刷有限公司

装　　订：三河市华东印刷有限公司

本书如有破损、缺页、装订错误，请与本社联系调换，电话：010 - 63131930

开　　本：170mm×240mm

字　　数：240 千字　　　　　　　印　　张：18

版　　次：2024 年 1 月第 1 版　　　印　　次：2024 年 1 月第 1 次印刷

书　　号：ISBN 978 - 7 - 5194 - 7141 - 5

定　　价：98.00 元

目 录
CONTENTS

绪 论 ………………………………………………………………… 1

第一章 社会主义协商民主与选举民主协同发展的内涵界定 ………… 13

第二章 社会主义协商民主与选举民主协同发展的理论基础 ………… 42

第三章 社会主义协商民主与选举民主协同发展的内在机理 ………… 93

第四章 社会主义协商民主与选举民主协同发展的历程回溯 ………… 114

第五章 社会主义协商民主与选举民主协同发展的实践效应 ………… 168

第六章 社会主义协商民主与选举民主协同发展的推进路径 ………… 203

结 语 ……………………………………………………………… 243

参考文献 …………………………………………………………… 246

绪　论

协商民主与选举民主是社会主义民主的两种重要形式。中共十九大明确将选举民主和协商民主列在民主权利的前两位足以说明中国共产党对两种民主形式之重要性的认识。长期以来中国共产党既重视两种民主形式的单独推进，也重视两种民主形式的协同发展。两者协同发展是社会主义民主政治建设的重大命题。在这一命题上，尚有诸多理论问题有待解答，也有不少实践问题有待解决，迫切需要理论研究的跟进和现实实践的推进。

一、问题提出

中国共产党在领导社会主义民主政治建设的过程中十分重视协商民主与选举民主两种民主形式的运用和发展，也阐述了两种民主形式的关系。但是从中共中央文件和党的领导人的相关阐述看，关于两种民主形式关系的阐述是比较笼统和模糊的，也未能对两种民主形式在社会主义民主政治建设中的定位和地位给予明确，所以这也导致理论界在未来中国民主政治建设路径选择上产生了争论，即出现了"选举民主优先发展论""协商民主优先发展论""协商民主与选举民主共同发展论"三种论调。

（一）选举民主优先发展论

这一论调认为在两种民主形式发展中应该坚持选举民主优先。比如，马奔和彭宗超指出选举民主理应具有优先发展的地位，因为只有选举民主得到顺畅发展，协商民主的真实才可能得到保证。① 主张选举民主优先发展者所持的主要依据是，选举民主关系到权力的来源、权力的合法性，体现了人民主权，相较于协商民主，选举民主具有根本性。

（二）协商民主优先发展论

这一论调与上一论调正好相反，"协商民主优先发展论"坚持协商民主优先发展。比如，房宁认为，中国和西方在代议制民主、选举民主的发展路径与程度上完全不一样，在西方协商民主是"补充"，在中国则是重点，协商民主在中西方的发展进程也不一样，所以"未来一段时期，中国仍应选择以协商民主为推进民主政治建设的重点，大力尝试、完善、固化各种层级、各种形式的政治协商，让协商民主在中国现代化进程中发挥更实际的、更大的、更稳定的效用"②。林尚立认为中国政治发展秉承的基本理念、肩负的历史责任及依附的现实条件都决定着中国政治发展程序的选择倾向于协商。③ 马德普认为，协商民主是民主更高层次的发展，不能固守选举就是民主的教条认识，轻视协商民主会导致其发展失去动力，使得中国民主政治建设偏离正确方向。④ 王道坤指出中国共产党的权威主导、协商民主实践成本低和风险较小的特点都使得中国更适合发展协商民主。⑤

综观"协商民主优先发展论"的观点可以看出，他们主张未来中国应该优先发展协商民主的主要原因如下。一方面来自对中国民主政治发展趋势的判断和对协商民主优势的认知。在他们看来，民主向协商民主发展，是民主更高层级的发展，协商民主是对选举民主的超越。社会主

---

① 马奔，彭宗超. 协商民主与票决民主的整合：中国民主政治发展模式的探讨 [J]. 中国政协理论研究，2009（4）：49.
② 房宁. 发展协商民主是中国民主建设的重点 [J]. 中国政协理论研究，2014（3）：17.
③ 林尚立. 协商政治：对中国民主政治发展的一种思考 [J]. 学术月刊，2003（4）：19.
④ 马德普. 协商民主是选举民主的补充吗 [J]. 政治学研究，2014（4）：25.
⑤ 王道坤. 协商民主在中国的适用性条件及其前景 [J]. 华中师范大学学报（人文社会科学版），2006（4）：39.

义协商民主关注和改善权力运行，有利于避免选举民主仅关注权力产生的不足；有利于少数人诉求和主张的表达与尊重，避免选举民主"简单多数原则"的不足；等等。另一方面来自对中国现实国情和历史文化传统的思考。中国古代政治运行中就存在协商的元素，中国具有悠久的"和合"政治文化传统，中国共产党在领导国家建设中也有着政治协商的传统。同时，中国过去长期的封建专制统治造成民众民主意识匮乏，在短期内实行高度竞争的选举制度并不现实，而大力发展协商民主是一个务实且有效的选择。

（三）协商民主与选举民主协同发展论

与上述两种论调不同，还有一些学者认为两种民主形式相辅相成、相互补充、不可分割，应该协同发展，亦即"社会主义协商民主与选举民主协同发展论"。比如，宁超和郭小聪指出："中国特色社会主义新时代建设中政治现代化的核心是民主化，而选举民主和协商民主的'协同并进'式民主化是适合我国政治制度建设和政治文明现代化的最佳选择……中国政治现代化的推进及民主化的完善需要进一步提升选举民主和协商民主的协同发展。"[①] 李建和宋连胜进一步指出，两种民主形式协同发展适应了新时代国家治理的现实需要，前期的实践及党的十八大以来党和国家相关部署的推进，使得我国形成了协商民主与选举民主协同发展的治理格局。[②] "协同发展论"者之所以提出这种观点，一是基于对两种民主形式优缺点的认识，认为两者是相辅相成、互为补充和紧密联系的；二是基于对推动中国民主政治发展和国家治理需要的认识，认为两者协同发展有助于满足这一需要；三是基于对中国民主政治建设历史进程和发展现状的认识，认为两

---

① 宁超，郭小聪. 论新时代协商民主与选举民主的协同发展 [J]. 湖北社会科学，2018 （12）：36.
② 李建，宋连胜. 协商民主与选举民主协同发展的治理优势 [J]. 长白学刊，2016 （6）：60.

种民主形式的协同发展早已有之，现在，协同发展正处于不断推进之中，所以两者当然应该协同发展。

不过，即便同样作为"协同发展论"者，学者们的观点也存在分歧。第一种观点认为，两种民主形式应该协同发展，但选举民主是基础。比如，杨雪冬指出应该推动两者协同发展，但他也指出，选举民主是以保障公民选择权为核心关切的，所以在制度建设上其发展要优先于协商民主。①第二种观点认为，两种民主形式应该协同发展，但更应强调协商民主，其原因大致和"协商民主优先发展论"者所持理由相仿。第三种观点认为，两种民主形式应该协同发展，对两者进行主次划分、优先排序，实无必要。比如，潘荣江和陈朋认为，"关于选举民主与协商民主谁更为民主、谁居于主导地位、谁为补充的争论，实无必要。重要的是如何发挥二者的积极作用为推进民主政治发展作出有益探索和贡献"②。

由于上述争论直接关乎社会主义民主政治建设的路径、方向与质量，所以对这一争论进行及时回应实有必要。通过之前的积累和研究，笔者认为，两种民主形式协同发展具有深厚的理论基础，而且它们在既往中国民主政治发展中已经一定程度地实现了协同发展，也在协同实践中展现出积极效应、彰显出显著优势，因此今后理应推动两者协同发展。社会主义协商民主与选举民主协同发展是中国政治生活中的一个重大理论和实践问题，也是一个较新的学术研究话题，目前学界对一这问题缺乏应有的关注，相关研究成果并不多，为此，本著作尝试选择这一问题展开研究，希冀在前期相关研究基础上将这一问题的研究推向深入，而这一研究本身也是对"选举民主优先发展论""协商民主优先发展论"的回应。

---

① 杨雪冬. 推动选举民主与协商民主的发展 [N]. 陕西日报, 2009-03-25 (6).
② 潘荣江, 陈朋. 选举民主与协商民主共生发展：乡村的实践与价值：浙江泽国镇的案例启示 [J]. 中国特色社会主义研究, 2009 (4)：71.

二、研究意义

(一) 理论意义

本选题研究的理论意义主要体现在如下两方面。

第一，基于马克思、恩格斯、列宁及中国共产党对协商民主与选举民主协同问题重要论述的梳理分析，基于两种民主形式互补、互联、互通、互促内在机理的归纳分析，基于两种民主形式协同发展实践历程的回顾分析，基于两种民主形式协同发展实践效应的总结分析，阐明"为何协同发展"，并主要基于两种民主形式协同发展实践历程和实践效应的探讨分析，阐明"协同发展如何"。

第二，基于两种民主形式各自内涵的界定，以及在此基础上的两者协同发展内涵界定，阐明"何为协同发展"。

(二) 实践意义

本选题研究的实践意义主要体现在提出了推动协商民主与选举民主协同发展的一些建议：采取差异化推进政策，推动内向协同与外向协同相结合，候选人协商酝酿的过程应记录在案，建立选举年制度，建立协同发展动力机制，制定《中国共产党选举工作条例》，在人大常委会设立专门的代表选举与联络机构，将推动协商民主与选举民主协同发展工作纳入领导干部政绩考核，以明确比例规定代替模糊性量化规定，等等。这些观点聚焦现实问题，其采纳和应用可能会对推动两者协同发展产生积极影响，推动两者更好协同发展。

三、研究现状

(一) 国内研究现状

中国知网检索显示，国内最早将中国协商民主与选举民主问题结合起来研究的论文是何长青在《山东社会科学》2006 年第 10 期发表的《选举与协商：和谐社会的民主政治建设》，论文分析了选举民主与协商民主的概念并指出两者结合对于和谐社会构建具有重要作用。此后，国内学者陆续对社会主义协商民主与选举民主协同发展问题给予了关注和研究。现在来看，学界对这一问题的研究主要围绕以下五个问题展开。

第一，协同发展原因。国内学者对于这一问题的分析主要有以下三点。

一是从中国历史文化传统和现实国情阐述两者协同发展的必要性。比如，孙照红认为对于民主模式的选择是要依据本国国情的，要充分考虑到国家的历史文化、经济发展状况、现实社会结构、政治制度等①，而在他看来，中国选举加协商的民主制度模式建立就是考虑到了这些因素。

二是从两者相互关系上阐述协同发展的必要性。比如，杨雪冬指出两种民主形式存在相互支持、相互补充和相互增强的关系，这决定了两者缺一不可，必须协同发展。② 张等文和管文行指出："无论是协商民主还是选举民主都不能单独承担起农村民主政治建设任务，只有建立起二者的衔接与互动机制，将选举与协商有机结合起来，才能更好地促进农村基层民主政治建设和推动乡村治理现代化。"③

三是从两者协同发展的效应上阐述两者协同发展的必要性。学界对此进行了比较丰富的论述。虞崇胜和何志武从政治、文化和社会层面指出了两者协同发展的积极效应，政治上有助于促进政治现代化、政治稳定，文化上有助于公民文化培育，社会上有助于推动社会繁荣和谐④。朱世海认

① 孙照红. 选举民主和协商民主：中国特色的双轨民主模式 [J]. 唯实，2007 (7)：36.
② 杨雪冬. 推动选举民主与协商民主的发展 [N]. 陕西日报，2009-03-25 (6).
③ 张等文，管文行. 中国农村协商民主与选举民主的互动关系 [J]. 理论与改革，2015 (6)：36.
④ 虞崇胜，何志武. 选举民主与协商民主的互动效应分析 [J]. 学习与实践，2007 (1)：71.

为两者协同有助于促进正确决策、社会和谐和政治稳定。① 赵成斐就党内选举民主与协商民主协同发展效应指出，它有助于推动党员参与、提升党内政治现代化水平并实现党内民主与社会民主的互动。② 综合学者们的阐述可以看出，他们依据两者协同发展的积极效应对两种民主形式协同发展的必要性进行了论证，这些积极效应主要包括发展社会主义民主、保持政治稳定、促进社会和谐、推进科学决策、培育公民文化等。

第二，协同发展向度。在中共十八大之前，许多学者将政治协商等同于协商民主，将人大选举作为选举民主的代名词。受此影响，他们对社会主义协商民主与选举民主协同发展的阐释主要集中在国家政治层面，主要探讨的是人大选举与政协协商的协同实践。中共十八大之后，随着党中央文件、党和国家领导人对社会主义协商民主进行了一系列重要论述，人们对社会主义协商民主的认知大大提升，这样，学界对于社会主义协商民主与选举民主协同发展向度的研究也逐步拓展至政党和社会层面。比如，宋坚刚等《党内"选举民主"与"协商民主"——双向逻辑演进及其兼容性分析》、侣传振《党内选举民主与党内协商民主的衔接与互动——以理性为视角》等论文对党内协商民主与选举民主协同发展问题进行了探讨，章荣君《实现村民自治中选举民主与协商民主协同治理的探究》、袁方成《选举与协商：村民自治的双轮驱动》等论文对社会自治层面的协商民主与选举民主协同发展问题进行了探讨。

第三，协同发展环节。刘志锋认为民主协商确定正式代表候选人是选举的重要环节，他以泉州市泉港区的实践为例，对在县乡人大代表选举中

---

① 朱世海. 选举民主与协商民主相结合是中国社会主义民主的重要特色［J］. 中央社会主义学院学报，2008（1）：28.

② 赵成斐，牟言波. 基层党内选举民主与协商民主协同机制研究［J］. 新视野，2016（4）：59.

代表候选人的协商确定、协商质量相关问题进行了探讨分析。① 这就提出了在人大代表选举产生前就代表候选人进行协商。邱国良和戴利朝提出村选举委员会事关选举，应该在选委会的组成上推动协商，赋予村民更多的话语权，并且他提出在乡村推动村镇精英同村民及其代表的经常性协商，在乡村重大决策上争取达成共意。② 这就在村级选举中融入协商民主提出了自己的看法。朱兆华指出，党员的主体地位必须得到尊重，推动党员参与党内选举，并在追求共识中开展自由平等的协商讨论，提升党内决策合法性。③ 这就提出党内协商民主融入党内选举的观点。

第四，协同发展历程。关于社会主义协商民主与选举民主协同发展的历程，有学者从某一历史阶段进行了考察，也有很少的学者进行了整体考察。通过学者们的研究可以看出，几个时间节点是他们划分两者协同发展历史进程的重要依据。一是抗日战争时期"三三制"政权的建立。例如，陈朋亲指出在"三三制"政权中，两种民主形式得到很好运用和发展及充分协同发展，这也是党进行协同探索的早期尝试。④ 二是1949年新中国成立和1954年第一次全国人民代表大会召开。新中国成立也就意味着中国共产党领导的政治协商制度建立，第一次全国人民代表大会召开则意味着人大选举制度的确立。所以有学者指出第一次全国人大的成功召开是中国特色的协商民主与选举民主协同发展初步成型的重要标志。⑤ 三是改革开放开启。改革开放后无论是社会主义选举民主还是协商民主都得到了快速

---

① 刘志锋. 协商彰显民主实质："直击县乡人大代表换届选举"之协商代表正式候选人 [J]. 人民论坛，2006（12）：19-20.

② 邱国良，戴利朝. 困境与出路：协商民主与村级选举制度的完善：以江西省若干村选举为研究对象 [J]. 求实，2007（11）：91.

③ 朱兆华. 党内选举民主与党内协商民主的互动关系研究 [J]. 中州学刊，2013（2）：20.

④ 陈朋亲. 论"三三制"政权对我国选举民主与协商民主协同发展的启示 [J]. 理论观察，2015（8）：31.

⑤ 宁超，郭小聪. 论新时代协商民主与选举民主的协同发展 [J]. 湖北社会科学，2018（12）：38.

发展，两者的协同发展也在不断推进。学界在研究这一问题时基本上都将改革开放作为中国社会主义民主政治发展包括选举民主与协商民主协同发展的一个重要时间节点。四是中共十八大召开。不少学者在开展中国协商民主、选举民主问题研究时，将党的十八大作为社会主义协商民主与选举民主各自发展和协同发展中的一个重要时间点，并对党的十八大之后两种民主形式协同发展的推进给予积极评价。

第五，协同发展推进路径。学者们对此从不同方面进行了阐述。例如，李涛指出应该拓展协商民主制度与选举民主制度的内容，丰富协商民主与选举民主的表现形式。[1] 宁超和郭小聪认为："要以完善相关规章制度，规范发展模式以促进两者的协同来推动中国政治制度的完善，实现中国特色社会主义民主制度的跨越式发展。"[2] 杨雪冬认为就当前而言重要的是从战略高度明确两者发展的重点，有序、依法推进。[3]

国内学界对社会主义协商民主与选举民主协同发展问题已经进行了一定的研究。但总体来看，这些研究还处于初步研究阶段，尚存在诸多不足，主要有以下四点。一是研究成果比较有限，直接相关的研究成果还很少。中国知网检索，以"协商""选举"两个词汇作为并列关键词，与之同时模糊输入篇名，剔除具有新闻报道性质的文章，可以查询到相关论文共计121篇；直接以"协商""选举""协同"3个词汇作为并列关键词，与之同时模糊输入篇名，总计能够检索到的论文只有10篇。二是研究存在盲区，对两种民主形式协同发展的内涵、机理、评价等问题还缺乏应有的关注和探讨。三是研究不够深入，对两种民主形式协同发展的原因仅从两者关系上进行分析，且分析不够深入；对协同发展的历程、现实效应、

---

① 李涛，王新强. 协商民主、选举民主与民主政治建设 [J]. 政治学研究，2014（3）：73.

② 宁超，郭小聪. 论新时代协商民主与选举民主的协同发展 [J]. 湖北社会科学，2018（12）：36.

③ 杨雪冬. 推动选举民主与协商民主的发展 [N]. 陕西日报，2009-03-25（6）.

存在问题和推进路径等，只是个别学者进行了研究，研究多为一家之言，缺乏争鸣，不够深入。四是研究主要限于一般的理论分析，缺乏实证考察和系统研究。

（二）国外研究现状

国外学者长期以来一直比较关注中国选举民主，相关研究成果也比较丰硕，近十年来也在关注中国协商民主，相关研究成果也有一些，不过，直接针对中国协商民主与选举民主协同发展问题进行探讨的研究还是比较匮乏。相关的研究主要涉及以下三方面。

第一，中国是否存在协商民主与选举民主协同发展的问题。有些西方学者以西方民主话语来审视中国政治，不是认为中国不是一个民主国家，不存在选举民主与协商民主，就是认为中国只存在有限的选举民主和协商民主。应该说，这完全是西方民主话语体系下的认识偏见，根本不符合中国的实际情况。当然，也有一些国外学者比较实事求是，认为中国存在选举民主与协商民主，也提出了两种民主形式协同发展的问题。比如，韩国学者李允熙指出不能将中国人大选举民主与政协协商民主隔离、对立起来，只有将两者结合、统一起来才有助于发挥中国政治的优势。[1] 澳大利亚学者何包钢基于中国农村民主政治实践考察指出中国村委会成员由选举产生，但是这些人并没有将村民的想法和建议吸纳入决策，所以他认为，在中国乡村大力发展协商民主是必要的，有助于将村民意见吸纳入决策，他也乐观地预计未来中国乡村会越来越多地实行协商民主。何包钢的观点至少说明，在他看来中国农村推进协商民主与选举民主协同发展是必要的。

第二，社会主义协商民主与选举民主协同发展的原因。何包钢认为一个重要原因在于地方领导干部的政绩观[2]；另一个重要原因在于发展民主

---

[1] 李允熙，杨波. 协商民主中国化的理论与实践研究 [J]. 安徽大学学报（哲学社会科学版），2008（4）：155.

[2] 何包钢. 中国协商民主制度 [J]. 陈承新摘译，浙江大学学报（人文社会科学版），2005（3）：15.

的压力，在他看来在东欧与亚洲民主政治快速发展的背景下，中国也面临着发展民主政治的压力和迫切需要，而这推动了中国在发展选举民主的同时也在积极探索协商民主。

第三，社会主义协商民主与选举民主协同发展的推进路径。有国外学者指出，"可以对参与者进行一定的资格限制使得优势群体比如富人难以形成不成比例的代表性、影响力……甚至考虑直接授权穷人和边缘化群体的相应利益，在代表性会议中为弱势群体保留相应的数量"①。也有国外学者认为，"发展中国协商民主不应仅关注形式，还应注重协商实效，不断推动民主发展，以及为降低参与成本而努力，而且要注意协商民主与其他民主形式的结合，尤其是注意同选举民主的结合"②。

总体而言，国外学界对中国协商民主与选举民主协同发展问题的探讨分析还比较匮乏，相关的很多问题都没有被关注和探讨。并且，由于知识背景、思维方式、研究方法的不同，以及很多国外学者对中国民主政治缺乏深入了解，加之协商民主与选举民主协同发展问题本身的复杂性，致使国外研究存在西方话语色彩浓厚、有些认识脱离了中国实际等局限性。

四、研究思路

著作研究的总体思路是：通过绪论导入问题提出的背景，并简要阐述著作的研究意义、研究现状、研究思路、框架结构。基于两种民主形式各自内涵的界定，以及在此基础上的两者协同发展内涵的界定，阐明"何为协同发展"；基于马克思、恩格斯、列宁及中国共产党对协商民主与选举民主协同发展问题重要论述的梳理分析，基于两种民主形式互补、互联、

---

① Leib E J, HE B G. The Search for Deliberative Democracy in China ［M］//BELL D A. Deliberative Democracy with Chinese Characteristics：A Comment on Baogang He's Research. New York：Palgrave Macmillan US, 2006：151.

② Leib E J, HE B G. The Search for Deliberative Democracy in China ［M］//FISHKIN J S. Alice Siu, Public Consultation Through Deliberation in China：The First Chinese Deliberative Poll. New York：Palgrave Macmillan US, 2006：241.

互通、互促内在机理的归纳分析，基于两种民主形式协同发展实践历程的回顾分析，基于两种民主形式协同发展实践效应的总结分析，阐明"为何协同发展"；并主要基于两种民主形式协同发展实践历程和实践效应的探讨分析，阐明"协同发展如何"；基于两种民主形式协同发展推进路径的探讨分析，阐明"如何更好协同发展"。

五、框架结构

著作分绪论、正文和结语三部分。绪论部分主要包括问题提出、研究意义、研究现状、研究思路、框架结构五方面。正文部分主要包括六章。第一章，是社会主义协商民主与选举民主协同发展的内涵界定，在对协商民主与选举民主的内涵进行分别阐释的基础上，对两种社会主义民主形式协同发展的内涵进行界定；第二章，是社会主义协商民主与选举民主协同发展的理论基础，主要是马克思、恩格斯、列宁及中国共产党对协商民主与选举民主及其协同发展重要论述的梳理分析；第三章，是社会主义协商民主与选举民主协同发展的内在机理，从协商民主与选举民主的互补、互促、互联及互通四个方面展开论述；第四章，是社会主义协商民主与选举民主协同发展的历程回溯，主要从新中国成立前、新中国成立至改革开放开启前、改革开放以来三个历史时期进行回顾分析；第五章，是社会主义协商民主与选举民主协同发展的实践效应，主要将其概括为推进国家治理体系和治理能力现代化、巩固共产党的执政地位、发展社会主义公民文化、彰显中国政治制度优势四个方面；第六章，是社会主义协商民主与选举民主协同发展的推进路径，主要从加强顶层设计、构建协商式选举、发展选举民主、推进两者协同等方面展开阐述。结语部分既包括对前文研究的总结，也包括全过程人民民主命题提出后对推动社会主义协商民主与选举民主协同发展问题的简单思考和展望。

第一章

社会主义协商民主与选举民主协同发展的内涵界定

协商民主与选举民主既是社会主义民主政治的两种重要形式，同时宏观地讲也是现代民主政治的两种重要形式。西方也存在选举民主与协商民主。因此，这就需要对中西话语下的协商民主与选举民主内涵进行界定，以免人们不明两者差异，将其混为一谈，甚至陷入西方协商民主与选举民主话语并以此话语来理解及评价中国协商民主与选举民主理论和实践。只有清晰了两种民主形式的各自内涵，才能更好地界定其协同发展的内涵，从而为这一问题的后续研究奠定基础。

一、关于选举民主

（一）西方选举民主的内涵

选举行为早期人类社会就已有之。恩格斯在《家庭、私有制和国家的起源》著作中向我们展现了原始氏族社会的选举行为，他指出氏族的权力机关——议事会是氏族成年人进行平等表决的民主集会，氏族成员通过议事会选举酋长、酋帅，以及其他需要选举的信仰守护人。① 原始社会出现的选举现象是自然生成的，它是原始民主制的重要组成部分。随着生产力

---

① 马克思恩格斯选集：4 ［M］. 北京：人民出版社，1995：86.

的发展，阶级和私有制的出现，原始社会走向解体，奴隶制社会开始出现。进入奴隶社会，随着中西方生产和生活方式的差异性发展，东西方政治文明出现了不同的发展道路。"东方和西亚等广大领域随着农业生产方式的发达，逐渐形成君主制，尤其是专制君主制，而在地中海周围的城市国家中却随着商业殖民经济的发展而形成民主共和制。"① 比如，大家熟知的古希腊雅典城邦就实行直接选举的民主制。进入中世纪，具有自治传统的一些欧洲商贸城市仍然保留着以选举方式选出城市管理者的传统。但是，这些前现代的选举还不能称为"选举民主"。因为当时的选举参与只是少数自由民、公民的权利，大多数的奴隶、外邦人、被征服地区域的人民以及广大的社会下层群众是没有这一权利的。而且这种直接性质的选举只适合于规模较小的城邦。

选举民主是近代以来才有的政治实践。近代以来，伴随着资本主义的发展，资产阶级迫切需要推翻封建专制统治，建立资产阶级统治，在这种背景下，天赋人权、社会契约、主权在民等资产阶级的人民主权理论产生。按照这一理论，人民应该是国家的主人，从事国家的治理。但是，现实的难题在于，近代以来民族国家的形成大大拓展了国家的疆域和人口的规模，这就使得人民直接从事国家的治理成为现实难题。在这种情形下，代议制成为必要选择。按照西方民主理论家的观点，一国之内的公民可以通过选举自己代理人的方式参与国家事务管理，这种间接的管理实现和体现了人民的统治，也是代议制民主的核心内涵。

代议制民主实际上偏离了民主的本意，但它解决了在地广人众的现代民族国家实现民主的难题，是一种不得已而为之的选择。对此，达尔指出，尽管从起源上看代议制思想并没显示出与民主的直接关联，但是等到了 18 世纪末，当民主政府的支持者特别是资本主义民主政治理论家认识

---

① 张涛，王向民，陈文新. 中国城市基层直接选举研究 ［M］. 重庆：重庆出版社，2008：43.

到代议制能够同民主程序有机结合，并能够支撑整个国家范围内实行民主制的时候，于是他们将这种组合当成是人类有史以来伟大的政治创新成果。① 代议制民主与选举民主既具有交集同时又存在区别，既紧密联系同时又各有独立意义。选举民主是代议制民主运转的必要条件和形式，代议制民主的实现必须借助于选举民主，也正因如此，代议制民主的运行最直观地表现为选举竞争，所以人们通常也将代议制民主理解为选举民主。而代议制民主又不仅指的是选举民主，它还包括一系列支撑西方代议制民主运行的实践内容，例如，竞争性政党制度、权力分立、相互监督和政治公开等。

选举民主是一个集合性的概念。作为一个政治术语，它出现在西方近代政治学的词典里。要理解选举民主的内涵，就需要对"选举"与"民主"两词的融合历程进行追溯。事实上，无论是从词源学意义上看，还是历史地看，选举和民主都不是一开始就连接在一起的一个政治术语。从词源学意义上看，"选举"和"民主"本身就是两个词汇。"'民主'一词源自希腊文'demokratia'，本义为'人民的统治'。由于'人民的统治'在古希腊是以人民共同讨论和决定公共事务为主要特征的城邦民主制来实现的，所以其本质内涵也被理解为'由全体人民（而不是他们选出的代表）平等地、无差别地参与决策管理'。"② 选举（election）源于拉丁语"eligere"，意为"挑选"。作为现代政治学的概念，西方一般认为，选举是具有正式资格的参加人选在参选的官员人选中或者是在有关公共政策、决议中表达偏好，做出选择的活动。所以，两个词汇之间既存在关联，又不是一回事，没有必然的联系。仅有选举，并不一定意味着政制是民主的，前文的阐述完全可以表明，在民主没有实现的情况下，选举是可能存

① 罗伯特·达尔. 多元主义民主的困境：自治与控制［M］. 周军华，译. 长春：吉林人民出版社，2006：9.

② 刘俊杰. 西方代议制民主的两大民主理论批判及其比较：基于马克思主义民主理论与西方协商民主理论［J］. 理论月刊，2018（11）：39.

在的，比如，欧洲中世纪的等级议会的选举，古希腊奴隶制下的选举，都不是现代意义上的民主选举。而民主的实现形式也是多样的，不止选举一种，协商、抽签等都是。近代以来，选举与民主才真正融合成为一个具有特殊指代意义、约定俗成的政治词汇"选举民主"。

那么，选举民主具体指代的是什么呢？客观地讲，西方很多学者并未对此做出十分清晰的界定，他们在使用这一表述时往往将其作为一种"自明性"的概念。也有一些学者对选举民主的内涵进行了界定，从他们的阐述看，对选举民主大致包含以下三种理解。

一是从政治合法性视角阐述选举民主。例如，英国的安东尼·阿伯拉斯特在其知名著作《民主》中指出选举民主是政治合法性最基本的检验标准，它的实现方式体现在民众对政府的选择上，民众通过票选产生政府。①

二是从民主的相应条件来阐述选举民主。比如，萨托利着重关注公众舆论对于选举民主存在合理性的影响，指出选举民主应以具备独立的公众舆论为基本前提，在实施中获得大多数的同意。②

三是将选举民主作为与自由民主相对应的民主形式加以认识。比如，戴蒙德认为，选举民主是最小限度的，自由民主是最大限度的，两者居于"统一体"的两端，选举民主突出对实行最小限度公民自由保障的必要性。③

可以看出，西方现代意义上的选举民主需要以下基本要件。

一是民主选举。何谓民主选举？西方学者一般认为，选举是否民主，要看它是否自由、平等、定期、公开、具有竞争性，公民是否享有参与选举的基本政治权利保障，其中特别是公民是否具有言论与信息自由。言论自由就是每一个成年的公民都有权就广泛的政治事务自由发表言论，就选

---

① 安东尼·阿伯拉斯特. 民主 [M]. 孙荣飞，等译. 长春：吉林人民出版社，2005：82.

② 萨托利. 民主新论 [M]. 冯克利，等译，上海：上海人民出版社，2009：125.

③ 刘军宁. 民主与民主化 [M] //戴蒙德. 第三波过去了吗？. 北京：商务印书馆，1999：392-395.

举候选人做出自主的抉择，他的观点表达和政治选择不受任何外在干扰。信息自由就是公民有权多渠道获得信息，在综合多渠道信息之后，独立做出自己的选择和判断。公民的选举必须是平等的。每位成年公民都应享有选举权，享有平等的机会去参加投票，并且坚持"一人一票"原则，所有的选票应该平等地计算，也就是"一票一值"。而竞争则意味着公民有充分选择权。定期的选举是制度化的、规范化的，而不是随意的、无序的。随意、无序、隐蔽的选举容易被人操纵，定期公开的选举有助于公民对议程的最终掌控，有助于推动选举的公平公正。当然，秘密的选举投票还是必要的。秘密投票有助于选民自由表达自己的选举意志，消除其担心报复的顾虑。

二是普遍选举。普遍选举原则要求选举权和被选举权不为少数人私享。在前资本主义社会，如前文所述，尽管也存在着选举行为，但是由于选举权和被选举权为少数人垄断，占人口大多数的下层社会民众没有参与政治的权利，所以这种选举还不能称为"选举民主"。在资产阶级革命时期，为了团结一致推翻封建专制统治，资产阶级曾喊出"自由、平等、博爱"的口号，许诺广大无产阶级、下层群众在革命成功后保障其民主权利，但是资产阶级在取得政权后，并未应验这一承诺。在西方资产阶级革命成功后的很长一段时间内，普选权并未得到落实，资产阶级为普遍选举设置了重重障碍，通过财产、性别、种族、受教育程度等方面的限制，使得选举权"门槛"过高，广大人民群众被排除在选举活动之外，为此他们展开了长期而坚决的斗争。在西方下层民众的不懈斗争下，选举权的门槛逐步降低，普选权最终才在西方得以实现。

三是票决制。如前文所述，进入现代社会，直接民主是很难实现的，代议制民主是现代民主政治最常见、最基本的实现形式。因为在幅员辽阔、人口众多的现代国家，以及由于政治管理本身的专业性，使得人民直接管理变得十分艰难，这就需要通过票决的形式选出人民基本满意的代理人，将权力让渡或委任给代理人，从而使得人民通过代理人来管理国家事务，间接地实现自身的统治。所以在代议制民主、选举民主运行中，票决制几乎成为必然选择。当然，需要指出的是，在现实资本主义政治实践中，票决制也存在很大的负面效应，比如，票决强调的竞争过于发展会带来社会分裂、利益对立，并形成一种弱肉强食的社会文化与道德。因此，票决从来就不是完美的民主制度。

四是多数决。在选举民主运行中，每位选民一张选票，选票都是等值的，选举民主运行的最后结果体现为通过选举票数的加总来计算民意的支持，这种计算简单明了，选举的成败也因此变得一目了然。在这个意义上，的确，选举民主提供了一个便捷、容易操作的裁决机制，在选举领导人上具有明显的技术优势。[①] 不过，多数决原则的运用也带来了"多数暴政"的弊病。所以，多数决原则只是体现一种"求善"，并不"求真"。在不能达成一致同意的情况下，只能退而求而其次，追求一种较大范围的认同，而至于多数人的主张正不正确，不在考虑范围之内，少数人的主张合不合理也不在考虑范围之内。

五是差额竞争。选举民主还有一个基本特点是差额竞争。差额选举意味着可供选举的候选人并不唯一，候选者要多于应选人数，它支撑了人民选择和不选择的权利和自由。

通过以上阐述不妨对西方选举民主的内涵做以下界定：它是指在西方自由代议民主体制下，具有正式资格的选民在竞选公职的候选人中进行投票选择的政治行为。

（二）社会主义选举民主的内涵

"选举"一词，中国古已有之。在古中国词汇里，"选举"一词指的是一种人才选拔和官职授予的方式和制度，"选"指的是选择、选用，

---

① 韩志明. 选举民主与协商民主的比较：以民意信息处理为中心的技术分析 [J]. 清华大学学报（哲学社会科学版），2019（1）：192.

"举"指的是推举、荐举，实际上指的是选拔、举荐贤能者入仕为官。《宋史》《明史》等都有专门的选举制度记载。比如，《明史·选举志》就是人们了解和研究明代选举制度的基本文献。

尽管中国古代的选举和现代民主政治意义上的选举都是人才选拔的重要机制，但两者存在巨大差异。这种差异主要表现在如下四方面。一是性质不同，古代选举制度实际上是为最高统治者选拔服务于统治者统治的相应人才，这种选举服从于统治者的意志，实际上是专制统治的构成部分，为统治阶层输入血液，对于专制统治者有利，而不是要去除专制统治；而现代意义上的选举，体现了人民主权，人民通过选票对代理人进行票决，最后选出符合自身利益的代理人，以代替自己进行国家事务的管理，在选举民主中，选举也是最高权力产生的借助途径。二是呈现的权力来源和特点不同，古代的选举权力来自封建帝王，官员通过选举的方式被授予一定职务，实际上体现了自上而下的权力授受，封建帝王世袭罔替，授予官员权力以代替其进行国家统治；现代选举反映的自下而上的权力授受，人民授权代理人代理自己进行统治。正因为如此，所以古代的选举不涉及统治合法性的基础，而现代选举直接关系统治者权力的合法性来源。三是依赖的政治制度基础不同，中国古代选举制度依赖的根本政治制度基础是封建君主专制制度，而现代选举制度是与现代代议民主制度相适应的。四是范围不同，中国古代的选举是极少数人在少数人中进行选择，它是统治集团在少数社会贤能、优秀仕子中进行的择优录用，尽管说这些择优录用人才的范围有时界定较广，比如，能够科举取士的群体都有机会进入，但是由于在过去能够获得读书机会的还是少数人，所以，它实际上反映的是少数人在少数人中进行挑选；而现代选举反映的是多数人在少数人中进行挑选，广大的人民群众通过投票选举自己认为优秀的人才代理自己进行国家和涉及自身利益事务的管理。

近代中国是在与西方碰撞中被动地走向现代化的。鸦片战争后，面对深重的民族灾难和国内危机，清王朝统治者被迫开启了政治近代化的进程。1906 年清政府决定实行"预备仿行宪政"，在中央设立资政院，在地方建立谘议局，作为民意表达的渠道。地方谘议局开展的议员选举是中国历史上的首次选举。不过，在当时对于谘议局议员的身份还有很多限制，比如，财产、性别、教育等。

1911 年清王朝的垮台也使得形同虚设的资政院、谘议局成为历史记忆。南京临时政府成立后，国家的治理需要选拔相应的人才。孙中山在借鉴西方"三权"分立制度基础上提出了"五权"分立的主张，在"五权"之中，孙中山根据中国国情特别提出了考试权，他要求凡是公职候选人都需经过考试。孙中山的这一主张既承继中国历史文化传统，同时也是基于西方选举制度弊端反思的结果。在孙中山看来，要充分保证人民的选举权，但同时也要通过考试限制被选举对象，只有考试合格的人才能具有被选举权，这样，才能选拔出德才兼备的人才充当人民的公仆。但遗憾的是，民初的政治现实使得孙中山的这一主张完全落空，后来国民党政权的建立更是背离了孙中山的这一主张。民国初年，民国只有民国之名，毫无民国之实，民主选举成为封建独裁统治者、封建军阀操纵的工具，变异的党争与国会选举使其后的北洋政治陷入了无序状态，政党政治的失败、政治上的失效导致了极其严峻的国家与社会困境。正是面对这一严峻的现实，才有了国共合作开展得轰轰烈烈的大革命。但是，当革命发展至高潮时，国民党叛变了革命并将屠刀挥向中国共产党及其领导的革命群众，大革命最终失败，国民党在血雨腥风中建立起独裁统治。1928 年 6 月，国民党宣布开始"训政"，要求一切权力集中于党。六年"训政"，国民党在全国并无实施真正的民主选举。不仅如此，国民党执政期间还不允许其他任何党派存在，打压其他政党，这完全违背了孙中山"借才于党外"的思想。

在 1927 年至 1949 年整个中国国民党统治的 27 年间，国民党大大小小召开了若干次党内选举，重要的，例如，四届六中全会、六届四中全会等，这些选举从形式上看是较为完备的，但是这些会议都是国民党加强自身一党统治、制定反动政策的会议。"九一八"事变后，随着民族矛盾的加深，阶级矛盾的尖锐，使得结束训政、制定宪法、施行宪政的呼声日高。国民党被迫于1936年5月通过了宪法草案。由于宪法草案是一部巩固国民党专制、限制人民民主权利的草案，所以一经公布便遭到全国广大人民群众的强烈反对，加之受日本侵华的影响，最后胎死腹中。抗日战争胜利后，国民党为争取统治的合法性于1946年12月召开了一手包办的国民大会，制定了《"中华民国"宪法》，并于1947年1月1日公布。1948年3—5月"行宪国大"召开。由于国共冲突和其他党派对国民党统治的不满，共产党和民主党派拒绝参加这次会议，所以国民党在法律上失去了对民意机构的支配权，所谓的民意代表及其民主选举也沦为国民党以党治国的工具。

中国共产党是近代以来在中国人民追求民主和进步中产生的，参与组建中国共产党的早期知识分子大都是受到民主与科学精神洗礼的知识分子。中共一大就采用民主选举的方式产生了自己的领导机构。中国共产党在民主革命时期就采用选举的方式产生党代会、党代表会议的代表，产生党的领导机关和领导人。所以，中国共产党最早领导实施的民主选举实践是从党内开始的。当然，在后来领导中国革命、建设和改革的实践中，中国共产党也在不断从实际出发优化党内选举制度。随着中国共产党开始掌握政权，选举民主实践也从中国共产党党内走向其领导的政权之中。在苏维埃政权时期，中国共产党领导实施了大规模的选举民主实践。从1931年11月到1934年初，苏维埃政府共进行过三次"国家"选举。进入抗日战争时期，中国共产党也在"三三制"政权建设中大力推动选举民主实践。新中国成立后，随着新生人民政权的巩固，在国内开展大规模选举的条件逐步具备，1953年新中国成立后的第一部选举法制定，标志着中国人大选举制度、中华人民共和国选举制度的建立。以此为基础，第一次全国性普选在新中国展开。通过这场普选，1954 年选举产生了地方和全国人大代表，第一届地方和全国人民代表大会得以召开，第一届全国人民代表大会通过了全国人大组织法、地方人大组织法。以选举法、全国人大组织法和地方人大组织法为主体，加之中共中央、全国人大常委会下发的有关选举的通知、决议和决定共同构成了新中国最早的选举制度，奠定了社会主义选举民主制度的法制基础。此后，中国的选举制度随着经济社会的发展也在不断完善之中。当然，新中国成立后特别是改革开放后，中国的选举制度除了在国家政权层面建立和完善之外，在基层自治领域也在不断发展完善，比如，具有代表性的村民委员会选举和城市居民委员会选举。

伴随社会主义选举民主的建立和完善，国内学界对其的关注和研究也一直在持续。在研究中国选举民主的过程中，中国学者也在试图超越中西分野，提出中西都能接受的选举民主内涵。比如，李永洪指出：选举民主的定义应该是现代民族国家的选民按个人意志自由选举国家公职人员的民主实践形式。[①] 综合国内学者对选举民主内涵的理解可以看出，他们所阐释的内涵尽管在某种程度上都具有合理的方面但同时也存在不够圆满的方面。其中，国内学者对选举民主内涵界定存在的一个最大问题在于没能揭示中西选举民主的性质差别，尽管中国特色选举民主与西式选举民主在形式上有些相似，但二者存在本质差别，因为它们的性质是完全不同的。中国的选举民主是社会主义性质，而相对地，西方选举民主是资本主义性质的。

1991 年，江泽民同志创新地提出了社会主义民主存在两种重要形式的

---

① 李永洪. 选举民主经济成本论［M］. 北京：中国社会科学出版社，2014：61.

论断①，另一种是以人民选举、投票为特征，一种是以人民内部广泛协商为特征。由于 2007 年《中国的政党制度》白皮书（以下简称《白皮书》）直接提出选举民主与协商民主两种民主形式的结合是中国民主政治的重要特征，于是，后来就有学者指出社会主义选举民主就是指人民通过选举、投票行使权利的民主形式。对此，笔者认为，对于社会主义选举民主内涵的界定当然要以中国共产党的领导人及中共中央文件有关阐述为依据，但我们看到，党的领导人及后来的中共中央文件的相关阐述并未直接讲明人民通过选举、投票行使权利的民主形式就是指社会主义选举民主，同时也没明确指出人民内部各方面在重大决策前开展协商并尽可能取得一致意见的民主形式就是指社会主义协商民主，即便上述相关阐述是指社会主义选举民主和协商民主，也存在阐述过于简单的问题，这一点从下文阐述的党中央对社会主义协商民主内涵的界定中可以明显看出。另外，仔细探究就会发现，简单地认为人民通过选举、投票行使权利的民主形式就是指选举民主，这种理解本身就不全面、不准确。江泽民同志的上述阐述及后来党的领导人、中共中央文件的相似阐述实际上都同时使用了"选举"与"投票"两个词汇，这说明在他们看来这两个词汇的含义是不一样的。而事实是，这两个词汇的含义确实存在差别，否则就无须使用两个词汇。一般来讲，选举主要针对的是"人"，是对"人"的票选，而投票不仅针对"人"还针对"事"，并且更多针对的是"事"。也就是说，从更准确地意义上讲，从更广泛的意义上讲，包括江泽民同志在内的党的领导人和中共中央文件所阐述的人民通过选举、投票的方式来行使公民权利的民主形式应为社会主义票决民主而不是选举民主。

---

① 1991 年江泽民同志在全国"两会"党员负责人会议上指出："人民通过选举、投票行使权利和人民内部各方面在重大决策之前进行充分协商，尽可能就共同性问题取得一致意见，是我国社会主义民主的两种形式。"2006 年《中共中央关于加强人民政协工作的意见》、胡锦涛同志、习近平同志都做出过相近的表述。中共中央文献研究室. 江泽民论有中国特色社会主义（专题摘编）[M]. 北京：中央文献出版社，2002：347.

对于选举民主与票决民主的内涵差异，李景治认为首先两者是不能等同的，相较于选举民主，票决民主的内涵更为广泛，票决民主涵盖了选举民主的义涵。选举民主主要指的是与选举相关的制度和机制，而票决民主不仅包括选举民主也包括其他需要投票决定的内容，比如，公投、公共决策的票决，所以据此他认为不应该用协商民主和选举民主来提炼中国具有代表性、典型性的协商民主和选举民主实践，将其表述成"协商民主"与"票决民主"或许更为科学一点。① 学者马奔进一步认为，票决民主是公民以投票的方式参与公共事务的决定。而选举民主则是票决民主中对"人"的票决，公投民主是对"事"的票决。选举民主是当前票决民主最主要的形式，是反映"公意"最直接的手段，是实现民主政治的根本途径。② 这也就表明，党的领导人和中共中央文件所阐述的人民通过选举、投票行使权利的民主形式是指票决民主，票决民主包含了选举民主。

那么，社会主义选举民主具体指的是什么？界定这一点，需要考虑到以下三点。一是社会主义民主政治运行的根本要求。这个根本要求最根本的是坚持共产党领导，当然也需要做到与依法治国及人民民主的有机结合。二是选举民主主要是"选人"的。社会主义选举民主是对"人"的票决，而不是对"事"的票决，它是一种民主的权力授受方式，体现了选举人通过选举授权被选举人代理自己管理党、国家和社会的事务。三是社会主义选举民主与西方选举民主也存在一些相通之处。同样作为选举民主，中西选举民主也存在一些共性特征比如，多数决定、票决制、普遍选举、民主选举等。

考虑到以上三点，这里尝试对社会主义选举民主的内涵做一下概括：它是指在中国共产党领导下，享有选举资格的公民按着法律和相关制度规定选举自己的代理人（包括代表、委员、领导人员）从事政党、国家和社

---

① 李景治. 当代中国政治发展中的协商民主与票决民主 [J] . 中国人民大学学报，2011 (5)：69.
② 马奔，彭宗超. 协商民主与票决民主的整合：中国民主政治发展模式的探讨 [J] . 中国政协理论研究，2009 (4)：46.

会管理的民主形式。

二、关于协商民主

（一）西方协商民主的内涵

协商民主（Deliberative democracy）是 20 世纪 80 年代兴起于西方的民主政治理论。2004 年中国学者陈家刚发表《协商民主引论》一文将"Deliberative democracy"一词翻译为"协商民主"并对这一理论进行了简要的阐述。此后，这一翻译为中国学界大多数学者所采用，这一理论也逐步为中国学界所了解。

协商民主在西方兴起的一个重要背景是自由代议制民主危机。西方自由代议制民主经过数百年的塑造和完善已经成为具有标签性的西方民主制度。但这一制度存在明显局限，主要表现如下。一是过于简化民主。"西方代议制民主过于强调程序，偏重选举环节，将民主简化为'选举'，又将选举进一步简化为'投票'。于是，最后政党竞争、'一人一票'成为判断一个政体民主与否的基本标准。"① 二是奉行简单多数原则。以投票为核心的西方代议制民主实践导致"总体多数主义"。"总体多数主义"的运用，"造成人们不关注偏好如何形成、忽视少数人的利益和主张以及具有不同利益倾向的公民之间无法建立必要的相互关系和信任等问题"② 。三是强调精英决策。在西方代议制民主模式中，"公民只是投票选举自己的'代表'，投完票后，他们便退居一旁，而具体国家事务则由他们选出的'代表'即政治精英们做出决定"③ 。而他们所选出的"代表"有时不能代

---

① 刘俊杰. 西方代议制民主的两大民主理论批判及其比较：基于马克思主义民主理论与西方协商民主理论［J］. 理论月刊，2018（11）：41.

② 刘俊杰. 西方代议制民主的两大民主理论批判及其比较：基于马克思主义民主理论与西方协商民主理论［J］. 理论月刊，2018（11）：41.

③ 刘俊杰. 西方代议制民主的两大民主理论批判及其比较：基于马克思主义民主理论与西方协商民主理论［J］. 理论月刊，2018（11）：41.

表他们的利益。以上问题使得西方代议制民主远离民主本义，从而遭遇不断诘难和质疑，面临空前的合法性危机。

在批判西方代议制民主的过程中，西方理论界提出了协商民主理论，他们希望以此理论及其实践应用优化西方代议制民主。这是因为，"一方面协商民主理论认为偏好是可以通过审议改变的，集体决策通过公共理性而确定，这是每个人意志形成的过程，从而能够赋予结果以合法性；另一方面协商民主理论倡导所有相关者参与"①，因此它能够推动公众讨论，使得少数人的利益诉求和个人主张得到表达，有助于产生公正决定，保护弱势群体。而且，协商民主有助于"增进不同主体的相互了解和认知，增强彼此的尊重和信任。此外，政府在公共决策中运用协商民主，如果公众获得平衡的信息并意识到其能够理解和影响政策，就会促进公民参与，而基于公民参与的公共决策也更能够获得公众的认可、支持和执行"②。基于此，西方协商民主理论者普遍认为协商民主是能够弥补代议制民主不足的。

西方协商民主理论兴起至今，西方学界对其内涵的阐释可以说是五花八门，没有形成统一认识。正因如此，凯特·克劳利指出协商民主的内涵难以界定。③ 西方学界对于协商民主内涵的理解大致可以归纳为以下十点。

第一，协商民主是一种理论或理论体系。马库斯·安德烈·梅洛、杰保罗·白洛基认为，"协商民主理论指的是一个政治理论体系，它试图通过基于公共理性的审议来发展一个实质性的民主版本"④。詹姆斯·菲什金

---

① 刘俊杰. 西方代议制民主的两大民主理论批判及其比较：基于马克思主义民主理论与西方协商民主理论 [J]. 理论月刊, 2018 (11)：41.

② 刘俊杰. 西方代议制民主的两大民主理论批判及其比较：基于马克思主义民主理论与西方协商民主理论 [J]. 理论月刊, 2018 (11)：41.

③ RYFE D M. Does Deliberative Democracy Work [J]. Annual Review of Political Science, 2005 (1)：49.

④ MELO M A, BAIOCCHI G P. Deliberative Democracy and Local Governance：Towards a New Agenda [J]. International Journal of Urban and Regional Research, 2006 (3)：590.

认为，协商民主"是指一种理论，试图将人民自己的审议与对结果的意见（无论这些意见是以票数还是在民意调查表中）进行平等考虑相结合"①。也有一些学者将协商民主更具体地界定为一种民主治理理论或合法性理论。

第二，协商民主是一种政府形式。西方学界普遍认为民主的政府形式尽管存在着诸多弊端，但相对来讲是最不坏的政府形式。协商民主作为民主的重要形式，也是一种重要的政府形式。比如，丹尼斯·汤普森、古特曼·艾米指出协商民主应该是作为一种政府形式而存在，在这种形式中，"自由平等的公民及其代表在决策过程中彼此之间给出互相接受和总体可以实现的理由，达成对所有公民都具有约束力但同时又积极面向未来挑战的决定，从而赋予决策合法性"②。玛弗·库克也直截了当地指出，"在最简单的术语中，协商民主指的是民主政府的概念，它保证了政治生活中理性讨论的中心地位"③。

第三，协商民主是一种民主自治形式。比如，凯特·克劳利认为协商民主作为"一种民主自治的形式，通过公民之间的公共对话形成公共决策而不是单纯地通过政治家和民选官员之间的对抗性辩论来形成公共决策"④。

第四，协商民主是协商与民主词意的综合表达。代表性的观点如斯蒂芬·艾斯塔波提出应从"协商"和"民主"两方面来综合理解协商民主的概念。在他看来，就"协商"方面而言，协商民主是理性交流对话的过

---

① FISHKIN J S. Deliberative Democracy and constitution［J］. Social Philosophy and Policy, 2011（1）：247.
② THOMPSON D, GUTMANN A. Why Deliberative Democracy?［M］. Princeton, NJ: Princeton University Press, 2009：7.
③ COOKE M. Five Arguments for Deliberative Democracy［J］. Political Studies, 2000（5）：947.
④ Kate Crowley. Can Deliberative Democracy Be Practiced? A Subnational Policy Pathway［J］, Politics and Policy, 2009（5）：1001.

程，每个人在协商前都有不同的偏好，通过协商过程能够达成新的偏好；就"民主"方面而言，协商民主"可以通过阐明是否有集体决策和相关行动者的参与来证明是合理的"①。

第五，协商民主是一种公共决策的方式与方法。西方学界普遍关注协商民主在公共决策中的作用，将其视为实现科学民主决策、提升决策合法性的重要方式和方法。比如，西蒙·尼迈耶认为协商民主是所有受决策影响的个人都有机会为决策过程进行审议和提供意见。而公民的审议也反映在决策中。② 约瑟夫·毕塞特认为，协商民主是人们面对集体的问题共同通过审议的方式寻求促进他们认为是良好的公共政策，"审议是对公共政策的是非曲直进行推理的过程"③。斯蒂芬·艾斯塔波从决策方法的视角提出"协商民主是制定决策的一套原则的具体方法"④。

第六，协商民主是一种民主模式。比较具有代表性的观点如西蒙·钱伯斯指出，协商民主意味着从代表性的民主形式转向更多参与式的民主形式，"这是一种以谈话为中心的民主模式取代了以投票为中心的民主模式"⑤。优思明·达乌德进一步指出，协商民主是以对话为中心的民主模式，这一模式与以投票为中心的聚合民主模式相对应，在聚合民主模式中，偏好在聚合活动之前就被认为是固定存在的，民主只是公民偏好的识别，公民的偏好被认为主要是出于自我利益的动机而不是公共利益，而在协商民主模式中，公民的偏好被认为可以在协商参与中发生改变，"聚合民主模式通常与竞争相联系，而不是共识或合作，在总体上看，也是为了

---

① Elstub S. A Genealogy of Deliberative Democracy [J]. Democratic Theory, 2015 (1): 102.
② Niemeyer S. Democracy and Climate Change: What Can Deliberative Democracy Contribute? [J]. Australian Journal of Politics and History, 2013 (3): 429-448.
③ BESSETTE J M. The Mild Voice of Reason: Deliberative Democracy and American National Government [M]. Chicago: University of Chicago Press, 1994: 46.
④ Elstub S. A Genealogy of Deliberative Democracy [J]. Democratic Theory, 2015 (1): 102.
⑤ Chambers S. Deliberative democratic Theory [J]. Annual Review of Political Science, 2003 (1): 308.

达到或保持权力而推进自身利益的政党竞争尽可能地满足选民的偏好。由于强调公共理性的理由，协商民主常常被看作是对民主集体的改进"①。

第七，协商民主是一种政治理想。艾克·冯认为，"协商民主是一种革命的政治理想。它呼吁在政治决策的基础上做出根本性的改变，包括在决策过程中的范围，容纳这些决策的机构以及政治本身的特征"②。埃尔斯·玛丽恩·杨指出，协商民主理论表达了一套规范理想，"政治决策应该通过将所有可能受影响的当事方或其代表纳入公共审议过程的过程来制定。审议者应该诉诸司法，并以他们声称其他人应该接受的方式来确定他们提出的建议的理由"③。

第八，协商民主是一种民主程序或过程。西蒙·钱伯斯指出协商民主是"意见和意愿形成之前的交流过程"，"它允许公民之间就政治事务交换意见和看法，重塑和巩固他们的偏好，并且在他们确定谁之前减少替代方案的数量投票。通过合理对话来进行审议的过程对于实现民主理念至关重要"④。肯尼斯·贝恩斯认为"审议理论家把重点放在最终决策行为之前的（正式和非正式）流程上，而不是集中在一个更加狭隘的思想汇总选民偏好的过程上。……它主要被认为是一套理想的程序，从而可以批评和评估现有的制度和做法"⑤。

第九，协商民主是一种民主观念和理念。代表性观点如塞缪尔·弗里曼认为协商民主是一种直观的民主观念，即自由的政治讨论，公开的立法

---

① Dawood Y. Second - Best Deliberative Democracy and Election Law ［J］. Election Law Journal, 2013 (4): 403-404.

② Fung A. Deliberation before the Revolution: Toward an Ethics of Deliberative Democracy in an Unjust World ［J］. Political Theory, 2005 (3): 397.

③ Young I M. Activist Challenges to Deliberative Democracy ［J］. Political Theory, 2001 (5): 672.

④ Chambers S. Deliberative Democratic Theory ［J］. Annual Review of Political Science, 2003 (1): 322.

⑤ Baynes K. Deliberative Democracy and Public Reason ［J］. Veritas, 2010 (1): 136.

讨论，以及追求共同利益。① 阿维泽·尔塔克指出，20 世纪 90 年代以来，
"协商民主一直是学术政治理论中最有前途的新理念。它承诺为民主决策
制定一个更明智、更合理的方法，所要实现的是共同利益而不是部门利
益"②。在简·曼斯布里奇看来，协商民主是自由、平等的公民参与寻求公
平合作，其中可以包括自利和某种谈判，但是，"受到'相互尊重，平等
互惠，相互正当，寻求公平，不存在强制权力'的审议民主理念的约
束"③。

　　第十，协商民主是一场社会变革运动及其方式。基兰坎·宁安、汉
娜·麦金尼认为"协商民主是社会变革的一种方式，将公民审议置于决策
的核心。它涉及对广泛利益相关者之间关键社会问题的持续和激烈的讨
论，并旨在为理解和概念化社会问题和创造性政策理念提供新的方法"④。
加斯蒂尔·约翰、彼得·莱文则指出"协商民主是一项改革运动"，这种
运动既表现在公民参与微观层面的创新，也表现在更大系统的实践。⑤

　　以上可以看出，西方学者基于不同视角对协商民主的内涵进行了多元
界定，不仅如此，即便是同一位学者因为思考和分析的角度不同也会有不
同界定。尽管对协商民主的内涵认识不一，但西方学界在其核心要素上还
是存在一些共识。正如蒂娜·娜巴契所言，"协商民主的定义各不相同，

---

① Freeman S. Deliberative Democracy：A Sympathetic Comment ［J］. Philosophy & Public Af-
fairs, 2000（4）：371-418.

② Tucker A. Pre－emptive Democracy：Oligarchic Tendencies in Deliberative Democracy
［J］. Political Studies, 2008（1）：127.

③ Jane Mansbridge et al. The Place of Self-Interest and the Role of Power in Deliberative Democ-
racy ［J］. Journal of Political Philosophy, 2010（1）：127.

④ Cunningham K, mckinney H. Towards the Recognition and Integration of Action Research and
Deliberative Democracy ［J］. Journal of Public Deliberation, 2010（1）：1.

⑤ Ercan S A, Dryzek J S. Special Issue：The Sites of Deliberative Democracy ［J］. Policy
Studies, 2015（3）：241.

但其核心要素达成了一些共识"①。总体而言,这些要素共识如下。一是参与。协商民主要求最广泛地参与,但当涉及人数众多、地域较广时,也不拒斥公民通过代议制的形式参与。二是偏好。西方协商民主理论的一个前提假设是协商主体具有不同的偏好。正因为协商主体偏好不同,所以才需要协商讨论,如果不存在偏好差异,也就无须协商讨论。三是审议。审议是西方协商民主的核心要素。它是一种以"话语"为核心的讨论沟通方式。但不是所有的讨论沟通都可称为"审议"。马修·菲斯坦总结了讨论沟通成为审议需要满足的基本条件:参与者承诺阐述有说服力的论据,这是参与者的一项义务;参与者用以回应其他参与者的理由和论点,也必须是有据有理的;与会者承诺根据审议过程中提出的理由和论据来修改提案,以达成普遍接受或包容的提案。② 四是美德。协商民主理论与实践对协商主体提出了相应的道德品质要求。马丁·格里芬将"审议美德"分为两种:一是外部美德,它主要面向外在,用以调节外在审议过程,包括互惠、包容、尊重等;二是内部美德,它主要面向自我,用以调节个人审议过程,包括谦虚、诚实、反思等。当然,协商民主既需要单独的内部美德、外部美德,同时也需要内外兼具的美德,比如,理性、责任,理性包括公共理性和个体理性,责任包括集体责任和个体责任,个体理性与个体责任主要面向自我,而公共理性和集体责任主要面向外在。五是程序。协商民主必须具有相应的程序保障,只有规定并按着一套广泛而合理的程序,才能达成具有合法性的集体约束性决定。六是能力。协商主体具备一定的协商能力是协商民主顺利实施的必要前提。这种协商能力主要有:有关的民主能力包括公民能力如公民意识和信任;协商能力包括倾听、反

---

① Nabatchi T. Addressing the Citizenship and Democratic Deficits: The Potential of Deliberative Democracy for Public Administration [J]. The American Review of Public Administration, 2010 (4): 384.

② Festenstein M. Deliberative Democracy and Two Models of Pragmatism [J]. European Journal of Social Theory, 2004 (3): 291-306.

思、判断他人的观点，理性、合理地形成和表达自己的主张等；必要的技术能力。七是共识。目标为协商民主的发展提供了方向和动力，协商民主的理想目标是达成共识。八是机会。西方协商民主理论所强调的"机会"更多突出的是一种保障和坚持原则，比如，基本自由、公平机会等。

通过这些要素可以看出，西方协商民主是一个抽象的政治词汇，是一种难以达到的规范的民主理想。比如，西方协商民主理论对于主体完全平等、共识达成、偏好转换、理性主体的要求，这在现实中是难以做到的。正因为如此，所以西方协商民主目前主要限于理论演绎，实践探索不足。同时，基于西方学者的上述要素共识，我们不妨对西方协商民主的内涵进行一个常识性的界定：它是指通过为公民及其代表创造自由、公平、公正的参与机会，按着规范和合理的程序，推动具有审议能力和审议美德的公民及其代表进行公共政策和决策的审议，并争取达成共识，从而赋予公共政策和决策合法性的民主形式。

（二）社会主义协商民主的内涵

2004年陈家刚在《协商民主引论》一文中对西方协商民主进行简单介绍之后，国内学者开始陆续使用"协商民主"一词来表达中国具有协商要素的民主形式。2007年《白皮书》在表述中国政治协商时使用了"协商民主"一词。在此之前，党和国家文件及领导人经常使用的是"政治协商""社会对话协商"等词汇。2012年中共十八大首次在党代会上提出了社会主义协商民主的概念。中共十八大以来，在党中央的重视下，社会主义协商民主理论和实践得到快速发展，在此背景下，社会主义协商民主成为学界研究的热点，也成为大家耳熟能详的政治术语。

当然，中国话语之下的协商民主与西方话语之下的协商民主是两个完全不同的概念。这主要体现在如下四方面。

第一，中国和西方协商民主建构的核心主体有着不同表现。毋庸讳言，也无须赘言，中国协商民主建构的核心主体就是中国共产党。通过对西方协商民主的研究可以看出，在西方，协商民主建构的核心主体主要是西方学者。需要指出的是，这里提出中国协商民主建构的核心主体是中国共产党，并不是要否定中国学者在协商民主建构中的作用，事实上，一些中国学者本身是共产党员且也是社会主义协商民主的亲身参与者，甚至还靠自己的智慧推动了协商民主的发展，所以他们是中国协商民主建构的主体之一，只不过他们与共产党相比，在中国协商民主建构中的地位、作用和影响要远远逊色，还称不上是建构的核心主体。另外指出西方学者是西方协商民主建构的核心主体，也不是要否定西方协商民主建构中的政党作用，事实上，一些西方政党也在将西方学者的协商民主理论研究成果应用于现实实践，而且一些学者有着党员身份，因此可以说西方协商民主建构的主体也包括政党，不过，与西方学者相比，它在协商民主建构中的地位、作用和影响要远远逊色，只能说是西方协商民主建构的参与者之一。

第二，中国和西方协商民主建构的基础有着不同表现。就文化基础来说，中国优秀传统政治文化中有很多优秀的元素，例如，兼容并包、有容乃大等，这些文化元素为中国协商民主提供了依存的文化根基。就理论基础来说，中国协商民主是共产党结合中国实际创造性地运用和发展马克思主义政党理论、民主理论及统战理论①，不断推进理论创新的结果。就实践基础来说，自成立以来，由中国共产党领导，逐步展开的多层级、宽领域的协商民主实践，奠定了中国协商民主坚实的实践基础。就制度基础来说，社会主义制度主要是经济与政治制度，是中国协商民主依存、发展的重要制度基础。

在西方，从文化基础看，协商民主是以西方社会自近代以来形成的个人主义政治文化传统为基础的。从理论基础看，西方自由宪政民主理论、

① 孙德海. 中西方协商民主同构异质的学理分析［J］. 中州学刊，2018（2）：15.

批判理论及差异民主理论等是西方协商民主的重要理论基础。[1] 从实践基础看，西方协商民主目前存在理论发展"有余"、实践探索"不足"的问题，不过一些西方学者还是在协商民主理论指导下进行了一些探索试验，试验形式包括协商民意测验、公民陪审团、专题小组、大规模的协商大会等。[2] 但受成本、规模、操作难度、技术手段、现实保障等多方面因素影响，这些试验形式只有个别在西方国家得到了一定范围的应用。从制度基础看，西方资本主义制度特别是基本经济制度和政治制度是西方协商民主依存、发展的制度基础。

第三，中国和西方协商民主建构的目标有着不同表现。中国共产党建构协商民主总是服从、服务于党的奋斗目标的。由于中国共产党在不同历史时期具有不同的奋斗目标，所以其建构协商民主的目标也会因此不同。在革命战争年代，党的奋斗目标是取得民主革命胜利，从而实现中华民族独立和人民解放，中国共产党在不同革命阶段根据现实需要先后与不同政治力量进行合作和协商，其发展的最终结果是形成了中国特色的多党合作和政治协商制度，这一制度奠定了新中国协商民主的基本政治制度基础。新中国成立后，中国共产党带领全国人民为实现国家富强和人民幸福而奋斗。实现这一奋斗目标，需要中国共产党坚持不懈地加强自身建设和推进国家各项建设，其中包括发展协商民主在内的民主政治建设。新中国成立后，特别是改革开放以后，共产党与时俱进地推动协商民主发展，协商民主的发展对于党阶段性地实现国家富强和人民富裕的奋斗目标发挥了积极作用。

关于西方学者建构协商民主的目标，当前学界认识不一，但存在一个

---

[1]　Zeleznik A. Is Successful Deliberation Possible? Theories of Deliberative Democracy in Relation to the State, Civil Society and Individuals [J]. Politicka Misao, 2016 (4): 38.

[2]　何包钢. 协商民主：理论、方法和实践 [M]. 北京：中国社会科学出版社，2008：85-98.

基本的共识即应对西方代议制民主面临的现实困境。协商民主理论之所以在西方兴起其中一个最为直接的背景是代议制民主实践遭遇了现实困境，越来越为人们所诟病。① 西方学者认为西方代议制民主存在诸多弊端，比如，前文提到的奉行多数原则容易造成少数人的利益和主张被忽视，过于偏重程序以至于民主被简化为投票选举，大多数公民只有形式上投票的自由而无实质性参与决策的权利，等等。在他们看来，这疏离了民主的本质、降低了资本主义政权的合法性，为此他们提出了协商民主理论并进行了相关的探索试验。西方协商民主倡导者认为，选举只是民主生活结构的一小部分，大多数民主政治都在日常普通的政治生活中，协商民主有助于避免简单多数原则，从而使少数人的观点和主张得到表达与尊重；有助于推动公民经常性、直接性参与，使得代议制民主向实质民主转化；有助于科学民主决策，使得公共决策更具合法性；总的来说，协商民主能够补齐西方代议制民主的短板。②

第四，中国和西方协商民主建构的策略有着不同表现。依赖于不同的建构基础，为实现各自不同的建构目标，中西协商民主的不同建构核心主体采取了不同的建构策略。从中国来看，在理论与实践上，中国共产党在马克思主义政党理论、统战理论、民主理论指导下展开协商民主实践探索，而后将实践经验上升为协商民主理论，最后推动理论与实践相互促进、并行发展。就历史与现实而言，历史地看，中国共产党建构协商民主的策略是：首先服务于党领导革命成功的需要，建构统一战线性质的协商民主；其次服务于党领导建设和改革成功的需要，在建构统一战线性质协商民主的同时，也在不断推进群众路线性质协商民主的建构。当前来看，

---

① 刘俊杰. 西方代议制民主的两大民主理论批判及其比较：基于马克思主义民主理论与西方协商民主理论［J］. 理论月刊，2018（11）：41.

② Caluwaerts D, Deschouwer K. Building Bridges Across Political Divides：Experiments on Deliberative Democracy in Deeply Divided Belgium［J］. European Political Science Review，2014（3）：427-450.

中国共产党建构协商民主的主要策略是：顶层设计、自上而下推动落实与自下而上的创新探索相结合，具体地说，中国共产党作为执政党宏观规划、整体设计社会主义协商民主建设方案，自上而下地领导推动协商民主实践发展，正如中共中央印发的《关于加强社会主义协商民主建设的意见》（以下简称《意见》）要求加强协商民主建设必须坚持共产党的领导，由党总揽全局、统筹协调。同时，中国共产党在协商民主建设中尊重群众首创精神、不断将群众协商民主实践创新的成果制度化并结合不同地区实际加以推行，例如，《意见》要求，"各级党委要加强领导和组织协调，鼓励探索创新"①，调动群众创新的积极性，尊重他们的创新成果并加强对实践经验的总结提炼，扩大应用，推进制度化。

综合地看，西方学者建构协商民主的策略是：先建构规范的协商民主理论，然后依据理论进行谨慎的试验探索，在对试验进行总结完善和对规范理论进行矫正改进的基础上，试验成果将由政党、政府部门、立法部门、社会组织等采用实施，学者将对实施情况进行跟踪指导、探讨改进，从而争取实现协商民主实施效果最优化，最大限度地优化西方民主政治。

由于中西协商民主的上述建构差异，所以这也就造成两种民主形式建构的结果迥异。这主要表现如下。

第一，性质不同。中国协商民主的建构特点决定了中国协商民主是社会主义性质的。西方学者建构协商民主不是要否定西方代议制民主制度，而是要在捍卫和维护这一制度基础上弥补其不足，从而使其更具合法性，所以这就决定了西方协商民主理论和实践是服务于西方资本主义政治制度的，它属于资本主义民主政治的内容。

第二，成效不同。社会主义协商民主的一个重要实践特点就是广泛，其七个实践渠道为人们广泛经常协商提供了重要渠道支撑。而西方协商民

---

① 中共中央文献研究室. 十八大以来重要文献选编：中 [M]. 北京：中央文献出版社，2016：299.

主，主要还是一种规范的理论，尽管也有试验探索，但都是些小规模的试验，所以从实践"量"上看，西方协商民主是无法与中国相比的。

中国协商民主主要由中国共产党建构，自然其建构是与党的目标和任务紧密联系在一起的。事实上，中国共产党建构协商民主主要是围绕解决党在不同历史时期面临的现实问题、保障党在不同历史时期奋斗目标的实现而进行的，所以中国协商民主建构具有强烈的现实针对性和鲜明的工具主义色彩。正如新加坡学者韩海津指出的，中国共产党主要是从工具角度进行协商民主建构的，因此他们推出了各种协商机构和设计。① 此外，共产党的重视和领导也使得不同时期中国协商民主的发展都对党的事业提供了有力支撑，成效显著。而在西方，建构协商民主的学者不具备中国共产党这般的政治权威，加之他们更多的是从理论规范和民主理想出发建构协商民主，而且由于他们"是站在资本主义制度之内修补自由民主的，因而协商民主发挥的功效是有限的"②。

第三，形式不同。协商民主实践形式总体上可划分为两种：一种是正式的、结构化的协商，其主要特点是协商由官方组织，因此协商容易受到政治权力的影响，协商效率和制度化水平较高；另一种是非正式、非结构化协商，其主要特点是协商并非由官方组织，协商结果更多依赖于说服的影响，而不是权力，协商效率和制度化水平相对较低，协商是更具包容性和非正式的多方协商集会，更能促进公民参与、为公民参与提供多样选择。③ 上述两种协商民主形式都存在于中国，不过中国更多实践的是第一种形式。

① Han H J. Policy Deliberation as a Goal：The Case of Chinese ENGO Activism［J］. Journal of Chinese Political Science，2014（2）：173.

② 齐艳红. 协商民主与社会正义：当代西方民主理论的内在反思及其社会基础［J］. 山东社会科学，2017（5）：45.

③ Tang B B. The Discursive Turn：Deliberative Governance in China＇s Urbanized Villages ［J］. Journal of Contemporary China，2015（91）：137-157.

西方协商民主主要限于学者的自发建构，实践处于初步试验探索阶段，因此，制度化水平低，通常"是临时性的，其目的是为更广泛的公众辩论做准备，并旨在反映公共领域的话语群"①。不过，总体来看，西方协商民主实践较少受到政治权力的影响，实践方法灵活多样。所以，这清楚地表明，西方协商民主实践从形式上讲主要是非正式、非结构化的协商。

正因为存在上述不同，决定了中国协商民主与西方协商民主是不同的民主形式。这一点从中国协商民主与西方协商民主对应的英文单词就可以明显看出。中国协商民主的英文单词翻译是"Consultative democracy"②，而西方协商民主的英文单词是"Deliberative democracy"。当然，两种民主形式并不是完全没有相通之处，同样作为对话民主的重要形式，中西协商民主都强调对话协商，都承认现实文化社会多样性，都具有弥补选举民主不足、提升决策合法性等功能。

关于社会主义协商民主的内涵，中国共产党的认识有一个逐步深化的过程。前文提到，江泽民同志第一次提出社会主义民主政治存在两种重要形式的论断，其中一个就是关于协商的，所以有学者依据江泽民同志的阐述及后来党的领导人的相近论述，认为人民内部各方面在选举或者投票之前展开广泛充分协商讨论，并争取达成一致意见是社会主义协商民主的应有内涵。不过，在党的十八大之后，中共中央对社会主义协商民主的内涵进行了较为详尽的表述，《意见》明确提出："协商民主是在中国共产党领导下，人民内部各方面围绕改革发展稳定重大问题和涉及群众切身利益的实际问题，在决策之前和决策实施之中开展广泛协商，努力形成共识的重

---

① Moore A. Public Bioethics and Deliberative Democracy［J］. Political Studies, 2010（4）: 724.

② Wuyun Siqin, Wang Yujia. Socialist Consultative Democracy: CPPCC: Practicing Consultative Democracy［J］. China Today, 2018（3）: 14.

要民主形式。"① 这就明确界定了社会主义协商民主的内涵。

三、关于协同发展

(一) 协同发展的内涵

按着马克思主义哲学观点，发展是事物朝着积极方向的运动，经不断量变达到质变，质变之后又经历新的量变达到新的质变，周而复始，推动事物向前发展。协同发展不仅关注某一事物的发展，而且关注两个及其以上相联系的事物在发展中相互协作，协调推进，致力于相同目标的完成，并在目标完成中实现共赢和共同发展。这种共赢和共同发展的效果要远远超过某一事物单独发展的效果。

(二) 社会主义协商民主与选举民主协同发展的内涵

社会主义协商民主与选举民主协同发展是指两种民主形式紧密结合、相互协调、互相促进、共同推进，形成优势互补、整体联动的发展格局，从而实现 "1+1>2" 的协同效应。两者的协同发展不是两种民主形式的简单相加、平均发展，而是它们的同步推进、相互协调、有机衔接、有效融合，旨在通过盘活社会主义民主 "存量"，发挥民主政治综合优势，取得更大民主实效。协同发展要求总体上重视并同步推进两种民主形式，但又不否定在具体情况下根据现实需要优先运用和发展某一民主形式。

社会主义协商民主与选举民主协同发展的路径包含了政党、国家和社会三个层面。在政党层面，中国共产党在建党初期就开始了党内民主协商与民主选举相结合的尝试，各民主党派党内也存在民主协商和民主选举及其协同的实践，可以讲这两者的协同贯穿政党权力运行的过程；在国家层面，两种民主形式的协同发展贯穿国家权力运行的过程；在社会层面，社

① 中共中央文献研究室. 十八大以来重要文献选编：中 [M]. 北京：中央文献出版社，2016：291.

会主义协商民主与选举民主的协同实践广泛存在于社会自治领域。

　　由于两者协同发展涉及的内容十分广泛，加之人们对社会主义选举民主内涵的认识存在分歧，所以为了有针对性地展开研究，避免研究范围过于宽泛、研究内容空泛，也为了避免不必要的争议，著作对社会主义协商民主与选举民主协同发展的路径进行了范围限定。由于中国共产党的地位及影响，所以著作所探讨的政党层面协商民主与选举民主协同主要关注的是共产党党内协商民主与选举民主协同，选举民主主要指党的各级代表大会代表、各级委员会委员、领导干部等选举，协商民主主要指在党内选举之前围绕党的各级代表大会代表、各级委员会委员、领导干部等候选人人选展开的协商及在选举之后党的各级代表大会代表、各级委员会委员、领导干部等在履职过程中开展的协商民主实践。著作所探讨的社会层面协商民主与选举民主协同，选举民主主要是指村（居）民委员会选举，协商民主主要指村（居）民委员会委员候选人人选协商、村（居）民委员会主导下的协商民主实践。著作所探讨的国家层面协商民主与选举民主协同，选举民主指的是国家权力机关即人民代表大会的相关选举，协商民主主要指在人大选举之前围绕人大代表、国家机关领导人员候选人等展开的协商及在选举之后人大代表、国家机关领导人员等在履职过程中开展的协商民主实践。当然，从权力运行的视角看，以上三个层面的选举民主与协商民主协同发展都和权力运行相伴随，选举民主关注"选人"，协商民主不仅关注"人选"的协商，而且关注人选当选以后行使权力的协商。

　　这里需要特别补充的一点是，协商民主与选举民主协同发展是中国民主政治建设特有的命题，这一问题在西方并不存在。因为西方协商民主的提出和存在是为了弥补西方自由选举民主的不足而不是要同选举民主协同发展。在中国，中国共产党带领中国人民追求和实现人民民主从一开始就是坚持选举与协商并用的，中国共产党在推动选举民主发展的同时也在致力于发展协商民主，并不断推动两者的协同，尽管在不同历史时期对两种民主形式的发展有所侧重。中国选举民主的发展并不像西方那样出现"过剩",尽管中国选举民主一直处在不断完善发展之中,并且已开始表露出选举民主的一些固有弊端,例如,"少数服从多数",但现在我们仍然很难说它已经"过剩"。事实上,中国选举民主仍然存在不少问题,也正因为这样,所以我们需要多渠道、多途径推进社会主义民主政治发展,最广泛地保障人民当家作主的权利,这自然也就提出了社会主义协商民主与选举民主协同发展的问题。

第二章

社会主义协商民主与选举民主协同发展的
理论基础

马克思、恩格斯、列宁对于选举民主与协商民主协同发展问题展开了重要论述。中国共产党在坚持其重要论述核心观点的基础上，将这些论述的核心观点同中国实际相结合，推动了中国协商民主、选举民主的发展及协同发展。与这一进程相伴随，中国共产党也对在不同历史条件下发展中国选举民主、协商民主及推进两者协同发展问题进行了一系列重要论述。这些重要论述奠定了社会主义选举民主与协商民主协同发展的理论基础。

一、马克思、恩格斯论协商民主与选举民主协同

（一）马克思、恩格斯关于协商民主的重要论述

1. 协商作为政治活动的历史逻辑

马克思、恩格斯认为，现实的人是社会存在物，人在自然界中生活、生存，就要从事必要的物质生产活动，而在从事这一活动中就会存在社会交往、结成社会，所以建立在物质资料生产活动基础之上的人类社会必然产生生产关系、社会关系和政治关系。正因为如此，所以马克思在《经济学手稿》中引用亚里士多德的名言"人是最名副其实的政治动物"。马克思、恩格斯认为，政治主要围绕公共权力而展开，在人类进入阶级社会以后，政治主要围绕国家权力而展开，也就是说围绕获得、运用、巩固和参

与社会公共权力或国家权力而展开的活动即政治活动。政治活动涵盖人们大多数进行社会实践的政治行为，例如，政治革命、政治斗争、政治协商等。

第一，协商是自然形成民主制的重要内容。恩格斯在其著作中描绘了原始社会初中期氏族社会的一种重要制度，这种制度就是自然形成的原始氏族议事会，它是氏族成年男女均可参与、平等表决的民主集会。① 在氏族议事会中，氏族成年男女自由平等地参与议事会。在氏族之上还有部落议事会，部落议事会的主要成员是氏族的酋长、军事头领，这些人是氏族的代表，他们可以被随时罢免。部落议事会成员开会时，部落成员围坐在周围，他们有权参加议事会的讨论并发表己见，议事会在集会讨论之后，做出决议。② 而且按着部落议事会的通例，只要是参加部落议事会的人都可以自由地发表观点，妇女也可以选出自己的代理陈述人来代替自己陈述观点。由于建立在公有制基础上的原始社会尚没有形成对抗人民的政治权力，部落成员能够自由平等地参与部落公共事务的协商决定，所以恩格斯有感而发，指出判断议事会的权力和地位的时候要考虑到它的依存背景，它的出发点是自然形成的民主制的全盛时期，在那个时候，部落的每位成年男人都是战士，脱离人民、同人民对抗的公共权力尚不存在。这也就是说，在恩格斯看来，在原始社会，协商是从没有任何社会对立的氏族社会中自然形成的民主制，是氏族成员参与公共生活的主要形式。

第二，协商是阶级社会中阶级统治的重要工具。伴随生产力的发展以及由此引发的社会大分工，原来没有任何对立的氏族社会逐步发展成这样一个社会。恩格斯指出这个社会因为生产力的发展导致了全部的经济生活条件发生改变，伴随这一改变的是社会的分裂，形成了富人、穷人，自由民、奴隶，这个社会走向了对立，而原来的氏族社会制度在这种对立面前

---

① 马克思恩格斯选集：4 [M]. 北京：人民出版社，1995：86.
② 马克思恩格斯选集：4 [M]. 北京：人民出版社，1995：91.

无能为力，不仅如此，它还使得这种对立变得激烈。① 这种空前的社会巨变，迫切需要一种超越社会、凌驾于社会之上的力量，从而把社会的对立和冲突控制在"秩序"范围内，于是，国家产生了。国家是同社会相异化的力量，实质是统治阶级进行阶级统治的工具。人类进入阶级国家以后，氏族社会制度也从原始的直接体现和顺应人民意志的工具，成为主宰、统治、压迫人民的国家机关。② 这样，原来那种氏族或原始部落成员可以在议事会中参与公共事务讨论的情形不复存在。"原始的自然形成的民主制变成了可憎的贵族制。"③ 于是，协商成为统治阶级进行阶级统治的工具。这一点马克思和恩格斯曾多次提到，比如，元老院、封建等级会议、资产阶级议会等协商形式。

第三，反对被统治阶级与统治阶级的妥协协商。如前文所述，在马克思、恩格斯看来，协商是阶级社会中阶级统治的重要工具。为了统治的需要，统治阶级有时也会同被统治阶级进行协商对话。而被统治阶级有时也希望通过这种方式实现自身的利益。对此，马克思、恩格斯从根本上讲是不赞同的。他们认为，阶级矛盾是不可能通过协商对话的方式得到根本解决的，统治阶级不会轻易地放弃自己掌握的已有利益。马克思在《柏林的反革命》中指出资产阶级是很会算计、很会投机取巧的，他们寄希望于通过友好地协商将封建帝国变成资产阶级的王国，他们在剥夺了封建党派有损资产阶级脸面的各种徽志和封号之后，破坏了同封建所有制相关联的有损资产阶级收入的占有方式之后，是很乐意同封建党派相勾搭、共同压迫人民的，但是，封建的旧官僚不会轻易放弃自己的地位和尊严，不甘于做资产阶级的奴隶，因为他们习惯了做资产阶级的导师，所以封建党派是不

---

① 马克思恩格斯选集：4［M］. 北京：人民出版社，1995：169.
② 马克思恩格斯选集：4［M］. 北京：人民出版社，1995：165.
③ 马克思恩格斯选集：4［M］. 北京：人民出版社，1995：169.

乐于同他们屈尊协商，牺牲自己利益的。① 由于寄希望于通过不流血的协商换得政权的希望破灭，资产阶级不得不采取暴力革命以推翻封建统治阶级的统治。对于资产阶级领导的资产阶级革命，工人阶级应该如何作为，恩格斯指出，在资产阶级没有建立资产阶级统治之前，共产主义者不能有过高的期望，不能指望同它立马展开决战，出于本身的利益考量，共产主义者应该帮助资产阶级取得统治，以能随后将其推翻，所以毫无疑问，对于自由派资产阶级同封建专制政府的斗争，共产主义者应提供支持。② 在这一过程中，共产主义者并不是一无所获，实际上它自身也获得了相应的好处，这种好处体现在两个方面：一是由于资产阶级要实现统治权就需要工人阶级的支持，为了获得支持，它会对工人阶级做出很多让步，另外能够通过这一过程使得工人阶级走向联合，变得更加团结，从而形成一个具有战斗力的有组织的阶级，也更能够使共产主义者的主张得到传播、捍卫；二是它使得工人阶级更加坚信离胜利不远了，封建专制政府被推翻，也就意味着"轮到资产者和无产者斗争了"。③

　　资产阶级革命成功以后，"轮到资产者和无产者斗争了"，马克思、恩格斯反对他们之间的协商合作。一方面他们根据工人阶级现实状况从实然层面指出了不妥协协商的必要性。恩格斯指出，在资本家取得统治以后，在人民得到一定程度的选举权以后，通过大城市和工业区很多选区的选举情况可以看出，工人阶级拒绝同旧政党进行协商合作，反而在选举中取得不错的成绩，工人们为此欢欣雀跃，因为他们意识到利用选举权不仅可震撼资产阶级而且可以在很大程度上满足自己的利益诉求。④ 另一方面他们从应然层面指出了不妥协协商的必要性，马克思、恩格斯指出，在资产阶

---

①　马克思恩格斯全集：6［M］. 北京：人民出版社，1961：16.

②　马克思恩格斯全集：4［M］. 北京：人民出版社，1958：374.

③　马克思恩格斯全集：4［M］. 北京：人民出版社，1958：374

④　马克思恩格斯全集：22［M］. 北京：人民出版社，1965：382.

级取得政权的情况下，在资产阶级压迫工人阶级的情况下，工人及其组织不应该再做资产阶级的应声虫，而应该建立一个公开或秘密的工人阶级政党，以与那些伪装的民主派相区别，而且应该将每一个支部都建成工人联合会的中心，在这种工人联合建立的联合会中，工人阶级就自己利益和立场问题进行充分讨论、独立协商而不受任何外在的特别是资产阶级的影响。①

第四，协商是工人阶级斗争走向自觉的重要手段。马克思、恩格斯很同情和关注工人的悲惨处境，他们在当时各自生活的国家深入实际了解工人生活的状况，探寻造成工人悲惨现状的原因及他们未来的前途命运。在深入研究和思考的基础上，两人合写了《德意志意识形态》。书中较为系统地阐述了唯物主义历史观，指出工人阶级担负着埋葬资本主义社会、创建新社会、实现自身解放的使命。为了使工人阶级认识到自己的使命，把唯物主义历史观与工人阶级结合起来，马克思、恩格斯参与创建了无产阶级革命组织，例如，共产主义通讯委员会、无产阶级政党如共产主义同盟、国际工人联合组织如国际工人协会等。在这一过程中，工人阶级的阶级意识逐步增强，工人阶级的斗争逐步走向自觉，这其中离不开无产阶级组织内部协商的影响。一方面通过协商讨论，真理越辩越明，感悟越辩越真切，工人阶级在这一过程中能够真实地感受到思维与存在、现实与理想的巨大差距，能够认识到资本、雇佣劳动、金钱等此类东西不是遥不可及的幻影，而是工人异化的现实产物，所以就必须用现实的、具体的方式消灭它们，从而使得人不仅在思维中、观念中成为人，也使得人能在具体的现实生活中、群众中成为人。② 另一方面协商是无产阶级组织内部发扬民主、凝聚共识的重要手段，马克思、恩格斯认为这种协商讨论是必然的，也是必要的，有助于集中不同方面人士的意见建议，凝聚共识。

---

① 马克思恩格斯全集：7 [M]. 北京：人民出版社，1959：293.
② 马克思恩格斯全集：2 [M]. 北京：人民出版社，1957：66.

2. 协商作为民主需要相应的条件

第一，协商作为民主建立在一定的经济基础之上。马克思、恩格斯认为，经济基础对政治上层建筑具有决定作用。而以协商政治形式存在的民主作为政治上层建筑的重要内容自然决定于其所依赖的经济基础。以协商政治形式存在的民主作为上层建筑的重要范畴，其任何时期的形式、制度和程度都是由相应的那一时期的经济基础决定的。在人类社会历史进程中，首先存在的是原始社会民主，如前文提到的原始氏族社会自然生成的协商民主制，原始社会自然生成的协商民主制是建立在原始社会极不发达的生产力基础之上的；之后是国家形态的政治民主，如前文提到五百人议事会、元老院、封建等级会议及资本主义国家议会等。政治民主不是人类社会与生俱来的，是随着阶级和国家的出现而出现的。而马克思、恩格斯主要关注的是后者——以协商政治形式存在的政治民主。这是因为，政治上层建筑是与政治权力最紧密相关的部分。在阶级社会，统治阶级运用国家权力对另一个阶级进行统治，经济矛盾通常最终通过国家权力得以解决。经济基础决定政治上层建筑的原因在于，它决定着政治上层建筑的产生、发展及该政治上层建筑的性质。一方面国家权力的产生、政治生活的展开不是人类社会与生俱来的，而是人类社会发展到一定阶段的产物；另一方面政治层面的协商作为上层建筑的重要组成部分，它受经济基础的制约。

第二，协商作为民主必须以人民主权为前提。在马克思、恩格斯看来，人民主权实现是协商民主存在发展的基本前提，没有人民主权就不可能有协商民主。人们现在所要求的尚没有实现的那些美好事物，例如，选举权、言论自由、知情权、政治平等等，它们都是建立在人民主权之上的，没有人民主权的实现，所有这些美好的事物都只能是空谈，是美梦。①

---

① 马克思恩格斯全集：19 [M]．北京：人民出版社，1963：31-32.

马克思在《资产阶级和反革命》中根据历史唯物主义的观点批判了普鲁士反革命获胜的原因，深刻揭示了德国三月革命不同于法国资产阶级革命的性质，因为普鲁士的资产阶级不想革命而只是希望通过同国王协商，并达成协议取得政权，三月革命并没有消除君主专制统治、实现人民主权，它只是使得王权低下头颅同资产阶级相勾结，使得曾经的老对手开始协商对话，从敌对走向了利益妥协，共同对付人民。表面上看，这一切建立在广泛的民主基础之上，但这种表面掩盖了其虚伪的真实，这就是当时甚嚣尘上的协商论的本质。①

第三，协商作为民主具有一定的主体条件要求。马克思、恩格斯主要提到了两点。一是理智。1872 年恩格斯致保尔·拉法格的信中指出，"我们看到，当广大工人自己讨论这些问题时，他们独具的健全理智和固有的团结感总是会而且很快会使他们识破这种个人阴谋。对于工人们来说，国际是他们决不愿意失去的伟大成果；而对于这些空谈家和阴谋家来说，国际只是个人和宗派进行无谓争吵的场所"②。二是认真。态度的认真是协商作为民主的必要主体条件，所谓认真地参与协商，主要是指在协商讨论中能够充分陈述各种支持理由及反对理由。

3. 有效协商需要遵循一定原则

第一，事前协商。恩格斯在《1891 年社会民主党纲领草案批判》中提出不安定的形势使得一些问题在一夜之间都可能变成迫在眉睫的问题，所以对于一些问题不进行提前的讨论协商，没有征得大多数的意见，那么当问题突然出现时就变得难以应对。③ 在 1894 年致马克思女婿、法国与国际工人运动活动家保尔·拉法格的信中，恩格斯就裁军问题要求他们每次的国际行动都必须展开事先的协商讨论，这种协商应该既包括实质性的协

---

① 马克思恩格斯全集：6 [M]. 北京：人民出版社，1961：128.
② 马克思恩格斯全集：33 [M]. 北京：人民出版社，1973：384.
③ 马克思恩格斯全集：22 [M]. 北京：人民出版社，1965：276.

商，也包括形式上的协商。他指出，如果此刻能在裁军会议问题上有所行动，有条不紊地通过提前商议，同时同德国人、意大利人在民军制度上形成协议，那就再好不过了，也必将产生积极效果。但一定要注意不能提前不同别人进行商议就提出公开倡议，这样很容易事与愿违，办成坏事。①

第二，平等协商。马克思、恩格斯认为平等是人类社会的基本价值追求，是近代民主政治的基本要求，也是民主协商的现实要求，现实的协商必然是平等的协商，没有平等的协商，就不存在真正的民主，协商也难以持续。

第三，聚焦问题。马克思、恩格斯认为协商必须聚焦问题，不能漫无边际的闲聊，无边无际的协商会使得人们对协商丧失信心，无助于问题解决，最终会导致人们厌恶、放弃协商。恩格斯在《讨论自由贸易问题的布鲁塞尔会议》中就会议评价道，"我还从来都没有这样失望过。这个会议上所进行的讨论根本不配叫作讨论，简直是茶楼酒肆中的乱扯"②。

第四，求同尊异。在马克思、恩格斯看来，协商是因为有分歧存在，如果没有分歧就无须协商，因为没有分歧就意味着大家完全形成共识，自然也就不需要协商。当然这种分歧又不是彻底的分歧，不是人们的认识没有任何交集和共识，如果是彻底的分歧，那也没有协商的可能，因为人们之间是完全对立的。正因为人们存在分歧但又不是绝对分歧，所以才需要协商，而这种状况就要求协商者做到求同存异。

第五，协商后执行。马克思、恩格斯认为，协商形成共识和决议就应该执行，如果不执行，协商就会沦为形式，解决不了任何问题。1882年恩格斯致爱·伯恩施坦的信中就特别提到"一旦商定了的东西，就应当付诸实行"③。

---

① 马克思恩格斯全集：39 [M]．北京：人民出版社，1974：185-187．
② 马克思恩格斯全集：4 [M]．北京：人民出版社，1958：286．
③ 马克思恩格斯全集：35 [M]．北京：人民出版社，1971：356．

（二）马克思、恩格斯关于选举民主的重要论述

1. 选举现象贯穿人类社会发展历史

在人类进入阶级国家之前，世界上的多个民族就有用选举、投票技术产生统治者的先例。比如，恩格斯曾在阐述易洛魁人部落时指出氏族酋长是由氏族成员选举产生的，当然选举须经部落其他几个氏族的确认。"恩格斯将上述与原始共产主义经济基础相适应、氏族成员完全自由平等且能够直接参与的原始社会民主制称之为'自然形成的民主制'"①，并赞叹这是一种十分美妙的制度。当然，这种制度是适用于"生产力水平极端低下、人的活动严重受制于大自然、个人高度依存于共同体的原始状态，这是因为，原始社会民主制是建立在极不发达的生产力基础之上，是建立在个人依存于自然形成的共同体基础之上，是建立在'小国寡民'基础之上，也是人类社会初期相当简单和粗糙的制度设计"②。也因为如此，所以马克思指出留恋它是可笑的。

阶级国家出现后，原来氏族社会选举统治者的方式在一定范围内被血缘世袭的君主继承制所取代。不过，有些实行君主统治的部落仍然采用投票和选举技术，甚至在一些君主制国家，连君主也是由选举产生的。晚年的马克思向我们描述了这样一种政治现象，"墨西哥在选举国王之后，还要从这个国王的兄弟或近亲中选出四名领主，授以亲王的称号，并从他们之中选举继任的国王……这四名领主在被选为亲王之后，组成王室会议，就像是最高会议的主席和法官一样；未经他们同意，什么事都不能办"③。进入中世纪，欧洲君主为了便于统治建立了等级会议。等级会议中也是存在选举的。马克思曾经多次提及的普鲁士各省等级会议就存在选举。普鲁

① 刘俊杰. 马克思恩格斯民主制思想的再阐释［J］. 中南大学学报（社会科学版），2018（6）：35.
② 刘俊杰. 马克思恩格斯民主制思想的再阐释［J］. 中南大学学报（社会科学版），2018（6）：35.
③ 马克思恩格斯全集：45［M］. 北京：人民出版社，1985：487-488.

士各省等级会议由四个等级的代表构成：诸侯等级代表、骑士等级代表、城市代表和乡镇代表。尽管是由四个等级组成，但由于当时普鲁士将地产作为参加省等级会议选举的条件，所以这一资格限制最后保证了贵族在议会中占据了大多数席位。进入近代，随着资本主义代议制的确立，选举成为资本主义代议制不可分割的内容。

2. 阶级社会选举的实质体现为阶级斗争

马克思、恩格斯认为国家内部的一切斗争包括争夺选举权的斗争背后反映的是不同阶级间的斗争。马克思、恩格斯的这一理解与其对国家本质的理解是一致的，国家是阶级统治的工具，在现代民主国家，争取选举权的斗争实际上也是争夺国家统治权的斗争，也就必然体现为阶级斗争。在马克思、恩格斯看来，在封建专制制度下，资产阶级、无产阶级、农民阶级、小资产阶级争取选举权，反对封建专制统治，是一种阶级斗争。在资产阶级革命成功后，无产阶级争取普选权的斗争，也是一种阶级斗争。

3. 选举的性质取决于其对应的经济基础

选举作为一种政治现象，作为上层建筑的范畴，是与其经济基础相适应的。马克思在《巴黎"改革报"论法国状况》中指出，"阶级对立是建立在经济基础上的"①。选举的阶级斗争本质决定了其性质是由经济基础决定的。比如，雅典古典民主制中的选举是与雅典奴隶社会的经济基础相对应的。

4. 选举作为民主的实现条件

第一，人民主权的真正实现。马克思、恩格斯认为，人民主权是选举成为民主的最根本的前提。在未能真正实现人民主权的国家，选举只是阶级统治的工具，而不是民主的内容和形式。人民在君主专制中是从属于君主专制制度的。普鲁士君主统治时期，在普鲁士省等级会议中，国王是可

① 马克思恩格斯全集：5 [M]. 北京：人民出版社，1958：533.

以授予单独选举权的，有些侯爵不需要选举便可以成为省等级会议的代表，当本人不能参加会议时，其家族成员可接受委派参会。所以，在封建君主专制统治下，选举是封建君主统治权的内容，或是由他恩赐少数人特权的一种政治行为。正因如此，马克思、恩格斯是坚决主张推翻封建君主专制的。只有推翻封建君主专制，实现主权在民，赋予人民选举权，选举才可能是民主的，才会有选举民主。当然，后来随着西方资本主义的发展，资产阶级领导发动了资产阶级革命，在这一过程中，资产阶级革命要么是彻底推翻了封建君主专制，建立了现代民主共和制国家；要么是革命不彻底，后来建立了君主立宪制国家。当然，这其中自然是充斥着封建君主、贵族、大资产阶级、小资产阶级、工人阶级、农民等多方面力量的博弈和较量。资产阶级政治革命所带来的政治解放，"最现实的成果莫过于它以宪法的形式确立了近代资产阶级思想家提出的自由、平等、私有制不可侵犯等人权"[①]，但在马克思、恩格斯看来，资本主义国家只是形式上实现了人民主权，它实际上是资产阶级的政权。

第二，普选权的落实。对于资产阶级政治革命实现的人民主权，马克思恩格斯是高度肯定的，他们认为较之前这是历史的进步。特别是在落实人民主权的过程中，选举权的扩大乃至普选权的实现，是人类社会进入阶级社会之后的巨大历史进步。但是我们看到，普选权在西方的实现不是在资产阶级革命成功后就立马实现的，而是在资本主义制度确立后，经过广大工人阶级、下层群众坚持不懈的顽强斗争才最终实现的，这经历了一个漫长过程。为什么统治的资产阶级不愿意实现普选权呢？最初是因为他们担忧普选权的落实会导致自身统治的丧失。马克思在《宪章派》中指出由于英国总人口中工人阶级占据大多数，所以实行普选权就意味着工人阶级的统治，而这当然是资产阶级不愿意看到和接受的。那么后来资产阶级为

[①]　刘俊杰. 马克思恩格斯民主制思想的再阐释 [J]. 中南大学学报（社会科学版），2018 (6)：37.

什么又实施普选、保障人民的选举权利呢？其一，与工人阶级持续顽强、坚持不懈的斗争具有直接关系，与共产主义运动在欧洲的兴起有关；其二，资产阶级的统治尽管建立，但是已推翻的旧势力并没有立马消失，它们仍然存在，而且资产阶级在取得政权后不能再像以前反对封建君主那样团结一致，他们内部也发生了分化，形成不同的利益派别；其三，就是小资产阶级、农民的反对斗争，这些势力的斗争，推动了选举权的扩大、普选权的实现；其四，就是欧洲国家的不断战争，战争的发生需要国家动员民众，为了更好地动员民众，统治者就需要考虑民众的民主权利诉求，这也就推动了选举权的扩大、普选权的实现；其五，还需要提到的一点是西方资本主义制度的整体完善，在选举权扩大、普选权实现的过程中，资产阶级通过立法的形式对包括财产权、生命权在内的基本人权进行了确认，使资产阶级的财产权和生命权得到了法律上的保护，这就消除了他们的顾虑。

资产阶级赞同实施普选、保障人民的选举权利还有一个重要原因就是自由代议制民主的实行。代议制的实行使得选举候选人、选举过程能够为资产阶级所操控。因此，这也就表明，普选权尽管落实，但并不意味着广大人民就真正实现了民主，在资产阶级统治时代，民主是资本家的民主。

不过，马克思、恩格斯对英国、法国、德国等民众争取选举权的斗争、普选权的实现还是给予高度关注和积极评价的。恩格斯指出，尽管普选权并没有期待中的那么美好，但是它有助于增强工人胜利的信心，使得敌人畏惧，它在资产阶级议会中给工人代表提供了绝佳的讲坛。① 从现在来看，普选权落实重要的现实意义在于，它在形式上保证了人人平等，保证了人人一票，保证了人们的政治平等。当然，私有制的存在从根本上导致了资本主义社会人与人之间的不平等，在政治层面进而导致政治不平

---

① 马克思恩格斯全集：22 [M]. 北京：人民出版社，1965：602.

等，使得资本主义民主成为形式上的民主。

第三，无产阶级专政的建立。恩格斯认为真正的民主制在人类进入阶级社会之后，只有在消灭了资产阶级政权、建立无产阶级专政之后才能实现，他在《工人政党》中根据英国的情况指出，民主制的道路逐渐地被那些富有先见之明的人所洞察，英国的工人阶级，由于其人口占总人口的绝大多数，包括从事工业的和从事农业的，而"民主制恰恰意味着工人阶级的统治"①。所以英国的工人阶级取得了统治，也就意味着在国家层面建立了民主制。至于怎样实现无产阶级统治及实施相应的民主政治制度，马克思、恩格斯的认识是随着自身人生阅历的不断丰富和欧洲革命形势的不断发展而不断深化的。马克思、恩格斯曾经在《共产党宣言》中提出工人要通过暴力革命使自己成为统治阶级，争得民主，不过，虽然他们认为暴力革命是大陆国家建立无产阶级专政的唯一可行办法，但正如上文所述，他们也认为英国有可能走出不一样的路径，因为当时的英国是欧洲唯一一个工人阶级在全国人口占据大多数的国家，在他们看来，通过提高工人阶级觉悟，实行普选权和改进议会制度，是有可能"和平"建立无产阶级政权的。也正因如此，马克思、恩格斯指出，随着英国无产阶级在各邦议会的选举、在市镇委员会的选举中同资本家角逐每一个职位，在这个职位的竞争中只要有大量的工人进行投票，那么这种角逐就能让资产阶级由衷的担忧，它会使得资本家对于工人阶级这一合法活动的担忧超过对于工人阶级非法活动的担忧，使得资本家对于工人选举胜利的害怕超过对于工人起义成就的害怕，因为工人阶级在选举当中取得胜利也就意味着斗争的条件发生了根本性的变化。② 不过，马克思、恩格斯保持着谨慎的乐观，他们仍然坚信，革命权是不能轻易放弃的，革命的同志必须明白革命权是"历史权利"，放弃了革命权也就意味着放弃了最可能的未来，在他们看来，至

---

① 马克思恩格斯全集：25 [M]. 北京：人民出版社，2001：521
② 马克思恩格斯全集：22 [M]. 北京：人民出版社，1965：603.

少到他们所生活的年代，现代国家的建立都是在争取和落实革命权中实现的。①

（三）马克思、恩格斯关于协商民主与选举民主协同的重要论述

由前文阐述可以看出，协商和选举作为人类参与公共政治生活的重要途径，早已有之。人类社会早期的原始先民就已经自发地运用协商和选举两种方式参与共同体事务。比如，恩格斯在《家庭、私有制和国家的起源》中描述，"氏族选举一个酋长（平时的首脑）和一个酋帅（军事领袖）"②。"氏族有议事会，它是氏族的一切成年男女享有平等表决权的民主集会。"③ 可以看出，协商和选举是原始社会共同体成员参与共同体事务的基本途径和方法，它们是原始民主的重要内容和形式，而且此时的选举和协商都是直接协商与直接选举，原始先民已经自发地运用两者参与共同体事务。

进入阶级社会以后，选举和协商仍然是政治参与的重要形式。但此时的选举和协商的性质发生了重大变化。在人类进入阶级社会以后，选举和协商都带有了阶级性，而且由于不同统治阶级的统治，民主在不同社会发展阶段实现的程度不同，选举和协商的参与程度表现不同。在前资本主义社会，协商和选举作为政治参与的重要形式只是极少数人甚至是个别人的特权，比如，前文提到的封建统治集团内的选举甚至包括选举国王，以及封建统治集团为便于统治而建立的等级会议、御前会议等，尽管统治集团内部也存在着协商与选举两种政治参与方式，但这种协商和选举很难说是民主的，如果非要说这是一种民主，那也只能说是统治集团内部的民主，是极少数人的民主。因为协商和选举要成为民主，就必须实现人民主权，实现广大人民的普选权，实现广大人民广泛的自由、民主权利。

---

① 马克思恩格斯全集：22 [M].北京：人民出版社，1965：608.
② 马克思恩格斯选集：4 [M].北京：人民出版社，1995：84.
③ 马克思恩格斯选集：4 [M].北京：人民出版社，1995：86.

　　资本主义代议民主制确立后，资产阶级革命的重要政治成果之一即建立了现代议会。当然，资本主义议会不再是封建君主制下的等级会议、议会的继续。它在国家政治生活中的实际权力、地位和作用已与中世纪君主制中的议会发生了重大变化。对于其积极意义，马克思认为它是新兴资产阶级战胜封建势力的结果。当然，马克思、恩格斯也对资本主义议会的本质进行了批判。马克思在阐述当时的法国议会时指出，法国的议会制只不过是资产阶级进行轮流执政、实行国家阶级统治的形式上不偏不倚的地盘，它提供了资产阶级共同统治的组织载体，创造了它们共同统治的基本条件，它以阶级的共同利益"借以支配资产阶级各派的要求和社会其他一切阶级的唯一的国家形式"①。马克思、恩格斯根据对当时英法德等国民议会的观察指出，"对国民议会来说，人民是不存在的，因为在议会的生活中找不出人民生活的反映"②。可以看出，在马克思、恩格斯看来，尽管从形式看，在资本主义议会制中，议会议员由人民选举产生，议员代表人民通过议会管理国家事务，实现了选举民主与协商民主的协同运用，实现了人民民主权利，但是资本主义民主的阶级局限性决定了在本质上广大人民群众毫无权利可言。

　　正因看到了资本主义民主的局限性，马克思、恩格斯指出了推翻资产阶级统治，建立无产阶级专政，以实现和保证最广大下层群众的当家作主。对于无产阶级夺取政权后，实行何种民主制，从马克思的《法兰西内战》对于巴黎公社的描述和称赞中可以看出他所期待的无产阶级民主制的样子。《法兰西内战》描述，"公社是由巴黎各区通过普选选出的市政委员组成的。这些委员是负责任的，随时可以罢免。其中大多数自然都是工人或公认的工人阶级代表。公社是一个实干的而不是议会式的机构，它既是

---

①　马克思恩格斯选集：1 [M]. 北京：人民出版社，1995：653.
②　马克思恩格斯全集：5 [M]. 北京：人民出版社，1958：46.

行政机关，同时也是立法机关"①。"公社的真正秘密就在于：它实质上是工人阶级的政府，是生产者阶级同占有者阶级斗争的产物，是终于发现的可以使劳动在经济上获得解放的政治形式。"② 可见，普选制在公社中得到了实行，马克思、恩格斯所期待的无产阶级民主制是民主选举和民主协商紧密结合的民主制度。

　　需要指出，在工人阶级追求自身解放、争得民主的过程中，组建工人阶级政党、加强政党民主建设也是马克思、恩格斯比较重视的方面。在无产阶级政党筹建和建设过程中他们特别重视协商与选举在党内民主建设中的作用。马克思、恩格斯制定了《共产主义者同盟章程》这部世界无产阶级政党的第一部章程。《共产主义者同盟章程》规定，盟员一律平等，盟的支部选举主席和副主席各一人。盟的区部下辖两个以上十个以下支部。区部委员会由支部的主席和副主席组成。区委从委员中选出领导人。支部、区部委员会至少每两周开会一次。区部委员会任期为一年，连选连任，选举者可以随时撤换之。③ 可以看出这部章程的规定充分体现了民主建党思想，盟员一律平等，具有充分选举权，盟员选举支部领导人，区委选举区领导人，区党的领导机构定期召开会议商讨相关重要事务。这种设计充分体现了在无产阶级政党内部实行选举民主与协商民主相协同的思想。

二、列宁论协商民主与选举民主协同

（一）列宁关于协商民主的重要论述

　　列宁指出在专制统治之下当权者成为国家主人，人民任人欺压，没有参与国家事务讨论协商的权利。他在《党纲说明》中抨击沙皇专制统治下

---

①　马克思恩格斯选集：3［M］. 北京：人民出版社，1995：55.
②　马克思恩格斯选集：3［M］. 北京：人民出版社，1995：58-59.
③　马克思恩格斯全集：4［M］. 北京：人民出版社，1958：572-577.

的俄国，公民被剥夺了参与国家事务讨论的权利，没有集会结社的权利，连最基本的集会都需要获得官员的许可，官员可以为所欲为，他们是超越公民，高高在上的特殊等级。① 他在《告贫苦农民》中指出直到 20 世纪初俄国国民还没有处理全民事务的自由与权力，"俄国人民甚至没有权利集会讨论国家的事务"②。这些阐述表明在列宁看来参与国家事务的协商讨论是公民基本的政治权利。

列宁同样认为在阶级社会作为政治参与形式的协商是具有阶级性的，在专制制度下协商参与只是统治阶级、有产阶级的事情。他在《沙皇与人民和人民与沙皇的一致》中指出，地主、资本家、富农这些富裕阶级可以同地方官、同工厂视察员、同警员进行"协商"，而一般平民，即城市工人、农村平民是永远不能参加"协商"的。③ 所以，他明确反对同封建专制统治者进行妥协协商。他在《资产阶级背叛的头几步》中指出，"在同沙皇'协商中'横行霸道的事愈来愈多，也是在同沙皇协商中'革新'国家制度……资产阶级的代表人物死抱住'协商'论不放，当然不是由人民，而是由资产阶级同人民的压迫者'协商'"④。他曾一针见血地指出，"从协商论的观点看，沙皇只和他所愿意的人，只采取他所愿意的方式进行协商，这是十分自然的"⑤。列宁这段话表明了协商只有在民主的制度下才可能是民主的，人民只有享有充分的政治权利和自由，协商才能是民主的，这一点他在《告贫苦农民》中也有着相应阐述，他指出社会民主党人正在为广大劳苦大众摆脱一切压迫、掠夺、不公平，实现他们的解放而进行卓绝斗争，但是要实现解放，工人阶级的联合是必须的，而要实现联合，他们就要有实现联合的自由和权利，换句话说，就是要有政治自由。

---

① 列宁全集：2［M］. 北京：人民出版社，1984：83.
② 列宁全集：7［M］. 北京：人民出版社，1986：114.
③ 列宁全集：11［M］. 北京：人民出版社，1987：175.
④ 列宁全集：10［M］. 北京：人民出版社，1987：278.
⑤ 列宁全集：11［M］. 北京：人民出版社，1987：177.

专制的机关对人民进行奴役，他们有自由，需要政治自由的是广大的劳动人民，"不过最需要政治自由的是工人和农民"①。

不仅如此，列宁还特别强调无产阶级及其政党不应追随资产阶级同专制政府妥协协商，而是要联合贫苦的农民彻底推翻沙皇统治。列宁也强调了无产阶级政党内部应加强协商的重要性及在革命过程中同其他政党协商合作的必要性，他指出，社会民主党作为工人的政治组织当然应该是统一的，并且在这一统一的集体里，广泛自由地讨论应当在党内问题的解决中得到展开，各种不良现象的批评也应当在党内得到展开。② 他在《讨论关于改组布尔什维克中央问题时的发言和建议》中指出："最好是协商，但是这不必在章程中做规定。我认为，应该只采纳定期协商的意见。"③ 他在《不应当怎样写决议》中谈及社会民主党与其他政党在国家杜马中处理关系时指出，社会民主党是无产阶级性质的政党，同其他政党存在差别，它在国家杜马中应当保持应有的独立，不应该同其他政党、派别势力订立限制自身行动自由的协议，束缚自己的手脚，当然，"在个别场合，当其他政党的任务和步骤同社会民主党的任务和步骤一致的时候，社会民主党可以也应当同其他政党就这些步骤进行协商"④。

在俄国十月革命成功后，列宁十分重视苏维埃政权内部的协商。1920年，他在致安·马·列扎瓦等的信中要求他们就信中所提问题展开商讨，"商讨后的意见请交给我，以便转给人民委员会，或采取各部门协商等办法来解决这个问题"⑤。1922 年，他在关于俄共（布）中央政治报告总结发言中指出，"应该使自己的才能施展得当，以免陷入这个泥坑，应该同各人民委员部的同志商量商量，得出一条共同的路线；我们哪有一个人民

---

① 列宁全集：7［M］. 北京：人民出版社，1986：145.
② 列宁全集：12［M］. 北京：人民出版社，1987：362.
③ 列宁全集：19［M］. 北京：人民出版社，1989：29.
④ 列宁全集：15［M］. 北京：人民出版社，1988：108.
⑤ 列宁全集：49［M］. 北京：人民出版社，1988：618.

委员部不经过争论就办成什么事的呢？没有"①。

(二) 列宁关于选举民主的重要论述

和马克思、恩格斯的观点一样，列宁也认为选举作为一种政治形式是可以存在于任何社会的，在阶级社会中选举具有阶级性，选举的实质是由阶级内容决定的，选举不一定实现民主，统治阶级是谁，选举为谁服务。列宁同样肯定了资本主义普选制在人类政治文明发展中的进步意义。他指出资本主义社会的普选制、议会制等这些政治成果，从人类社会发展来看无疑是积极的历史进步，应该看到，如果没有普选制、没有议会制，工人阶级就难以取得今天这样的发展。② 这一阐述充分认识到了资本主义普选制建立对于工人阶级发展、社会主义运动的影响，即它在一定程度上促进了工人的决心和团结，推动了工人运动的兴起。他也指出普选制具有明显的工具性特征，普选制有时也会产生小资产阶级的议会和反革命的议会。③ 他还进一步指出，在资产阶级统治时代，只要是资本主义私有制存在，财产掌控在资本家手里，民主就只是美丽外衣掩盖下的资产阶级专政，什么普选、平等这些美好的字眼都是骗人的宣传，因为真正的平等不可能存在于资本家和无产阶级之间，被剥削者和剥削者之间不会存在什么平等。④

公正的选举是确保人民当家作主的重要保证。列宁认为，人民借助自由、平等、普遍的选举，选举产生人民代表会议，人民代表会议的代表由全体人民选举，选举排除了社会等级、贫富差距等因素的影响，自由不受官员干扰，监督选举的是人民信任的代理人而不是什么地方官、巡察官。这样的会议能够使人民免受奴役之苦，召开这样的会议是社会民主党的一

---

① 列宁全集：43 [M]．北京：人民出版社，1987：121.
② 列宁全集：37 [M]．北京：人民出版社，1986：74.
③ 列宁全集：35 [M]．北京：人民出版社，1985：270.
④ 列宁全集：35 [M]．北京：人民出版社，1985：428.

贯主张，觉悟的农民对于社会民主党人的正义主张应该给予有力支持。①

在无产阶级革命尚未成功之前，列宁畅想未来要建立工农民主共和国，共和国的公职人员全部由选举产生。1917 年他提到，无产阶级政党要努力建立更加民主的工农共和国，这个共和国应该有别于资产阶级共和国，在这里，常备军、警察得以废除，人民武装、民兵得以建立，公职人员经过选举产生并且可以依据大多数选民的要求进行随时撤换。人民代表苏维埃兼具立法机关、执法机关于一身，逐渐取代议会制的代表机构。②列宁认为苏维埃政权不仅应有真实自由的选举也应有真实广泛的公民选举权。在苏维埃政权中，劳动群众广泛、时常、简便、普遍地行使选举的权利，是任何最高民主程度的资产阶级国家都难以望其项背的，这是因为在资本主义国家，资产阶级一方面形式上给予人民权利，另一方面又千方百计地限制它。③ 为了保证广泛而真实的选举顺利进行，列宁还特别强调无产阶级共和国要加强相应的法制建设。

列宁认为在苏维埃政权中由于工人阶级的领导地位，以及工人阶级的先进性，在苏维埃选举中，应该给予工人阶级更多的代表名额，以工带农，最后实现工农平等。在列宁看来，这是特殊时期的特殊之举，因为农民的文化素质很低，苏维埃的工作也有不到位的地方，所以不得不在苏维埃宪法中做出给予工人阶级更多代表名额的规定。当然，列宁也指出实行这样一个规定不是他们的理想，正好相反，他们的理想是要通过党不断有为的工作消除工人和农民之间的不平等，等到工人阶级和农民阶级的不平等得以消除之后，就不会再做出苏维埃选举中应该给予工人超过农民代表名额的不合理规定了。④

---

① 列宁全集：7 [M]. 北京：人民出版社，1986：145.
② 列宁全集：29 [M]. 北京：人民出版社，1985：476.
③ 列宁选集：3 [M]. 北京：人民出版社，1995：723.
④ 列宁选集：3 [M]. 北京：人民出版社，1995：772.

在列宁看来，选举和罢免是紧密联系的，它们同时体现了苏维埃政权的人民性。由选举产生的代表会议或机关，必须承认和落实代表的罢免权利，一个人民只有选举权没有罢免权的机关不可能是代表人民意志的机关，只有同时给予选举人选举权和罢免权，由其产生的代表会议才可以说是真正民主的，这一原则同样适用于一切形式的代表会议。①

列宁十分重视工人阶级政党选举民主建设，指出党内最高权力机关及领导人应该由选举产生。他在《工人论党内分裂》一书的序言中提到，代表大会应该是党的最高机关，由这些代表做出的决定应该是最终决定，这种民主代表制度的原则同一般协商会议的原则或全民投票的原则是完全相反的。党中央的选举或党中央各机关的选举必须是直接的选举，通过党代会进行，通过其他渠道开展的选举是不被认可、许可的。② 他在俄国社会民主工党统一代表大会所做的报告中指出，要使高级机关通过真正的选举产生，汇报工作、能够撤换应该在机关中得到体现。③

（三）列宁关于协商民主与选举民主协同的重要论述

列宁明确提出了选举民主与协商民主应该协同发展以保证人民当家作主权利的观点。他在《社会民主党人要求什么?》中指出，人民选举的杜马来讨论决定、颁布实施法律、赋税，何谓政治自由，它是指选举一切官员的权力由人民所掌握，人民具有召集、协商讨论一切国家事务会议的权利。④ 在《告贫苦农民》中，如上文所述，他提到，代表没有身份差别，均由人民选举产生，选举自由，无外在干扰，选举过程受到真正的民主监督，当人民的代表能够讨论人民的一切所需时，更好的制度也就在俄国建立了。⑤ 这里就提出了通过选举授权，通过协商讨论参与权力运行，选举

---

① 列宁全集: 33 [M]. 北京: 人民出版社, 1985: 102.
② 列宁全集: 11 [M]. 北京: 人民出版社, 1987: 154-155.
③ 列宁专题文集: 论无产阶级政党 [M]. 北京: 人民出版社, 2009: 346.
④ 列宁全集: 7 [M]. 北京: 人民出版社, 1986: 115.
⑤ 列宁全集: 7 [M]. 北京: 人民出版社, 1986: 145-146.

与协商相结合以保障人民当家作主权利的观点。

列宁提出无产阶级政党内部应实行民主集中制。他指出要在党组织中真正建立民主集中制原则还需要持之以恒的努力，在基层组织中发展民主使之成为党合格的基本民主组织细胞，在高级机关中实行真正的选举。① 不过，后来战时共产主义时期实行的"战斗命令制"导致党内民主严重缺失和党内生活日益官僚化，这也使得列宁提出的民主集中制演化为极端集中制。这一状况制约了党内民主的发展。列宁看到了这一问题，晚年也在努力纠正这一问题。1921 年，他主持召开了俄共（布）十大，会议决定党的一切机关从上到下实行普遍选举制，对党内的一切重要问题，在没有形成决议之前都必须事先进行协商讨论，并提供各种机会让全体党员参加党的公开会议。后来他在思想理论上更进一步发展，指出党的全部负责人员、全体领导成员及整个机构都要通过选举方式产生，同时定期向党汇报工作，另外要能够撤换。② 不仅如此，他还指出广泛而自由的讨论、同志间的批评与自我批评这些都是党内民主和自由的体现，必须在党内政治生活中得到应有保障和体现。③ 这些论述说明列宁把选举民主和协商民主作为党内民主建设的重要形式并且着力推动两者的协同运用以促进党内民主发展。

列宁不仅将无产阶级政党内部的协商与选举及其协同发展作为加强党内民主建设的重要途径，同时将其视之为消除党内政治生活不正常现象、纠正党内错误、保持党的肌体健康的重要举措。针对社会民主工党第二次代表大会之后的一段时期内存在的组织纪律松弛、缺乏集中统一领导等现实问题，列宁在《关于恢复党内和平的措施的发言》中指出，"斗争是通过投票，通过和同志们协商等等来进行的；在那里，为中央机关的组成而

---

① 列宁专题文集：论无产阶级政党 [M]. 北京：人民出版社，2009：346.
② 列宁全集：14 [M]. 北京：人民出版社，1988：249.
③ 列宁全集：12 [M]. 北京：人民出版社，1987：362.

进行斗争是容许的，而在代表大会以外，在党内生活中就不应当有这种斗争"①。

三、中国共产党论协商民主与选举民主协同

（一）中国共产党关于协商民主的重要论述

1. 新中国成立前中国共产党论协商民主

中共十八大提出社会主义协商民主概念绝非偶然。概念提出之前，党和国家领导人就曾多次论述了协商民主，只不过当时使用的不是"协商民主"一词，而是"商议""民主协商""政治协商"等词汇。中共二大通过的中国共产党第一部党章规定：党的全国代表大会讨论通过的决议由中央执政委员会来执行，委员会具有审议和决定党的政策以及政策执行方法的职责，"区及地方执行委员会执行上级机关的决议并在其范围及权限以内审议及决定一切进行方法"②。这就明确提出了中央执行委员会、区及地方执行委员会在权限以内具有审议党的事务及实施方法的职责。审议成为这一特定时期中国共产党进行党内民主决策的重要方式。1929 年《中国共产党红四军第九次党代会决议案》指出，"党对于军事工作要有积极的注意和讨论。一切工作，在党的讨论和决议之后，再经过群众去执行"③。对于上级机关做出的决议，下达的指示，党的下级单位、党员群众应该进行相应充分的讨论，而不是囫囵吞枣，一个人或极少几个人说的算，仓促决策，党的下级单位、党员群众要在讨论当中把握要领、吃透精神，然后从实际情况出发制定具体的落实措施。这就将党内协商讨论作为党内决策的必要环节提了出来。

---

①　列宁全集：8 [M]. 北京：人民出版社，1986：135.

②　中国革命博物馆. 中国共产党党章汇编 [M]. 北京：人民出版社，1979：6.

③　中央档案馆. 中共中央文件选集：5 [M]. 北京：中共中央党校出版社，1990：802-803.

抗日战争爆发后，中国共产党适时提出抗日民族统一战线政策，在抗日统一战线内部处理统一战线内部关系的重要手段和方式就是沟通协商。在抗日根据地，中国共产党在领导的"三三制"政权中同中间人士、非党"左"派人士展开了大量协商。正因如此，原全国政协主席贾庆林指出，"三三制""有效进行了协商民主实践，这可以说是协商民主的萌芽和雏形"①。毛泽东批评了当时政权中存在的共产党领导干部排斥党外人士的问题，他要求共产党领导干部必须克服政党合作中的狭隘和偏见，发扬民主精神与作风，遇到问题要事先同党外人士商议，得到大多数人的理解和支持，然后再去实行。② 抗日战争时期，为了能够更好地肩负起统筹领导统一战线、实现抗日战争走向胜利的使命，党特别重视党内协商民主建设以推动党内民主决策。中共六届六中全会通过的《关于各级党委暂行组织机构的决定》提出党内协商主要包括两种组织形式，"一是经常会议，只有各该级党的正式委员有权利参加，二是扩大会议，讨论各种更带一般性质的问题和事项，除开各该级党的正式委员参加外，候补委员及其他有关系的工作人员亦可吸收其列席，并有发言权"③。在重视党内协商会议建设的同时，保证广大党员、干部的协商权利也成为党加强党内协商民主建设的重要内容。党的七大通过的党章对于党员的权利和义务做出了明确规定，其中一项明确的规定就是党员具有在党的会议上、刊物上参加党的政策实施相关问题自由讨论的权利。④

1949 年 9 月，周恩来在政协第一届全体会议召开前向政协委员所做的报告中明确提出，新民主主义议事有一个重要特点是在会议召开前，让大

① 贾庆林. 健全社会主义协商民主制度 为全面建成小康社会广泛凝聚智慧和力量 [J]. 求是，2012（23）：12.

② 毛泽东选集：2 [M]. 北京：人民出版社，1991：742-743.

③ 中央档案馆. 中共中央文件选集：11 [M]. 北京：中共中央党校出版社，1991：772-773.

④ 中央档案馆. 中共中央文件选集：15 [M]. 北京：中共中央党校出版社，1991：119.

家先参加协商讨论，经过讨论有了一个大致的了解，再提交到会上讨论、决定，而不是少数几个人讨论决定，或是在没有做任何前期工作的前提下，直接在会上仓促讨论决定，"新民主主义的议事精神不在于最后的表决，主要是在于事前的协商和反复的讨论"①。这一重要论述反映出中国共产党对民主认识的深化，对协商作为民主重要形式的强调和重视。

2. 新中国成立至改革开放开启中国共产党论协商民主

新中国成立后，在人民代表大会正式召开之前，政协在特殊历史时期起到了十分重要的作用。1950 年毛泽东在全国政协一届二次会议上指出，通过政协各方面代表人物集合在一起协商，"这样，我们就能集中广泛的意见，检查过去的工作，决定今后的方针。这种方法，我希望我们今后继续采用"②。1954 年全国人大召开后，对于政协，毛泽东指出这一组织当然是需要的，在全国政协委员中当选全国人大代表的只是少数人，在全国人大代表中所占的比例也就四分之一，剩下的那些都不是人大代表，"可见通过政协容纳许多人来商量事情很需要"③。在强调人民政协存在必要性、人民政协协商重要性的同时，中国共产党也很重视全面执政条件下共产党同民主党派的协商，认为同民主党派协商合作对中国共产党是有益的。

新中国成立后，在重视统一战线形式的政协协商、政党协商并对其进行重要论述的同时，党中央根据全面执政的实际，为了防止脱离群众、出现官僚主义问题，特别强调党群协商、干群协商。1957 年毛泽东在最高国务会议上的一次讲话中指出，在社会主义制度基本确立的情况下，统筹兼顾全体中国人民、中华儿女的利益，需要结合各地实际，同社会各方面人士进行协商，之后再做出适当的政策和安排。"决不可以嫌人多，嫌人落

---

① 中共中央统战部，中共中央文献研究室. 周恩来统一战线文选 [M]. 北京：人民出版社，1984：134.

② 毛泽东文集：6 [M]. 北京：人民出版社，1999：78.

③ 毛泽东文集：6 [M]. 北京：人民出版社，1999：384.

后，嫌事情麻烦难办，推出门外了事。"① 1961 年，他在给湖南省委书记张平化的信中明确要求，必须树立群众路线意识，"一切问题都要和群众商量，然后共同决定，作为政策贯彻执行"。② 各级党委必须深入群众，做好调查研究工作，绝不允许那种不同群众商量办事，将自己关在屋内，闭门造车，做出主观主义的危害群众的决策。各级党委和政府同人民商量办事，是贯彻党的群众路线的重要体现，是科学民主决策、照顾和实现各方面群众根本利益、化解人民内部矛盾的现实要求和重要渠道。

对于政治生活中的协商，毛泽东和党中央强调要坚持三个重要原则。一是民主集中制。对此，毛泽东指出："我们的国家制度是人民民主专政，民主是商量办事，不是独裁，但集中是必要的。"③ 二是决策前协商。如前文所述，在新中国成立之前，周恩来就指出新民主主义与旧民主主义的议事精髓是不一样的，它的"新"主要体现在会前要进行反复的沟通、协商。新中国成立后在新民主主义社会建设及其向社会主义社会过渡的过程中，党中央也明确强调国家重要事务决定前的协商。1955 年，毛泽东在与工商界代表谈及社会主义改造问题时指出："现在是协商办事，这样大的事情，与全国人民有关的大事，当然要协商办理。如果大家不赞成，那就没有办法做好。"④ 三是长期协商。毛泽东多次提到多党长期协商合作、人民政协长期发挥政治协商作用的必要性。群众路线是党的根本工作路线，党中央和毛泽东强调各级党委政府要善于运用协商的方法加强同群众的联系，将同群众协商办事长期坚持下去。

在党内协商方面，中共八大党章进一步规定："关于党的政策问题，在党的领导机关没有做出决议以前，党的下级组织和党的委员会的成员，

① 毛泽东文集：7 [M]. 北京：人民出版社，1999：228.
② 毛泽东文集：8 [M]. 北京：人民出版社，1999：272.
③ 毛泽东文集：6 [M]. 北京：人民出版社，1999：387.
④ 毛泽东文集：6 [M]. 北京：人民出版社，1999：488.

都可以在党的组织内和党的会议上自由地切实地进行讨论，并且向党的领导机关提出自己的建议。……关于全国性质的政策问题，在中央领导机关没有发布意见和做出决议以前，各部门、各地方组织和它们的负责人，除了自行讨论和向中央领导机关提出建议以外，不许自由发布意见和做出决议。"① 这表明，党内协商是党内民主的重要内容，但同时也表明民主集中制是中国共产党组织运行的重要原则，在党的领导机关特别是党中央没有对全国性政策做出决议和发布意见之前，下级的协商讨论只能是给领导机关提建议，而不能自由发表意见和做出决议，这是坚持中国共产党集中统一领导的需要。

3. 改革开放以来中国共产党论协商民主

1984 年，邓颖超在阐述政治协商时提到这一民主形式是我国处理统一战线关系的重要方式，同时也是社会主义民主得以发扬的重要方式，国家重大方针政策、政治生活中的重大问题都需要借助政治协商的方式得以展开，了解各方的意见和建议。"我国统一战线内部关系的各种问题，也是经过政治协商进行调整和解决的。这种协商是民主的、平等的、真诚的，不敷衍应付，不强加于人，而是经过反复商量，充分交换意见，集思广益，真正达到政治上的一致或基本一致。"② 此后，1989 年中共中央专门制定出台了坚持和完善中国政党制度的意见（以下简称"1989 意见"），经过多年实践之后，2005 年中共中央又根据新形势出台了进一步加强中国政党制度建设的意见（以下简称"2005 意见"），"2005 意见"指出了政治协商的内容、形式等。

在 1978 年改革开放以后，中国社会利益结构、阶级阶层结构较之以前发生显著变化，中国共产党根据这一变化特别强调建立社会协商对话制

① 中共中央文献研究室. 建国以来重要文献选编：9 [M]. 北京：中央文献出版社，2011：281.
② 政协全国委员会办公厅，中共中央文献研究室. 人民政协重要文献选编：中 [M]. 北京：中国文史出版社，2009：440.

度。中共十三大提出必须坚持党的群众路线的优良作风和传统，加强社会对话并使之制度化，及时、畅通地开展上下、彼此之间的沟通，加深相互理解和了解，推动领导机关权力公开化运作的程度，要让人民群众拥有重大情况的知情权，重大问题也要由人民参与讨论。①

通过领导推动政治协商和社会对话协商发展，党对协商民主的认识进一步深化。在此基础上，《白皮书》指出："选举民主与协商民主相结合，是中国社会主义民主的一大特点。"② 这就在官方文件里首次使用了"协商民主"一词，不过当时并未使用"社会主义协商民主"一词。

改革开放以来，党内协商民主理论不断发展。鉴于改革开放前的一段时期内，民主集中制演化为集中制，党内民主受到严重破坏的情况，中共十一届五中全会通过的《关于党内政治生活的若干准则》（以下简称《党内政治生活准则》）指出："党委会讨论重大问题，要让大家畅所欲言，各抒己见。讨论中发生了分歧，既要认真考虑少数人的意见，又不可议而不决，耽误工作。"③ 并规定，"发扬党内民主，首先要允许党员发表不同的意见，对问题进行充分的讨论，真正做到知无不言，言无不尽。只要不反对党的基本政治立场，不搞阴谋诡计，不在群众中进行派性分裂活动，不在群众中散布违反党的路线、方针、政策的言论，不泄漏党和国家的秘密，由于认识错误而讲错了话或者写了有错误的文章，不得认为是违反了党纪而给予处分。"④ 中共十四届四中全会提出党内民主的一个重要方面是决策要做到民主化，民主决策是推动决策科学化的重要前提，建立完善领

---

① 中共中央文献研究室. 十三大以来重要文献选编：上［M］. 北京：人民出版社，1991：43.

② 中华人民共和国国务院新闻办公室. 中国的政党制度［N］. 人民日报，2007－11－16（15）.

③ 中共中央办公厅法规室，中共中央纪委法规室，中共中央组织部办公厅. 中国共产党党内法规选编：1978—1996［M］. 北京：法律出版社，2009：32.

④ 中共中央办公厅法规室，中共中央纪委法规室，中共中央组织部办公厅. 中国共产党党内法规选编：1978—1996［M］. 北京：法律出版社，2009：35.

导同群众和专家三者统一的决策机制，形成科学民主决策的重要制度。①
这就提出了党内决策民主化的命题，把党内协商作为实现党内民主决策的
重要途径。中共十七届四中全会通过的《中共中央关于加强和改进新形势
下党的建设若干重大问题的决定》进一步要求健全党内民主决策的机制，
各级党的委员会应严格遵循党委会决策原则进行重大事项的决定，在重大
决策中要突出和发挥全委会的作用，推动地方党委在干部任用、重大决策
等问题上的票决制应用，推动常委会议事程序、议事规则的改进完善，健
全常委会定期向全委会汇报工作、接受监督的制度。② 为了营造党内协商
讨论的良好氛围，中国共产党还提出要鼓励和保护党员讲真话，营造党内
民主协商的氛围。党的十八大特别提到要落实党员协商权利，包括知情
权、参与权等，营造党内同志间的平等关系和民主氛围。

党的十八大以来，党和国家领导人及中央文件先后提出了一系列有关
社会主义协商民主的观点、论断、主张和要求。这些观点、论断、主张和
要求构成了内涵丰富的社会主义协商民主理论体系，主要地说，包括以下
十个方面。

第一，界定了协商民主的内涵。前文已经提及，《意见》对社会主义
协商民主内涵进行了界定。从其内涵界定中可以看出，社会主义协商民主
最本质的特征是中国共产党领导，协商的内容主要是公共事务，协商的目
标是尽可能就议题达成共识。

第二，提出了协商民主的优势。习近平总书记在讲话中做出了十分精
辟的论述，他立足于中国实践和中外比较将中国社会主义协商民主的优势

---

① 中共中央文献研究室. 十四大以来重要文献选编：中 [M]. 北京：人民出版社，1997：
961.
② 中共中央文献研究室. 十七大以来重要文献选编：中 [M]. 北京：中央文献出版社，
2011：150.

概括为"五个可以""五个有效"①。其中前两个"可以""有效"是在中外对比中体现的,因为在中国多党合作制度中是不存在党派、不同政治力量的彼此竞争和角逐的;其中后三个"可以""有效"既包含中外对比的优势概括,也包含对中国协商民主实践积极功能的现实总结。习近平总书记提出中国协商民主可以克服党派倾轧、不同政治力量因私而固守己见的不足,这的确是中国协商民主的独特优势。在中国执政党同参政党的政治协商中,"公民政治参与的内容和形式分别呈现出公共性和合作性的特征。中国党际协商的内容都是涉及公共利益的重大问题。这反映了共产党与民主党派在根本利益上的一致性,也从根本上决定了共产党与各民主党派在党际协商中不会产生根本冲突,尽管有可能在具体利益上呈现分歧。况且,这种分歧还可以在党际政治协商过程中得以消弭。这种基于根本利益一致性的党际协商从总体上反映了我国公民政治参与的合作性"②。同时,在选举、决策前,选举、决策后,选举、决策中,全过程、全方位开展社会主义协商民主实践,有助于全面了解和掌握决策所需信息,推动广泛参与和决策执行,从而克服决策自以为是、决策落实不佳,以及诉求难以表达的弊端,这也是中国协商民主的显著优势。

第三,总结了协商民主的渠道。通过党的十八大以来党对社会主义协

---

① "五个可以""五个有效":可以广泛达成决策和工作的最大共识,有效克服党派和利益集团为自己的利益相互竞争甚至相互倾轧的弊端;可以广泛畅通各种利益要求和诉求进入决策程序的渠道,有效克服不同政治力量为了维护和争取自己的利益固执己见、排斥异己的弊端;可以广泛形成发现和改正失误与错误的机制,有效克服决策中情况不明、自以为是的弊端;可以广泛形成人民群众参与各层次管理和治理的机制,有效克服人民群众在国家政治生活和社会治理中无法表达、难以参与的弊端;可以广泛凝聚全社会推进改革发展的智慧和力量,有效克服各项政策和工作共识不高、无以落实的弊端。习近平. 在庆祝中国人民政治协商会议成立 65 周年大会上的讲话 [N]. 人民日报,2014-09-22 (2).

② 刘俊杰. 中国党际协商民主的实践价值论析 [J]. 江西师范大学学报 (哲学社会科学版),2013 (1):21.

商民主渠道的阐述可以看出，社会主义协商民主包括七个渠道。① 在这些协商渠道中，政协协商、政党协商渠道已有长期实践，并实现了制度化。基层协商、政府协商和人大协商早已有之，党的十八大之前就被提及，党的十八大之后才被着重强调。社会组织协商和人民团体协商则是在党的十八大之后才被提及和强调的。

第四，明确了协商民主的基本原则。《意见》将社会主义协商民主所应坚持的基本原则概括为六点，即"六个坚持"②。第一个"坚持"体现了对政治方向的把握，对遵循中国政治运行根本原则的要求；第二个"坚持"体现了对服务党和国家工作大局的要求；第三个、第四个、第五个"坚持"体现了对具体工作开展方式方法、思路、原则的要求；第六个"坚持"体现了一种秉承理念和精神的要求。具体来说，"六个坚持"体现了对社会主义协商民主发展的政治方向要求、服务中心工作要求、民主政治建设稳步依法有序要求、先于民主决策要求、实现和保障人民参与要求、开放包容与保证质量效率要求。

第五，阐述了协商民主是人民民主的真谛。习近平多次指出社会主义协商民主体现了人民民主的真谛。在他看来，人民如果仅仅具有投票权，只有在几年一次的投票中才展现民主的权利，投完票之后，权利便进入沉睡期，再无政治参与和相应的政治权利，那么这种民主是形式上的，而社会主义协商民主的运行使得人民大众遇到事情协商，小范围的事情小范围

---

① "七个渠道"：政党协商、政府协商、政协协商、人大协商、人民团体协商、基层协商、社会组织协商。

② "六个坚持"：必须坚持党的领导、人民当家作主、依法治国有机统一，贯彻民主集中制，坚定不移走中国特色社会主义政治发展道路；坚持围绕中心、服务大局，促进经济持续健康发展，维护社会和谐稳定；坚持依法有序、积极稳妥，确保协商民主有制可依、有规可守、有章可循、有序可遵；坚持协商于决策之前和决策实施之中，增强决策的科学性和实效性；坚持广泛参与、多元多层，更好保障人民群众的知情权、参与权、表达权、监督权；坚持求同存异、理性包容，切实提高协商质量和效率。中共中央印发《关于加强社会主义协商民主建设的意见》[N]. 人民日报，2015-02-10（1）。

协商，大范围的事情大范围协商，在协商中找到解决事情之意见和需求的最大公约数，体现了人民民主的真谛。协商民主以人民持续广泛地参与保证了人民民主的真实性、实质性。

第六，提出了协商民主的基础。习近平提出了社会主义协商民主依存的文化、理论、实践及制度四个方面的基础，他使用了"五个源自"①，指出"五个源自"奠定了中国协商民主的深厚基础。尽管这里没有明确提出理论，但由于中国协商民主实践是在马克思主义统战理论、政党理论、民主理论指导下展开的，这种实践上的发展本身包含了理论的指导和发展，其经验的总结和理论升华形成社会主义协商民主理论。

第七，强调了协商民主的重点应是广大人民群众。习近平特别重视人民在协商民主建设中的角色、地位，他特别强调协商民主的重点是广大的人民群众，因为基层的决策和工作都与老百姓的生活直接相连、密切相关，坚持人民协商为人民，人民协商于人民，将基层协商民主建设放在协商民主建设的突出位置。这些观点体现了习近平总书记浓厚的人民情怀，以人民为中心发展协商民主的理念。

第八，进一步发展了党内协商民主理论。2016年《关于新形势下党内政治生活的若干准则》（以下简称《若干准则》）要求，"党委（党组）主要负责同志必须发扬民主、善于集中、敢于担责。在研究讨论问题时要把自己当成班子中平等的一员，充分发扬民主，严格按程序决策、按规矩办事，注意听取不同意见，正确对待少数人意见，不能搞一言堂甚至家长制"②。这就对党内协商中党委（党组）主要负责同志提出了明确要求，

---

① "五个源自"：源自中华民族长期形成的天下为公、兼容并蓄、求同存异等优秀政治文化，源自近代以后中国政治发展的现实进程，源自中国共产党领导人民进行革命、建设、改革的长期实践，源自新中国成立后各党派、各团体、各民族、各阶层、各界人士在政治制度上共同实现的伟大创造，源自改革开放以来中国在政治体制上的不断创新。习近平. 在庆祝中国人民政治协商会议成立65周年大会上的讲话 [N]. 人民日报，2014-09-22 (2).

② 赵周贤. 全面从严重点案例选编 [M]. 北京：人民出版社，2016：371.

抓住了影响党内协商的主要问题。

第九，提出了营造良好协商氛围所需要的条件。主要包括：一是平等协商，它要求参与协商的主体要尊重他人，不以自己的观点和主张强加于人、要求别人必须接受，相互倾听，平等对待；二是真诚协商，它要求参与主体讲真话、说实话，多体谅、多包容，理性而不偏激；三是有序协商，它要求参与者遵守规则，不起哄、不捣乱，不自说自话，我行我素，保持协商会场秩序。①

第十，提出了人民政协是专门协商机构。党的十八大以来，党和国家领导人的讲话与中央文件明确了政协专门协商机关的性质及定位。在我国国家机关中，政府、人大尽管也是协商民主的重要渠道，但人大是权力机关，政府是权力执行机关，只有政协这一国家机关是专门的协商机关，这也体现了这一组织的独创性。

（二）中国共产党关于选举民主的重要论述

1. 新中国成立前中国共产党论选举民主

中国共产党成立之时就高举民主的旗帜。1922 年，中国共产党分析了当时的时局，指出军阀统治是中国陷入深重灾难的根源所在，为此必须实行民主政治，"民主政治当然由民主派掌握政权，但所谓民主派掌握政权，绝不是在封建的军阀势力之下选一个民主派人物做总统或是选几个民主派的人物组织内阁的意思，乃是由一个能建设新的政治组织应付世界的新环境之民主党或宗旨相近的数个党派之联合，用革命的手段完全打倒非民主的反动派官僚军阀，来掌握政权的意思"②。这就提出了民主政党进行革命联合推翻封建军阀、建设民主政治的主张，并根据当时形势提出中国共产

---

① 习近平. 在中央政协工作会议暨庆祝中国人民政治协商会议成立 70 周年大会上的讲话 [N]. 人民日报，2014-09-21（2）.

② 中央档案馆. 中共中央文件选集：1 [M]. 北京：中共中央党校出版社，1989：35-36.

党的奋斗目标之一就是"采用无限制的普通选举制"①。可以看出，此时的中国共产党认识到，辛亥革命并未真正建立民主共和，中国实际上是封建军阀统治下的半殖民地半封建国家。约法不应该是形式上的，而是要实实在在地保障人民的民主权利，所以中国共产党提出党奋斗的重要民主目标是"采用无限制的普通选举制"。

在局部执政之前，中国共产党党内选举就已率先展开。在党成立初期，中国共产党首先明确了党员具有选举权，中共二大明确提出党的中央执行委员会应由全国代表大会选举产生。1927年，《中国共产党第三次修正章程决案》明确提出，"全体党员大会及各级代表大会选举各级委员会。委员会在大会闭会期间为该级党部最高权力机关，执行并指导党务及政策"②。这就提出了党的权力机关由全体党员大会及各级代表大会选举产生。在井冈山根据地，《湘赣边界各县党第二次代表大会决议案》指出，"各级党部委员及书记应尽量用选举法办产生"。③

在建立工农兵苏维埃政权之后，中国共产党把选举作为民主政权建设的重要渠道和方式，在这一过程中对于工农兵苏维埃政权的民主选举工作进行了重要阐述。主要地说，包括以下四点。

第一，强调工人、农民、红色战士及一切劳苦民众是政权的主人，享有选举权和被选举权，而靠剥削他人的人和反革命分子是不具备选举权与被选举权的。在井冈山革命根据地，红色政权第一个施政纲领即由毛泽东亲自指导制定的遂川县《工农兵政府临时纲领》规定不以剥削他人为生的劳动者，其政治参与的权利都应该得到保护，例如，农民、工人、其他方面的贫苦大众等，"此外，各色人等，如收租的人，重利盘剥的商人、资

---

① 中央档案馆. 中共中央文件选集：1［M］. 北京：中共中央党校出版社，1989：45.
② 中国革命博物馆. 中国共产党党章汇编［M］. 北京：人民出版社，1979：23.
③ 党史资料征集编研协作小组，井冈山革命博物馆. 井冈山革命根据地［M］. 北京：中共党史资料出版社，1987：189.

本家、雇主、土豪、劣绅反革命政府的官吏、国民党的执行委员、监察委员、清党委员，其他各色反革命分子及和尚尼姑、斋公婆、教徒等一概没有参与政治的权利"。① 在中央革命根据地，1934 年 1 月《中华苏维埃共和国宪法大纲》也明确对劳苦大众的政治参与权利给予确认和保护，而对于剥削者的权利给予限制和剥夺②，在十分尖锐的阶级矛盾和阶级斗争面前，这种规定是必然的，是与当时的形势和中国共产党对于革命形势的认知与判断密切相关的。

第二，选举是选拔积极合格人才、巩固和发展苏维埃政权的现实需要。为推动第二次全国苏维埃代表大会召开，搞好选举运动，1933 年 9 月毛泽东在所做的《今年的选举》报告中指出，"苏区的工农群众已经夺取了政权，我们要时时刻刻保护这个政权，发展这个政权，使之能尽打击内外反革命势力，增进工农生活福利的重大作用"③。他还指出，要使得这种作用能够充分发挥，选举的办法必不可少，通过选举将最优秀最有觉悟的积极分子、先进分子选进苏维埃政权，将一些不中用的旧分子、坏分子淘汰出去，这是一件十分重要的工作。可以看出，在毛泽东看来，在苏维埃政权中实施民主选举，有助于发现、选拔优秀积极的分子，将他们纳入苏维埃政权之中，将一些不能适应革命要求、不符合完成革命任务需要的分子剔除政权，有助于巩固、保护、发展革命政权。

---

① 吴鹏. 红色政权第一个施政纲领 [J]. 华北民兵，2011（5）：64.

② 《中华苏维埃共和国宪法大纲》规定：苏维埃政权是属于工人、农民、红军兵士及一切劳苦民众的。在苏维埃政权下，所有工人、农民、红色战士及一切劳苦民众都有权选派代表掌握政权的官吏，只有军阀、官僚、地主、豪绅、资本家、富农、僧侣及一切剥削人的人和反革命的分子，是没有选举代表参加政权和政治上自由的权利的。为使工、农、兵、劳苦民众真正掌握着自己的政权，苏维埃选举法特规定，凡上述苏维埃公民在十六岁以上皆有苏维埃选举和被选举权，直接派代表参加各级工农兵苏维埃的大会，讨论和决定一切国家的地方的政治事务。中华苏维埃共和国宪法大纲 [J]. 江西社会科学，1981（S1）：123.

③ 中共中央文献研究室. 毛泽东著作专题摘编 [M]. 北京：中央文献出版社，2003：2068.

第三，提出苏维埃民主首先应表现在选举上。1934年毛泽东在苏维埃全国代表大会所做的报告中指出，苏维埃民主的首要意义得益于它的选举，它赋予了长期以来饱受压迫阶级剥削和欺辱的劳苦大众以真正的选举权、被选举权，而且女人和男人实现了同等的权利，这"乃是中国历史上的第一次"①。

第四，强调选举的阶级性，特别是工人阶级的代表性。苏维埃政权的工农兵性质决定了这一政权的主要组成部分是工农兵，共产党的工人阶级先锋队性质决定了工人阶级在这一政权中的领导地位。但是在农村革命根据地，工人的数量是很少的，为此，中国共产党在选举工作中对于工农代表的比例提出了区别要求。"为了保证无产阶级在苏维埃政权中的领导干部，采用了工人及其家属十三名选举代表一人，农民及贫民五十人选举代表一人的办法，拿了这样的成分去组织市乡代表会议。从区到中央，各级的代表大会与执行委员会，工人与农民的代表都有适当的比例。这样便在苏维埃政权的组织上保证了工人与农民的联盟，并使工人站在领导的地位。"②

红军长征抵达陕北后，特别是进入全面抗日阶段后，中国共产党根据形势和革命任务的变化，提出中国共产党领导的政权要实现从工农兵苏维埃政权向抗日民族统一战线性质的民主政权转变。在抗日战争时期，中国共产党对民主选举进行了一系列重要论述，主要包括如下内容。

第一，抗日的且不反共、反人民的人士是抗日民主政权的主人，具有选举权、被选举权，反之不具备。陕甘宁边区规范选举工作的制度文件《陕甘宁边区选举条例》对于抗战时期中国共产党领导下的抗日民主政权中享有选举权和被选权的主体给予了规定，从规定可以看出，进入全面抗

---

① 《江西社会科学》编辑部. 中华苏维埃共和国中央政府文件选编［M］.《江西社会科学》发行科内部出版，1981：102.

② 《江西社会科学》编辑部. 中华苏维埃共和国中央政府文件选编［M］.《江西社会科学》发行科内部出版，1981：102-103.

战阶段以后，随着中国共产党领导的政权性质的变化，人民的范围，享有选举权和被选举权的主体范围，明显拓宽，其对于选举权、被选举权的阶级性强调有所降低。① 毛泽东在抗日战争时期提到选举问题时指出，"凡满十八岁的赞成抗日和民主的中国人，不分阶级、民族、男女、信仰、党派、文化程度，均有选举权和被选举权。抗日统一战线政权的产生，应经过人民选举。其组织形式，应是民主集中制"②。

第二，推动民主选举政治发展是巩固和发展抗日统一战线、改进政治机构、调动群众积极性、保卫边区的重要举措。1937 年 11 月，毛泽东在《关于八路军应积极参加特区大会选举问题的指示》中指出，"当此抗战紧急，中华民族生死存亡关头，特区政府在中央的领导下，首先在西北广大地区，实施抗战和普选的民主政治，作全国民主政治之先导。特区的大会开幕将更进一步推动全国的民主力量，围绕在特区政府的周围，在活的榜样之下，为实现全国的民主制度而努力，为救亡图存而抗战到底。特区民主政治的实施，在巩固和开展全国统一战线的基础上，这是国共合作迅速走上新的阶段的推力"③。1941 年 1 月《陕甘宁边区政府为改选及选举各级参议会的指示信》要求，"必须集中边区老百姓的力量，才能对付敌人，度过危险。边区老百姓为救自己，正在要发挥他的力量，检查他的代理机关（政府）是否得力。因此，必须进行选举。只有选举，才能改进政治机构，涌出积极分子，有力地保卫边区"④。

---

① 《陕甘宁边区选举条例》规定：凡居住边区境内之人民，年满十八岁者，无阶级、职业、男、女、宗教、民族、财产与文化程度之区别，经选举委员会登记，均有选举权与被选举权。有下列各项情形之一者，不得参与选举与被选举：一、有卖国行为，经政府通缉有案者；二、经法院判决有罪，剥夺公权尚未恢复者；三、有神经病者。陕西省档案馆，陕西省社会科学院. 陕甘宁边区政府文件选编：1 [M]. 北京：档案出版社，1986：160.

② 毛泽东选集：2 [M]. 北京：人民出版社，1991：743.

③ 中央档案馆. 中共中央文件选集：11 [M]. 北京：中共中央党校出版社，1991：392.

④ 中共延安地委统战部，中共中央统战部研究所. 抗日战争时期陕甘宁边区统一战线和三三制 [M]. 西安：陕西人民出版社，1989：420.

第三，强调民主政治选举第一。中国共产党领导下的陕甘宁边区政府打出了"民主政治，选举第一"的口号，指出"我们革命，为的是推翻那不民主的政府，建立民主的政府。民主的第一着，就是由老百姓来选择代表他们出来议事管事的人。……如果有人轻视选举或者说不要选举，那就是等于不要民主。不要民主，就等于不要革命"①。这表明当时边区政府对于选举工作相当重视，但同时存在一定的认识局限性，即将民主等同于选举。曾经一度，边区政府将办好选举作为边区建设的首要工作。1941年5月，《陕甘宁边区政府为改选各级参议会第二次指示信》要求，选举办得好，一切工作才好做，"有些地方把选举工作和其他工作并列地看，甚至有把经济建设工作放在第一，扩兵动员放在第二，选举工作放在末位，这是不对的。不知道经建、扩兵工作是要在民主政治即民选的政府基础上来进行。边区经建、扩兵等工作，所以比国内其他地方好，是因为这里有民主，现在要办得更好，就必须更好的办选举。这是基本的问题，基本问题办好了，有了民主基础，一切抗战动员工作就能很好地完成任务"②。

第四，提出普遍、直接、平等、不记名投票原则。《陕甘宁边区抗战时期施政纲领》在民权主义中规定，"发扬民主政治，采用直接、普遍、平等、不记名的选举制"③。普遍指的是选举人资格的广泛性，除了少数法定的主体之外，都有选举权和被选举权。直接指的是不经过间接选举，边区、县、乡参议院由直接选举产生。平等指的是选民一人一票，选举效力相同，在选举的人数比例上平等。无记名指的是投票人在投票时无须写上自己名字，实际上属于秘密投票。

---

① 中共延安地委统战部，中共中央统战部研究所. 抗日战争时期陕甘宁边区统一战线和三三制［M］. 西安：陕西人民出版社，1989：419.
② 中共延安地委统战部，中共中央统战部研究所. 抗日战争时期陕甘宁边区统一战线和三三制［M］. 西安：陕西人民出版社，1989：428.
③ 西北五省区编纂领导小组，中央档案馆. 陕甘宁边区抗日民主根据地文献卷［M］. 北京：中共党史资料出版社，1990：52.

第五，提出选举的"三三制"原则。"三三制"原则是中国共产党在抗日战争形势下，为团结全国各族人民一致抗战，而实行的统一战线性质的民主联合政权。其原则的操作要求是，在政权内部人员的分配上遵循共产党员、非共产党的"左"派先进分子及非"左"非右的中间分子各占三分之一。①"三三制"原则后来也成为边区政权选举建设的重要指导原则。"从 1940 年以后，边区政府在临时选举法、选举指示和训令中，都把它列为选举的根本指导思想，规定为选举的基本原则。"②

第六，提出边区可以实行竞选。《陕甘宁边区选举条例》规定了边区可以开展竞选运动。1941 年 1 月修正公布的《陕甘宁边区各级参议会选举条例》（以下简称《边区参议会选举条例》）要求各抗日党派、抗日群众团体参加竞选，必须提出自己的竞选政纲。不过，到了 1948 年，《陕甘宁边区县乡人民代表会议及县乡政府选举暂行办法》根据变化了的阶级关系和摧毁国民党反动派统治的需要，取消了竞选规定。

第七，选举要坚持中国共产党领导。中国共产党强调坚持普遍、直接、平等、不记名投票，坚持"三三制"原则，不是要在选举上放任自流，不是要放弃共产党领导，而是要保证共产党和非党的积极分子当选，特别是保证中国共产党的领导尤其重要。毛泽东对此指出中国共产党一定要在政权中居于领导地位，但是由于按着"三三制"原则，中国共产党党员在政权中的人数上并不占优势，所以这就必须保证政权中的共产党员具有质量上的优势，"只要有了这个条件，就可以保证党的领导权，不必有更多的人数。所谓领导权，不是要一天到晚当作口号去高喊，也不是盛气凌人地要人家服从我们"③，而是靠党的政策正确，靠全体党员、领导干部的先锋模范工作，以此影响党外人士，使他们真心拥护党的政策、接受党

---

① 毛泽东选集：2 [M]．北京：人民出版社，1991：742．
② 杨永华．陕甘宁边区法制史稿：宪法、政权组织法篇 [M]．西安：陕西人民出版社，1992：159．
③ 毛泽东选集：2 [M]．北京：人民出版社，1991：742．

的建议。

第八，选举工作要精心准备。选举工作不是简单的投票，而是包含了一套完整的程序，因此精心准备、做好每一环节的工作都十分重要。《陕甘宁边区政府为改选各级参议会第二次指示信》指出，"要选举得好，首先要我们作选举工作的同志详细阅读各种有关于选举的文件，如选举条例、选举委员会组织规程、参议会组织条例、选举条例的解释及实施、选举指示信、宣传小册子、选举通讯等文件，是我们选举的指南，要按照它去做。同时还要吸取各地选举工作的经验教训，好的发扬，坏的更改，使选举少发生问题，少遇困难"①。另外，做好选举工作，宣传教育十分重要。在当时民主风气尚未养成，百姓民主意识薄弱的情况下开展选举运动，需要党做好相关的宣传教育。正因如此，1941年中共陕甘宁边区中央局在围绕选举工作中贯彻执行"三三制"原则给各级党委下发的指示中明确要求，"今年的选举运动是否能全部实现边局的指示，首先就看各地党是否充分进行党内外选举运动的宣传教育。必须把今年选举运动新的意义与作用，切实的给党的干部党员作深刻解释，使其能完全了解边局的指示，并给他们以如何领导选举方式方法的教育"②。再一点，为了保证选举质量，中国共产党提出政府工作报告要做在选举之前，这样便于选民在各级参议会改选过程中了解政府工作的情况，进而开展有针对性的选举。

第九，提出乡市选举工作是民主政治的基础。按着边区的政权层级设计，乡市是基层自治单位。《陕甘宁边区政府为改选各级参议会第二次指示信》指出，"一定要把基层的选举办好，发掘出群众的力量，才算打下真正民主的基础。我们一切工作的实际做在乡市：人民对于议国事管国事最关心而且最多的在乡市，乡市选举工作不深入，那就好比地基不实固，

---

① 中共延安地委统战部，中共中央统战部研究所. 抗日战争时期陕甘宁边区统一战线和三三制［M］. 西安：陕西人民出版社，1989：431.

② 西北五省区编纂领导小组，中央档案馆. 陕甘宁边区抗日民主根据地文献卷：下［M］. 北京：中共党史资料出版社，1990：70.

上面就无法建立起宝塔来"①。

第十，党中央选举要保证实行大会路线的同志选入中央委员会。毛泽东在《第七届中央委员会的选举方针》中指出对于这次委员会选举应该采取什么样的标准、什么样的原则呢，大家说法不一，意见很多，对此大会主席团的意见是，让能够真正保证党的路线得到贯彻实施的同志们进入中央委员会，这个原则是比较恰当和合适的。"这样一个原则，应该是我们选举中央委员会的原则。"②

2. 新中国成立至改革开放开启中国共产党论选举民主

新中国成立后，经过中国共产党和中国人民的不懈努力，到了1953年，土地改革基本完成，国民经济得到恢复，抗美援朝战争胜利已成定局，人民群众已经组织起来，一系列成就大大激发了人民群众的积极性和自信心，这样，在全国开展选举的条件业已成熟，人民代表大会的召开也就提上了议事日程。对于这次全国性的普选，毛泽东认为十分必要。1953年，他在《关于召开全国人民代表大会的几点说明》中指出，"办全国选举工作的条件已经成熟。中国人民，从清朝末年起，五六十年来就是争这个民主……北京郊区乡政府民主选举的结果，百分之五十的乡长被选掉了，因为这百分之五十的人做了坏事，人民不高兴他们"③。为此，他提出，为推动民主发展，对县、乡两级乃至全国政权开展一次全国性的普选非常必要。

关于选举代表名额分配，毛泽东提出了重点照顾多数，同时又照顾少数的主张。他指出，"单纯照顾少数的政府在历史上是有的，像清朝政府、蒋介石政府，那完全是照顾少数"④。中国共产党领导下的人民政权则不

---

① 中共延安地委统战部，中共中央统战部研究所. 抗日战争时期陕甘宁边区统一战线和三三制 [M]. 西安：陕西人民出版社，1989：429.

② 毛泽东文集：3 [M]. 北京：人民出版社，1996：356.

③ 毛泽东文集：6 [M]. 北京：人民出版社，1999：257-258.

④ 毛泽东文集：6 [M]. 北京：人民出版社，1999：260.

同，我们是重点照顾多数，同时也兼顾部分少数，只要是对党和国家、对人民忠诚的，对事业尽职尽责的，干出一些成绩的不同党派、民族、阶级的代表性人士都有份。同时，他指出，选举是人民的事，是人民意志的重要体现，"共产党里面也有许多不好的和不必要的，人民不满意，就会选掉他"①。在社会主义改造时期选举要考虑到民主人士。1955 年，毛泽东在同工商界代表的谈话中指出，"至于选举，不选民主人士不好，要说服选民，使他们了解这样做对劳动人民没有害处而有益处，是可以说服他们的"②。

毛泽东和党中央认为在进入社会主义社会之前对于剥削阶级的选举权应采取区别政策。1955 年他在资本主义工商业社会主义改造问题座谈会上讲话指出，"对资本家的安排主要是两个，一个是工作岗位，一个是政治地位，要通统地安排好。政治地位方面，给选举权的问题，无所谓安排了，因为我们早已宣布，对民族资产阶级是不剥夺它的政治权利的，跟对地主阶级和官僚资产阶级采取不同的政策。对地主阶级和官僚资产阶级的政治权利，要剥夺一个时期，比如地主一般是要五年，有些还要延长，看他表现好，才能改变成分，才给他选票"③。

在党内选举问题上，毛泽东认为对于曾经犯过错误的党内同志不应该一棍子打死，要从政治上看待这一问题。他在中共八大预备会议第一次会议上对于要不要选举王明、李立三的问题指出，"他们是出了名的，你那个不犯错误的和犯小错误的名声没有他们大。在我们这个有广大小资产级的国家，他们是旗帜。选举他们，许多人就会这么说：共产党还是等待他们的，宁可让出两个位置来给他们，以便他们好改正错误。他们改不改是另一个问题，那个问题很小，只是他们两个人。问题是我们这个社会有

---

① 毛泽东文集：6 [M]．北京：人民出版社，1999：260．
② 毛泽东文集：6 [M]．北京：人民出版社，1999：488．
③ 毛泽东文集：6 [M]．北京：人民出版社，1999：499-500．

这么多小资产阶级，我们党内有这么多小资产阶级动摇分子，知识分子中间有许多这样动摇的人，他们要看这个榜样"①。所以，他主张从政治上看待这一问题，选举二人。

当然，在社会主义基本制度确立之后，随着中国共产党"左"的错误出现及其加剧，社会主义民主政治建设也遭遇挫折，在"阶级斗争为纲"背景下，阶级斗争在全国与党内开展起来，选举工作也不可避免地受到影响，一些被错划为"阶级敌人"的"人民"被列为专政对象，丧失了选举权和被选举权。

3. 改革开放以来中国共产党论选举民主

中共十一届三中全会后，共产党恢复和发展了正确的思想路线、政治路线与组织路线，在对改革开放前社会主义民主政治建设遭遇挫折的反思基础上，从实际出发，对选举民主发展进行了一列重要论述。

1978年12月，邓小平在总结过去社会主义民主政治建设的教训时提到必须切实保护工农的个人民主权利包括民主选举，以及管理和监督权利。② 此外他还提到必须完善社会主义民主政治制度，使民主法律化，加快民主相关法制建设。③ 他在1980年《党和国家领导制度的改革》讲话中还提到健全选举制度的问题，指出领导干部职务终身制废除需要建立健全相应的干部选举制度，并对选举产生干部的任期、离退休问题，按着具体情形做出合理明确的规定。④

邓小平认为选举出来的干部有时比任命的干部更能够干出政绩。改革开放之初，邓小平在一次讲话中提到，有些单位、企业，干部由群众选举产生，一些主动挑担、毛遂自荐的干部，工作之后很快干出成绩，要比上

---

① 毛泽东文集：7 [M]. 北京：人民出版社，1999：96-97.
② 邓小平文选：2 [M]. 北京：人民出版社，1994：146.
③ 邓小平文选：2 [M]. 北京：人民出版社，1994：146.
④ 邓小平文选：2 [M]. 北京：人民出版社，1994：331.

面任命的干部干得好，这种情况应该引起我们的注意，值得我们猛省。①

在提出保障公民选举权利、强调选举干部必要性及推动选举制度化的同时，邓小平也明确强调，在中国发展选举必须坚持中国共产党的领导，要循序渐进、稳步推进。他指出，各种民主形式应该怎么搞，要看具体情况，以普选来讲，现在在县乡两级、城市区一级搞直选，在之上层级搞间接选举就是从中国实际情况出发开展的。当然，"改革不能离开社会主义道路，不能没有共产党的领导，这两点是相互联系的，是一个问题。没有共产党的领导，就没有社会主义道路"②。在强调发展选举民主之时，邓小平还特别提到中国选举民主具有中国优势，其发展必须立足中国国情，"西方的民主就是三权分立，多党竞选，等等。我们并不反对西方国家这样搞"③，但是中国就不能这样搞，中国实行的是人民代表大会制度，也就是一院制，这是符合中国实际的政治制度探索成果，如果我们的方向和政策能够做到正确，这种体制的好处非常明显，能避免不必要的牵扯羁绊，助力国家事业的繁荣兴旺。

以江泽民同志为核心的党中央强调必须坚持中国特色民主政治不动摇。江泽民指出，中国发展的民主是中国特色的，是服务于中国百姓的，不是给西方看的，"而是要真正维护和发展中国人民的根本利益，保证和促进中国的稳定和发展。这一点，不管西方接受也好、不接受也好，不论他们怎么说，我们都不能动摇"④。他还通过西方人士对中国村民选举的过高评价警惕地提醒全党要保持头脑清醒，并提出评价中国民主政治要坚持"三个有利于"标准。他指出，现在中国搞的农村村委会选举引起了一些西方人士的兴趣，他们中的有些人对此评价过高，这其中有些人确实认为

---

① 邓小平文选：2［M］. 北京：人民出版社，1994：325.
② 邓小平文选：3［M］. 北京：人民出版社，1993：242.
③ 邓小平文选：3［M］. 北京：人民出版社，1993：220.
④ 邓小平文选：3［M］. 北京：人民出版社，2006：235.

中国做得好，但一些人是带有政治动机的，希望中国搞西方那一套，所以对于这个问题必须头脑清醒，发展社会主义民主政治，中国的态度是坚定不移的，但一定要有计划、有步骤地稳妥推进，要做到"三个有利于"①。

以胡锦涛同志为核心的党中央继续强调坚持走中国特色社会主义政治发展道路。不仅如此，以胡锦涛同志为核心的党中央还根据党情、国情和世情的发展变化提出了党科学执政、民主执政、依法执政的命题，并将发展民主选举看作党民主执政的要义，指出民主执政的关键点在于人民，在于依靠人民、为人民执政，执好政，其中就需要民主的制度和形式支持人民当家作主，而人民依法进行民主选举参与便是重要的民主制度和手段。针对党内选举，以胡锦涛同志为核心的党中央还提出"完善公开选拔、竞争上岗办法。要增强干部工作透明度和公开性，增强民主推荐、民主测评科学性和真实性。要改革党内选举制度"②。为了保证党内选举民主发展，以胡锦涛同志为核心的党中央还特别强调落实党章党规有关党员权利的一系列规定，使党员真正享有包括协商、选举在内的党员民主权利。

以习近平同志为核心的党中央以务实的态度强调发展民主必须务实，保证民主的真实性。习近平指出，人民享有民主权利与否，不仅要看人民是否具有投票的权利、是否具有民主选举的权利，也要看人民在日常生活中是否具有经常性参与的权利，是否具有民主选举之外的决策、监督、管理的权利。③ 这反映了中国共产党对于民主认识的深化，不将民主等同于选举，认为民主的实现形式是多样的，选举是民主的重要形式之一。在发展选举民主问题上，习近平十分重视相应的监督工作，提出选举违纪违法要做到"零容忍"。

---

① "三个有利于"：有利于加强和改善党的领导、有利于坚持和巩固社会主义制度、有利于保持社会安定团结的局面。江泽民文选：3 [M]. 北京：人民出版社，2006：235.
② 胡锦涛文选：3 [M]. 北京：人民出版社，2016：225.
③ 习近平. 在庆祝中国人民政治协商会议成立65周年大会上的讲话 [N]. 人民日报，2014-09-22 (2).

（三）党关于协商民主与选举民主协同的重要论述

1. 新中国成立前中国共产党论协商民主与选举民主协同

1929 年，毛泽东在给林彪的信中谈到有人攻击红四军党内存在着家长制问题时说道，"至于攻击四军党内的家长制，这个同样是一种形式主义的观察。于此我们要先问什么叫做家长制，然后才可以知道四军内是否有家长制，不然随口乱说必定与事实不相符合。家长制的定义是：只有个人的命令，没有集体的讨论，只有上级委派，没有群众选举"①。在他看来，红四军内部并没有家长制，因为红四军党内既有领导干部的群众选举，又有决策的集体协商讨论，这种党内选举和协商相结合的民主实践是与家长制相对的。

全面抗战后，中国共产党领导了"三三制"政权建设，并在"三三制"政权中进行了大规模的选举民主实践。针对当时的选举，中国共产党特别重视候选人的协商讨论。比如，《中共陕甘宁边区委员会关于进行特区政府民主选举的指示》强调："发动群众热烈讨论我们提出的候选名单，须要提到各种组织中各种会议上进行讨论，把各个候选人的斗争历史给群众作详细的宣传解释，保证共产党提出的候选人（除特区党委提出的名单外，各级党委所提出的候选人，不一定都要是党员，但必须是在群众中有信仰的领袖），及工农分子能够当选，打击豪绅地主及一切反动分子使他们不能当选。"② 在当时看来，这种提前围绕候选人展开协商讨论的做法有助于选民更好了解候选人，从而选好人，更好为人民服务。《陕甘宁边区政府为改选各级参议会第二次指示信》强调：提出候选人大家要讨论，"为着注意集中，投票不至于散乱，又为着在开选举大会前，对我们准备

---

① 毛泽东文集：1［M］. 北京：人民出版社，1993：73.
② 西北五省区编纂领导小组，中央档案馆. 陕甘宁边区抗日民主根据地文献卷：下［M］. 北京：中共党史资料出版社，1990：8.

选举的人，有个了解才能选他"①。否则，在不了解候选人的情况下做出的选举是盲目的，必然会影响选举的质量，甚至违背实施选举的初衷。可以看出，抗日战争时期，在"三三制"政权建设中，中国共产党提出了在正式选举候选人之前加强协商讨论的主张，体现了在选举民主实施中嵌入协商环节，将协商融入选举民主之中的思想。

　　1949年9月，周恩来在新政协筹备会上指出："一切大政方针，都先要经过全国委员会协议，然后建议政府施行。"② 等到以后，全国革命形势取得重大进展，土地改革顺利完成，人民在一系列社会变革中得到明显进步，再将目前个别地方实行的普选推广到全国，到时全国政协全体会议不再代行全国人大职权，不过它仍以统战组织形式而存在，国家的大政方针政策还需要经过它的协商。这一阐述显示出当时的中国共产党对于建政之初的制度设计，即在普选的全国人民代表大会召开之前，人民政协代行人大职能，同时又兼具权力机关的选举赋权功能与统战组织的政治协商功能。

　　2. 新中国成立至改革开放开启中国共产党论协商民主与选举民主协同

　　1954年，全国人民代表大会召开后，人民政协不再代行人大职能，社会上产生了政协是否还有存在必要的争论，对此，毛泽东在《关于政协的性质和任务》的谈话中指出，政协不同于国家权力机关，也有别于国家行政机关，它是统战组织，具有党派性，它的成员即政协委员不是由选举产生的，而是各党派、人民团体推选出来的。③ 政协的地位和性质定位符合中国国情，发挥着独特功能，有其存在的现实必要性。对于人民代表大会召开后，人民政协的任务，毛泽东指出其中之一就是协商全国和地方各级

---

① 中共延安地委统战部，中共中央统战部研究所. 抗日战争时期陕甘宁边区统一战线和三三制［M］. 西安：陕西人民出版社，1989：430.

② 政协全国委员会办公厅，中共中央文献研究室. 人民政协重要文献选编：上［M］. 北京：中国文史出版社，2009：36.

③ 毛泽东文集：6［M］. 北京：人民出版社，1999：384.

人大代表候选人名单，各级政协委员会组成人员人选，这是它的权力，尽管"全国人民代表大会的代表是人民选举的，但各党派、团体要先进行协商"①。这里的谈话阐述了政协和人大的性质区别，指出了两者的职权差别以及人大代表和政协委员产生方式的差别，实际上从理论上论证了人大选举与政协协商并存的必要性。

1956年邓小平在中共八大上所做的报告中指出，"一切提到会议上的问题，都必须经过讨论，允许提出异议"②。对于讨论中存在严重分歧的问题，如果这种分歧不是那种需要马上处理的急切问题，就应该延长讨论，同时实施个人的商谈，以求得大多数人的真正理解、支持和同意，切莫匆忙表决，而且党组织在开展选举的时候，选举之前，候选人人选有必要在选举人中进行协商酝酿，这是党内民主的重要保证。这就明确提出了在党内正式选举之前对选举候选人进行提前协商酝酿的观点。同时，邓小平在报告中还提出了建立党的代表大会常任制的命题，他指出代表大会制度实现常任制的一个最显著优点在于，能够让人民代表大会充分的有效的成为党的最高决策和监督机关，它的效果是每几年开次会、每次开会重新选举代表的原先制度无法比拟的，这个新制度建立之后，党的最重要的决定都能够通过它讨论。③ 邓小平的这段阐述表明了此时的中国共产党已经认识到在正式选举前实行必要协商，以确保候选人的素质和质量，在选出正式代表及领导干部之后，他们在行使权力的过程中应加强党内事务讨论，实行集体民主决策。这就提出了在党内选举前和选举后融入和加强党内协商、实现党内协商与选举相结合的观点。

3. 改革开放以来中国共产党论协商民主与选举民主协同

1980年《党内政治生活准则》指出：党内真正实行民主选举，才有

①　毛泽东文集：6 [M]. 北京：人民出版社，1999：385.
②　邓小平文选：1 [M]. 北京：人民出版社，1994：231.
③　邓小平文选：1 [M]. 北京：人民出版社，1994：233.

可能建立起强有力的领导班子，领导班子要实行集体领导原则，集体领导、个人分工负责应该在党的各级组织中得到执行。只要是涉及党路线方针政策的重大事情、人事任免的重大事情、重要工作落实上的重大事情、事关人民群众利益的重大事情，包括上级党组织明确必须由党委集体讨论的事项，都要根据具体情况交由党委会议、常委会议、党组会议、书记处会议等集体讨论，然后做出决定，禁止个人专断。[①] 这进一步发展了党内民主协商与民主选举相结合的观点。

上文提到，1991 年 3 月，江泽民指出社会主义民主包括人民通过协商和投票、选举行使权利两种重要民主形式，两种民主形式肯定比单一的票决民主形式要好，两种民主形式更能彰显社会主义社会中人民的民主权利。[②] 这一阐述提出了社会主义民主政治的两种重要形式。

中共十四大在阐述推进政治体制改革、发展社会主义民主政治时指出，发展人民代表大会制度，充分发挥人大代表的应有作用，完善中国政治协商制度，进一步提升政协在政治协商中的积极作用。[③] 这就在国家政治制度层面提出了人大选举制度与政协协商制度的结合。中共十五大提出要扩大基层民主，在基层群众自治性组织中，在基层政权中，发展民主选举，健全相关制度，推行政务公开、财务公开，提供多种渠道和方式使基层群众参与基层公共事务的讨论和决定。[④] 这就提出了在基层层面选举民主与协商民主相结合的观点。

党的十六大指出，党内民主对人民民主具有示范带动作用，推进党内

---

① 中共中央办公厅法规室，等. 中国共产党党内法规选编：1978—1996 [M]. 北京：法律出版社，2009：32.

② 中共中央文献研究室. 江泽民论有中国特色社会主义：专题摘编 [M]. 北京：中央文献出版社，2002：347.

③ 中共中央文献研究室. 十四大以来重要文献选编：上 [M]. 北京：人民出版社，1996：28.

④ 中共中央文献研究室. 十五大以来重要文献选编：上 [M]. 北京：人民出版社，2000：32.

选举制度的发展，健全党委内部的议事决策机制，继续发挥并逐步增强党委会全体会议的现实作用。① 这就提出了以党内民主带动示范人民民主，完善党内选举与协商民主的观点。

2007 年，《白皮书》在官方文件里首次提出两种民主形式的结合是社会主义民主政治的鲜明特点。中共十七大提出，中国社会主义民主政治的本质就是人民当家作主，不断完善民主制度、创新民主形式、拓展民主渠道，依法保障人民的民主权利，推动人民持续参与民主选举、决策、管理及监督。② 2014 年，习近平总书记在庆祝全国人民代表大会成立六十周年大会上指出，在中国，国家的权力属于人民，要切实保证人民依法进行选举，也要保证人民参与民主决策、管理、监督的权利，不能出现在选举时胡乱许诺，在选举结束后不管不问的问题。③ 这些论述表明，社会主义民主政治的实现形式是丰富多样的，不限于选举，还有民主管理、民主监督等。不过，当时并没有明确将民主协商作为一个单独的民主环节提出来，其原因在于当时的人们有一个较为普遍的认识即民主协商是蕴含在民主决策、民主管理和民主监督之中的。2017 年，中共十九大明确将民主协商与民主选举并行提出，民主协商作为社会主义民主的一项重要程序环节和民主权利被提了出来④，与民主选举紧密相连，紧排其后。

2014 年，习近平不仅坚持江泽民关于社会主义民主存在两种重要民主形式的重要论断，而且在此基础上进一步指出，"在中国，这两种民主形式不是相互替代、相互否定的，而是相互补充、相得益彰的，共同构成了

---

① 中共中央文献研究室. 十六大以来重要文献选编：上 [M]. 北京：中央文献出版社，2000：39-40.

② 中共中央文献研究室. 十七大以来重要文献选编：上 [M]. 北京：中央文献出版社，2009：22-23.

③ 习近平. 在庆祝全国人民代表大会成立 60 周年大会上的讲话 [N]. 人民日报，2014-09-06（2）.

④ 此前党的表述都是"民主选举、民主决策、民主管理、民主监督"，党的十九大提出的是"民主选举、民主协商、民主决策、民主管理、民主监督"。

中国社会主义民主政治的制度特点和优势"①。这不仅继续提出了社会主义民主的两种重要形式，而且指出了两者的关系，即两者是相互补充、相得益彰的。2019 年，习近平又指出，协商民主"同选举民主相互补充、相得益彰"②。这里直接强调了选举民主与协商民主的关系。但这里没有提出两者是否存在主次之分，在未来中国民主政治建设中应该如何定位，也未明确指出人民通过选举、投票行使权利是否就是指选举民主，因为人民通过选举、投票行使权利是两个存在差别的政治实践。而笔者认为选举民主是人民通过选举行使权利的民主形式，人民通过选举、投票行使权利实际上指的是票决民主，它是广义上的选举民主，这一点在前文已经提及。

---

① 习近平. 在庆祝中国人民政治协商会议成立 65 周年大会上的讲话［N］. 人民日报，2014-09-22（2）.

② 习近平. 在中央政协工作会议暨庆祝中国人民政治协商会议成立 70 周年大会上的讲话［N］. 人民日报，2014-09-21（2）.

第三章

社会主义协商民主与选举民主协同发展的内在机理

社会主义协商民主与选举民主协同发展的内在机理在于两者的互补、互联、互通、互促。互补主要体现在：协商民主以对话为中心，选举民主以票选为中心；协商民主关注权力运行，选举民主关注权力授予；协商民主是一种经常性民主，选举民主是一种周期性民主；协商民主解决合理性问题，选举民主解决合法性问题。互联主要体现在：选举前有协商，选举中有协商，选举后有协商，协商中有选举。互通主要体现在：都强调实现人民当家作主、坚持共产党领导、维护群众利益、追求政治平等。互促主要体现在：协商民主提升了选举民主的"质"，选举民主保证了协商民主的"效"，两者结合拓展了中国民主的"度"。

一、协商民主与选举民主的互补

（一）对话与票选

社会主义协商民主以对话为中心。"表现形式是讨论、争辩与沟通，体现的是人民内部各方面在做出重大决策前参与协商的权利。"① 协商民主按着运行时空与载体总体上可划分为三种形式：面面协商、书面协商与网

---

① 刘俊杰. 发展社会主义协商民主需要正确认识和处理的五大关系 [J]. 中州学刊, 2015 (1): 11.

络协商。所谓面面协商是指协商主体直接进行面对面协商的民主形式;所谓书面协商是指协商主体通过书面往来开展非面对面协商的民主形式;所谓网络协商是指协商主体依靠网络技术和平台既可以开展面对面协商也可以通过文字往来开展非面对面协商的民主形式。在上述三种形式中,面面协商对话是最主要的形式。当然,随着现代科学技术的进步,互联网技术的发展,网络协商也将会是一个新趋势。三种协商民主形式各有特点、优势和不足。

面面协商的基本特征是直接面对面的协商。社会主义协商民主一般采用的是面面协商。面面协商这种协商形式具有共时性和共域性的特点。也就是说,协商活动是在同一时间和同一地点开展的。面面协商的主要形式是会议协商。其优势主要在于通过共时共域的协商营造完整的协商氛围和环境,协商主体能够在协商中较为方便地把握协商对象的表达和情感从而做出自己的分析判断与观点陈述,开展有针对性和互动性的协商。其不足主要在于,现场协商的即时性需要临场应对,这可能会造成协商主体的表达缺乏深思熟虑。

书面协商的基本特征是非面对面的书面往来协商。协商具有历时性和异域性的特点。也就是说,协商活动不是在同一时间和同一地点开展的。书面协商是以组织形式开展的,组织对组织,一般组织中会有专门负责实施的机构和人员,而且协商议题是围绕公共利益的问题,比如,中共中央和民主党派中央的书面协商。个人之间围绕私人利益的书面往来协商不是协商民主,不在本文讨论的书面协商范畴之内。书面协商的优势主要在于协商主体一般能够对协商内容进行较为深入的思考。其不足主要在于缺乏现场的协商氛围和环境,协商周期较长。

网络协商是凭借现代网络技术和平台进行协商对话的民主形式。这种形式的协商以后会越来越多。比如,新冠疫情暴发后,很多会议通过网络方式召开。

网络协商既可以依托相应的网络信息技术实现远程面对面协商，也可以依托互联网公共互动平台进行非面对面协商。进一步说，它具有历时与共时、共域与异域的双重特征。当然，依靠互联网技术和平台开展的面面协商、非面面协商与前面提及的面面协商及书面协商是存在区别的，最直接的差别体现在是否必须借助网络技术和平台。网络协商的优势主要体现在参与的直接性、便捷性、平等性与开放性。当然，它也存在一些不足，比如，数字鸿沟的存在使一部分弱势群体可能被排除在网络协商民主之外；网络群体极化现象消解协商民主的公共理性，使协商出现非理性、情绪化的表达。以上可以看出三种协商民主形式存在显著差别。

社会主义选举民主以票选为中心。民主的实现和呈现方式有很多，比如，选举、协商、抽签、抓阄、听证、民主监督等，但选举和协商是最为重要的两种民主形式。当然，这不是说选举和协商就一定是民主的。协商和选举作为民主形式是需要一定前提条件的，这一点前文有述。在选举和协商两种民主形式中，选举是更为重要的民主形式，协商是更为常用的民主形式。尽管说选举不一定是民主的，但它毫无疑问是民主政治的基础性工程。"现代民主国家，政府权力的惟一合法来源就是选举。我国选举制度及其普遍、平等、直接、秘密投票的原则，既是社会主义民主的基石，也是其最直接体现。"① 选举民主是以票选为中心的，表现形式是选票，体现的是人民通过选举、投票行使权利，它按着"选举民主的运算法则，选票是民意的表达，多数选票意味着多数人的意见，决定着最后的输赢。通过定期的公开选举，社会根据票数来计算民意倾向，决定谁能获得胜利，获得执掌公共权力的资格。因此，选举民主就是按照'多数同意'机制为候选人赋予资格或合法性，选择做出公共决策的领导人，解决的是权力来源的合法性问题。这在操作上就是一个得票多少的问题，结果来自对民意

---

① 马全江，傅开梅. 论选举与民主［J］. 理论学刊，2009（3）：89.

信息的计算"①。

社会主义选举民主的实施需要以下基本条件。

一是选举权和被选举权。宪法作为根本大法一般都会对选举权和被选举权进行确认和保障。《中华人民共和国宪法》规定了选举权和被选举权的基本权利地位,明确了选举人和被选举人的范围。当然,宪法只是规定选举权和被选举权为基本权利,而没有明确规定为义务。这就可以理解在中国为什么选民可以放弃选举权利,以及被选举候选人可以放弃被选的权利。需要指出,"选举权是权利也是权力,其权利属性表现为它具有可放弃性、利益性、意志性,其权力属性表现在它能够决定他人——候选人——的利益和命运,但这两种属性都是不完整的。选举权是个人权利而不是集体权利。选举权与国家权力的关系是间接的,与国家权力'人'的关系才是直接的——产生他们,通过产生权力人来影响权力"。② 被选举权是指公民被选举为代表或担任一定职务的权利。被选举权是一项比选举权对主体素质和能力要求更高的权利。被选举权加上一个"被"字,也就意味着它是一种被动的权利,需要得到选民投票的最终确认。需要进一步指出的是,宪法规定"被选举权"是适用于人大选举的,"但不适用于政党、社会团体、企事业单位等组织依据相关法律法规或各自章程所开展的选举"③。

二是选民和候选人。选民和候选人是选举民主的主体。选民是具有选举资格和法定选举权并登记注册的公民。选举权权利的基本构成包括选举决定权、知情权、监督权、诉讼权等。候选人是按着法律规定和法律程序,由法定主体提出供选民投票选择的对象。"如果说,行使选举权只需

① 韩志明. 选举民主与协商民主的比较:以民意信息处理为中心的技术分析 [J]. 清华大学学报(哲学社会科学版),2019(1):184.
② 马岭. 选举权的性质解析 [J]. 法商研究,2008(2):52.
③ 浦兴祖. 重新认识"被选举权" [J]. 探索与争鸣,2016(3):45.

要选民具有依照自己意愿进行选择的素质与能力即可，那么，行使'被选举权'就意味着有可能被选为人大代表，从而作为国家权力机关的组成人员，代表人民意志直接参与行使国家权力，形成国家意志，这就要求行使被选举权的选民具有更高的参政素质、更强的参政能力。"① 这种素质和能力的要求就需要对候选人的资格进行限定，比如，年龄、居住状况、受教育程度、工作履历等。候选人的产生包括提名制、预选制、个人登记制、选民联署制等方式。

三是票决。公民参与是民主的第一要义。选举民主中公民参与的主要形式是票选。在选举民主运行中，公民一人一票将选票最后换化为公共职位的定决，呈现出权力来自人民，体现了权力产生的方式和程序。选举票决有助于实现权力的和平交接和更替，增强权力的合法性，有助于增强选民的政治生活责任及当选者的政治责任意识，有助于实现和保障公民的基本政治权利。

社会主义协商民主以对话为中心，选举民主以票选为中心，两者在中心偏向上形成互补，形成了社会主义民主的特点和优势。

（二）行权与授权

政治的核心问题是权力问题。"权力控制和民主政治具有紧密的双向关系和内在逻辑，民主的实现依赖于对权力的控制，同样，权力的控制只有通过民主政治建设才能从根本上得以实现。"② 民主政治是人类控制权力的重要制度发明，是人类政治文明发展的重要显现。在前资本主义社会，除了原始民主制之外，政治权力都掌握在个人或极少数人手中。为了使人们相信这种权力的合法性，"君权神授""天赋君权"等被编织出来。直到近代，随着资本主义民主政治制度建立，才使得人民在形式上成为国家

---

① 浦兴祖. 重新认识"被选举权"[J]. 探索与争鸣，2016（3）：45-46.
② 庞洪铸. 权力控制：民主政治的基石和根本要求[J]. 河南师范大学学报（哲学社会科学版），2010（5）：51.

的主人，才使得人民基本政治权利得到保障。

从权力视角看，协商民主关注的是权力运行，解决的是权为民所用问题。选举民主不关注权力行使，而协商民主恰好是关注权力行使的民主形式。在通过选举民主授权代表和官员之后，这些公权力的掌握者能否真正一心为公，做到权为民所用，这是权力运行控制当中的一个难题，而协商民主便是解决这一难题的重要民主路径，它体现了对权力的"过程控制"。公权力的掌握者在行使权力的过程中运用协商民主，让广大人民群众参与公共事务的协商讨论，这推动了权力的民主运行，落实和保障了人民的民主权利。

选举民主关注的是权力来源，解决的是权为民所授问题。社会主义选举民主对权力的控制体现在"源头控制"。选民通过依法有序参加选举，选举代理人参与国家和社会事务的管理，这一民主程序的实施，落实了人民主权原则，保障了人民当家作主的地位和权利，体现了公权力来自人民的授予。

协商民主关注权力行使与选举民主关注权力来源，两者相互补充，形成了社会主义民主的特点和优势。

（三）日常与定期

社会主义协商民主是一种经常性的民主形式。其制度化渠道，例如，政协协商一般来讲是按着年度计划开展的，每年举行多少次，都会在年初制订一个计划，当然，在计划之外，根据现实需要也会临时举行。大多数社会主义协商民主渠道的协商是比较灵活的，往往根据任务和现实需要随时开展，所以社会主义协商民主是一种日常的、经常性的民主形式。"作为一种日常的治理形式，协商民主没有固定的周期，甚至可以说，它是经常性的，随时都可能发生的。因此，相对而言，它是可以无限重复的。"①

---

① 崔应美，梁月群. 中国选举民主与协商民主比较研究［J］. 社会主义研究，2015（3）：60.

正因如此，党的十九大强调要推进协商民主制度建设，保障人民群众日常持续政治参与的权利。①

而选举民主是一种周期性民主形式。按着中国现行选举法律文件的规定及中国共产党选举的相关党内法规规定，全国和地方各级人民代表大会的选举都是定期举行的，五年一次；村（居）民委员会的选举也是五年一次；党的全国代表大会和地方各级代表大会的选举也是五年一次。所以，选举民主都是定期开展的，有着固定周期。"选举民主是一种定期的授权方式。选民依照法定程序，通过手中神圣的一票，决定谁将有资格执掌国家公共权力，充当人民利益的代言人。这样的授权方式一般有着固定的周期以利于中国的长治久安和人民当家作主权利的实现。"②

周期性的选举同经常性的协商，互为补充，形成了社会主义民主的特点和优势。

（四）合理与合法

如前文所述，社会主义选举民主是以票选为中心的，最终落实在选票上，要遵循少数服从多数原则，获得多数选票者当选，它关注权力的来源，解决的是权力合法性问题，也就是掌权者的权力来自大多数人的支持。理论上讲，其实施的前提假设是选民对于选举对象已有所了解，选民对选举对象的偏好是确定的，选票的最后加总体现的是选民偏好汇聚，至于这种偏好是否合理并不在其考虑范围之内。

社会主义协商民主以对话为中心，其前提预设是偏好可以改变，在选举前，围绕候选对象展开协商讨论，协商主体在综合各方面信息之后，做出理性判断，达成共识，有助于选拔出优秀的候选人，通过选举民主赋予

---

① 习近平. 决胜全面建成小康社会夺取新时代中国特色社会主义伟大胜利［N］. 人民日报，2017-10-28（1）.

② 崔应美，梁月群. 中国选举民主与协商民主比较研究［J］. 社会主义研究，2015（3）：60.

这些人权力，他们在行使权力的过程中发挥协商民主作用，有效推动权力民主运行，保障和实现最广大人民的根本利益，最真实地体现了民主的本质。所以，在解决权力合法性和合理性问题上，选举民主与协商民主相互补充，形成了社会主义民主的特点和优势。

二、协商民主与选举民主的互通

（一）实现人民民主

马克思、恩格斯认为，在阶级国家，民主是具有阶级性的，民主都是一定阶级的民主，是统治阶级的民主。对于资产阶级革命实现的政治解放，马克思给予了高度评价，人们的言论、集会、结社、人身、教育等自由权利，都被写入了资本主义宪法成为"神圣不可侵犯"的了。相对于封建君主专制制度，这当然是人类社会的一大进步。在肯定这一历史进步性的同时，马克思、恩格斯也从深层次上指出了政治解放的历史局限性。他们认为，资本主义国家的建立，表面上看，国家成为普遍利益的共同体，但这种普遍利益的共同体实际上是虚幻的，它只是代表"普遍利益"形式掩盖下的资产阶级利益。政治解放尽管从政治上废除了私有财产，表面上实现了人的政治平等，但在政治上废除私有财产，是以承认私有财产为前提的，由于资本主义私有制的存在，所以政治上废除私有财产是虚无的，在资本主义国家中，私有财产、文化程度、职业仍然像前资本主义社会那样，以它们特殊的本质在资本主义国家中发挥作用。① 这是因为，资产阶级建立资本主义国家，就决定了国家必然服务于资产阶级，资产阶级赋予国家权力只限于维护自身的安全和维持必要竞争所需，他们是限制国家对他们私人利益进行干预的。② 如何才能解决这一问题，马克思、恩格斯开出了药方，那就是推翻资产阶级统治、建立无产阶级专政，无产阶级进而

---

① 马克思恩格斯全集：3［M］. 北京：人民出版社，2002：172.
② 马克思恩格斯全集：3［M］. 北京：人民出版社，1960：412

依靠自身统治有步骤地夺取资产阶级的全部资本，将其牢牢控制在无产阶级手中，"并且尽可能快地增加生产力的总量"①。当然，尽管无产阶级专政也是阶级统治，但是它的意义发生了实质性的变化，因为无产阶级专政第一次在人类进入阶级社会后实现了大多数人的统治，最大限度地实现了民主的本质内涵。无产阶级专政是阶级国家的最后形式，它最终将过渡到无阶级无国家的共产主义社会，到那时真正的民主完全实现，人真正成为人，成为自然界的主人，成为自己的主人。②

以毛泽东为主要代表的中国共产党人坚持以马克思主义为指导，从中国实际出发进行民主政治建设和理论建构。在领导中国革命的过程中，中国共产党先后提出了"无产阶级专政""工农民主专政""各革命阶级联合专政""人民民主专政"的提法。③ 毛泽东从理论上阐述了通过新民主主义革命，提出建立一个以工人阶级为领导阶级、以工农联盟为基础、涵盖其他进步阶级的统战性质的民主政权或国家制度④，亦即新民主主义的国家制度。对于新民主主义国家中的人民，新中国成立前夕，毛泽东指出，现阶段我们所说的人民，"是工人阶级，农民阶级，城市小资产阶级和民族资产阶级"⑤。新中国确立了人民民主专政的国家制度，后来经过社会主义改造又确立了人民民主专政的社会主义国家政权。对人民实行民主与对敌人实行专政是毛泽东人民民主专政理论的本质内涵。社会主义基本制度确立后，民族资产阶级从经济上基本得以消灭，在探索建设社会主义的进程中，中国共产党后来出现了"左"的错误，特别是在"文化大革命"时期，一度使用"无产阶级专政"的说法。改革开放后人民民主专政继续重提，不过，在改革开放以后，随着我国经济体制改革和社会转型走

①　马克思恩格斯选集：1 [M]．北京：人民出版社，1995：293.
②　马克思恩格斯选集：3 [M]．北京：人民出版社，1995：760.
③　虞崇胜．"人民民主专政"概念的历史考察 [J]．党的文献，1999（5）：80-86.
④　毛泽东选集：3 [M]．北京：人民出版社，1991：1056.
⑤　毛泽东选集：4 [M]．北京：人民出版社，1991：1475.

向深入，人民的内涵与改革开放之前相比已发生显著变化。

改革开放后，基于之前的曲折探索及原因的分析，中国共产党更加认识到发展社会主义民主政治、健全民主制度的重要性，提出没有民主就没有社会主义，没有社会主义现代化，人民民主是社会主义民主的本质和生命等重要观点，并在实践探索中发展完善选举民主，拓展协商民主实践，与此相伴随，其他的民主形式也在不断建立完善之中，社会主义民主政治得到了快速健康的发展。社会主义选举民主通过选民定期选举候选人来确定谁管理党、国家和社会事务，选民拥有行使一人一票的选举权，这是人民当家作主的重要体现，反映了人民是党和国家的主人。社会主义协商民主通过人民经常性的参与党、国家和社会事务的协商，使得广大人民群众经常性参与到权力运行之中，最大限度地保证和落实了人民当家作主的权利，体现了人民民主。所以，"协商民主与选举民主的关系是统一于落实人民主权的理念。因为，无论是协商民主，还是选举民主，都是民主在不同时空的表现形式……，如果追本溯源，两者在理论本质上有着统一的目标，都是为了更好地落实人民主权的理念"①。也就是说，从实质上看，两者是相通的。"民主的要义是人民当家作主。无论是选举民主还是协商民主，其最终目标和根本宗旨都是要实现人民当家作主。选举和协商只是健全民主制度、规范民主形式、完善民主程序并最终实现民主价值的形式和手段。"②

为了更好地实现人民民主，保障人民当家作主的权利，党的十八大以来中共中央多次要求依法推进公民参与民主选举，保障人民的相应权利。不仅如此，党中央还高度重视选举依法依规开展，明确要求对于违背选举法律法规的行为一定要严厉禁止，对于贿选等问题必须"零容忍"，同时

---

① 马奔. 协商民主与选举民主：渊源、关系与未来发展 [J]. 文史哲，2014（3）：149-150.

② 刘俊杰. 发展社会主义协商民主需要正确认识和处理的五大关系 [J]. 中州学刊，2015（1）：11.

推进选举工作的规范化，构建科学合理的有效机制，从而更好地保证人民民主选举的权利。除强调规范和发展选举民主之外，中国共产党还特别强调发展协商民主推动人民民主参与的重要性，采取了诸多措施推进协商民主发展。所以我们看到，党的十八大以来社会主义协商民主理论不仅得到了空前丰富和发展，而且其实践得到了极大发展，从原来常规的政党、政协协商到现在的社会组织协商、人民团体协商等，形式更加多样，从而使得协商民主发展呈现广泛多层的格局，协商民主的发展保证了人民的协商参与权利。基于社会主义选举民主、协商民主的理论丰富、实践发展，党对两种民主形式及其关系的认识愈加深刻，所以可以看到习近平总书记提出，"在中国社会主义制度下，有事好商量、众人的事情由众人商量，找到全社会意愿和要求的最大公约数，是人民民主的真谛。协商民主是党领导人民有效治理国家、保证人民当家作主的重要制度设计，同选举民主相互补充、相得益彰"①。

(二) 坚持党的领导

社会主义协商民主和选举民主是中国共产党带领中国人民在追求实现人民民主的进程中产生与发展起来的。中国共产党在领导人民创建和开展协商民主实践的过程中一直强调党的领导。中国共产党在党内开展协商，由党组织实施，自然是接受党的领导的。在局部政权中实施民主协商实践都是在党的领导下展开的。苏维埃政权、抗日战争时期的"三三制"政权都是中国共产党领导的革命政权，在政权内部协商也必然在党的领导下进行。当然从现实来看，党领导协商民主实践、以协商民主增强和实现党的领导，这两者是统一的，党的领导蕴含于社会主义协商民主的运行之中，社会主义协商民主的运行使得社会各方面充分地了解和认知了党的主张、路线方针政策，也使得党能够了解、听取社会各方面群众的呼声和意见，

① 习近平. 习近平在中央政协工作会议暨庆祝中国人民政治协商会议成立70周年大会上的讲话 [N]. 人民日报，2019-09-21 (2).

这也是走群众路线的过程，是群众路线的协商民主实践。中国共产党在领导人民创建和发展选举民主实践的过程中也一直强调坚持中国共产党的领导。习近平总书记在参加北京市区人大代表换届选举投票时特别强调，"选举工作要坚持党的领导、坚持发扬民主、严格依法办事，保障人民选举权和被选举权"[1]。

从民主治理视角看，无论是选举还是协商实际上都是一种治理方式。2019 年，中共中央制定出台了《关于坚持和完善中国特色社会主义制度推进国家治理体系和治理能力现代化若干重大问题的决定》（以下简称"2019 决定"）要求，依法实行民主选举和民主协商等，保障人民民主权利[2]。"2019 决定"特别强调党的领导是国家治理的领导力量，必须将党的领导贯彻执行到国家治理的方方面面，社会治理也是国家治理的内容，要完善党委领导下的社会治理体系，这一治理体系理应包括党的领导、民主协商、多方协同等。这也就表明中国共产党运用协商与选举进行的国家和社会治理的实践必然是在党的领导下开展的，它也是其中的参与者，党的领导深深融入协商治理与选举治理及其协同推进的国家与社会治理。

两种民主形式发展必须坚持党的领导。一方面这是由中国社会历史发展决定的，也是在中国革命、建设和改革的实践中逐步确立的；另一方面这是由中国的国家性质决定的。人民民主专政是共产党领导下的人民民主专政。人民民主专政的国家性质与中国共产党的领导本来就是内在统一的，它要求领导这个国家的党必然是中国共产党。两种民主形式发展也需要党的领导。这是因为，一方面两种民主形式的性质，"同共产党的性质

---

① 习近平. 保障人民选举权和被选举权 确保选举工作风清气正 [N]. 人民日报，2016-11-16 (1).

② 习近平. 中共中央关于坚持和完善中国特色社会主义制度推进国家治理体系和治理能力现代化若干重大问题的决定 [N]. 人民日报，2019-11-06 (1).

和宗旨是一致的，只有坚持了共产党的领导，才能保证民主的社会主义性质"①。另一方面从当前来看，在中国，也只有共产党可以通过其强大的组织力、领导力、号召力及其掌握的执政资源为协商民主与选举民主运作建立覆盖面广、协调面大的制度体系，从而保障协商民主与选举民主的有效运行。

发展和完善社会主义协商民主与选举民主有助于改善和增强党的领导。一是有助于不断提高党的领导水平和执政水平、提高党拒腐防变和抵御风险能力。共产党通过发展协商民主与选举民主领导人民当家作主、治国理政，有助于提高党的领导水平及科学执政、民主执政、依法执政的水平。同时，通过发展协商民主与选举民主，增强公共事务和公共决策的透明度，发挥群众协商参与和民主监督，有助于化解各种风险和矛盾、增强党抵御风险的能力，有助于增强权力来源的合法性、加强对权力运行的监督和制约，提高党拒腐防变的能力。二是有助于巩固党的执政基础和扩大党的群众基础。社会主义协商民主与选举民主既是人民群众表达利益诉求的重要渠道，又是民众实现政治参与的制度化途径。发展社会主义协商民主与选举民主，对于引导群众合理表达利益诉求、实现和维护自身利益，对于实现群众与执政党沟通交流的制度化、有序化，对于进一步加深党同广大人民群众的联系、扩大党的群众基础和巩固党的执政基础具有十分重要的意义。三是有利于提高党治理国家的能力。社会主义协商民主与选举民主是国家治理体系和治理能力现代化的重要内容，发展社会主义协商民主与选举民主必然有助于推进国家治理体系和治理能力现代化。这一点下文将会进行详细论述。

（三）维护公共利益

民主从本质上讲也是维护民众利益的重要机制。人民选举自己的代理

---

① 刘俊杰. 发展社会主义协商民主需要正确认识和处理的五大关系［J］. 中州学刊, 2015（1）：14.

人从事国家和社会事务的管理，就是要维护自己的利益。中国共产党领导人民加强社会主义民主政治建设，发展选举民主与协商民主，其出发点和根本落脚点都是为了人民，使得人民当家作主，维护和实现人民的利益，或者说是为了维护公共利益。

社会主义选举民主的实施是为了维护公共利益。在民主选举制度之下，通过选举将权力委托给不同的人，有助于杜绝权力的垄断，使权力更好造福百姓。[①] 被选举出来掌握权力的领导干部必须以服务公共利益、服务人民作为行使权力的重要目标导向。否则，他们就难以取得民众的认可和信任，最终失去权力。[②]

社会主义协商民主的存在和发展是解决公私利益分歧、维护公共利益的需要。公民参与公共事务的协商，本身就是因为个人利益与公共利益密切相连。如果没有个人利益的涉入，公民很难有参与的动力，如果没有公共利益的存在，也就没有协商参与的必要。参与者只有坚持以公共利益导向、目标共识导向，他们才可能在协商中真诚开放地倾听、对话、说服。[③] 从现实情况看，协商民主的实践确实有助于维护公共利益。比如，政党协商、政协协商、人大协商、政府协商等都是涉及公共利益的问题。而这些公共利益都与百姓生活的具体利益密切相连。公共利益和私人利益本来就是紧密联系的，公共利益也是私人利益的集聚，在我国基层协商民主实践中，公民直接参与公共事务的协商，而协商的事务大都同民众的切身利益直接相连。

（四）追求政治平等

平等是人类社会永恒的价值追求，也是社会主义核心价值观之一。对

---

① 李奎. 选举民主的积极功能 [J]. 武汉理工大学学报（社会科学版），2007（2）：184.
② 张聪，蔡文成. 选举民主：政治合法性的建构及其困境 [J]. 理论与改革，2014（5）：27.
③ 金安平，姚传明. "协商民主"：在中国的误读、偶合以及创造性转换的可能 [J]. 新视野，2007（5）：63-67.

于社会主体而言，平等具有其价值，并不是无用的存在。人们在具体评价某种制度时也会依此作为判断的价值标准。当然，人类所追求的平等是一种历史性、程度性的概念，它总是受人类社会不同发展阶段、认识水平的制约和影响。社会主义国家坚决捍卫社会平等的基本原则，社会平等的核心是人的权利平等。政治权利是所有权利中最为关键的权利，政治权利的平等"是最关键、最关键的因素，在一个承认人民主权的国家中，人民的政治权利必须绝对平等"①。正因如此，在建设社会主义民主政治的进程中，党中央一直十分重视政治平等。党的十七大提出要依法保证人民平等参与和发展的权利。党的十九大提出到 2035 年要使得"人民平等参与、平等发展权利得到充分保证"，并提出"树立宪法法律至上、法律面前人人平等的法治理念"。

选举只有与平等相联系才可以称为"选举民主"。选举民主实施本身要求公民必须具备相应的基本人权和政治权利保障。这种保障保证了公民"一人一票、票票等值"的平等。政治平等主要是基本人权和自由权利的平等，以及由此奠定的机会平等，真正的结果平等是难以实现的，是理想性的、目标性的。社会主义协商民主强调在中国社会主义制度下，有事好商量，众人的事情由众人商量，经常协商，成为人民群众平等参与的民主政治形式，这更有助于实现实质性的政治平等。

三、协商民主与选举民主的互联

(一) 选举前有协商

选举是一项系统的工程，无论是哪种选举，大都会涉及处理协商与票决关系的问题。在中国，中国共产党是唯一执政党。中国共产党执政的一个重要表现就是向国家政权机关提建议和推荐提名领导干部等重大权力。

---

① 王一多. 政治权利平等是公民社会权利平等的前提条件 [J] . 西南民族大学学报（人文社会科学版），2010（11）：87.

这也是党管干部原则的重要体现。而除了党管干部原则，民主集中制也是党政领导干部选拔任用坚持的重要原则。就领导干部人选事前进行协商酝酿也是民主原则在党政领导干部选拔任用中的重要体现，也是社会主义协商民主的组成部分。现在中国领导干部选拔不是采用单一的选举竞争方式，而是采用选举加选拔的方式，这种选拔包含了充分的考察、多方的协商沟通、反复的交流酝酿，单一的选举竞争是难以对领导干部人选进行全面了解和深入判断的，在选举之前进行协商酝酿有助于全面深入地了解候选人，从而确保选拔出来的领导干部的质量，这体现了中国人才选拔的鲜明特点和巨大优势，既承继中国人才选拔传统，又符合现代民主要求，它的应用为中国革命、建设和改革提供了源源不断的优秀干部资源，保证了党和国家事业的兴旺昌盛。经过协商酝酿、表决通过的领导干部人选，需要由人民代表大会、人民代表大会常委会任命、决定的，由人民代表大会、人民代表大会常委会表决选举，获得任命；一般来说，党的系统协商酝酿、表决通过的领导干部人选，也会经过党内换届选举获得选举授权。这种协商酝酿既保证了选举出来干部的质量，又避免了西方政治运行中对领导干部人选进行简单票决、以票取人的不足。

除了领导干部人选选举前要进行充分协商之外，在中国，无论是人大代表还是党代会代表的选举产生，之前都会存在协商酝酿的环节。从党代表的产生看，党代表候选人要经历协商酝酿的过程。从近几届中国共产党全国代表大会代表选举看，在每届全国党代会召开之前，中共中央会对下届党代会代表的产生办法提出明确方案。以党的十九大代表产生来说，2017年10月中共十九大召开，2016年11月党代表选举工作就已开始。为了推动这项工作，中共中央印发的《关于党的十九大代表选举工作的通知》对代表人数、比例、构成和选举办法等提出具体方案。代表选举工作到2017年9月完成。党的十九大代表候选人的推荐提名采取自下而上、上下结合、反复酝酿、逐级遴选的办法。在代表名额的数量、比例、人员构成分解到各选举单位之后，各选举单位的推荐提名工作一般要经过"三上三下"的程序安排，"三上三下"包含着多主体、多方面的协商。按着中国共产党党章的规定，党委委员选举产生之前，委员候选人名单也要由党组织和选举人充分酝酿讨论。从人大代表的产生看也是如此，人大代表产生前也有一个协商酝酿的过程。按照法律规定，人大代表候选人需要经历提名协商环节。在县级以下人大代表直接选举中，选举进入提名阶段，当初步代表候选人的数量在规定的差额幅度内即未超过应选人数的三分之一到一倍时，初步代表候选人经选区选民小组讨论协商全部列入正式代表候选人名单。当初步代表候选人数量超过应选人数1倍时，选举委员会一般会上下进行几轮协商讨论，最后集中大多数意见，确定正式候选人。在间接选举中，本级人大代表可联名提出上一级人大代表候选人，各政党、各人民团体均以书面形式向大会主席团提出各自的代表候选人，然后人大主席团将汇总的代表候选人名单发给全体参会代表，在他们之间进行协商酝酿。从城乡社区来看，村（居）民委员会的产生，其委员候选人确定也包括民主协商方式。这一点在下文会有详细阐述。

（二）选举后有协商

在选举之后，正式票决通过的代表候选人、领导干部候选人接受选民委托，从事党、国家、社会事务的管理。从中国共产党党内看，各级党的代表大会代表按着党章规定，议决党代会职责范围内的事项；党的领导干部通过党的委员会会议、常委会会议等讨论决定职责范围内的事项；同时党的领导干部为了推动科学民主决策，在行使权力的过程中也会开展形式多样的党群、干群协商。从国家层面看，在人大代表选举产生以后，人大代表通过人民代表大会议决职责范围内的事项；人大代表选举产生的人大常委会会议讨论决定其对应职责范围内的事项。由人民代表大会、人大常委会选举产生的国家机关领导人员在行使权力的过程中会运用协商民主进行科学民主决策，比如，在人大系统的人大常委会委员长（主任）会议；

行政系统的政府常务会议、全体会议。为了推动民主科学立法和决策，人大系统也会时常开展立法、重大公共决策听证等，政府系统也会就一些重大事项和涉及群众切身利益的决策进行听证协商。从城乡社区层面看，村（居）委会选举之后，也会组织实施丰富多样的协商民主实践推动社区群众参与、解决基层群众直接面临的现实问题，比如，村（居）民主议事会、村（居）委会会议、村（居）民理事会、村（居）民决策听证会、民主评议会等。

（三）选举中有协商

在民主选举正式开启后，出现争议和纠纷时也会涉及协商沟通。比如，村（居）民委员会选举中出现争议、纠纷时，村民委员会、居民委员会下设的人民调解委员会可以进行协商调解。当然人民调解委员会调解无能为力时，基层人民政府还会运用行政调解手段加以调解。调解过程也是展开协商沟通、找到化解纠纷办法的过程。

（四）协商中有选举

在社会主义协商民主实践中，也存在选举民主融入其中的创新探索。当然，这种探索主要集中于基层层面，特别是城乡社区自治领域。这种探索的显著特点是，社区民主议事会成员由社区居民及其代表选举产生，在社区党组织的领导、居委会的主导下，议事会成员通过议事会参与社区公共事务的讨论解决，协商结果直接成为决策或者成为社区党组织、居委会做出决策的重要依据。比如，课题组在 WX 市 HJ 社区调研时发现，这一社区建立了专门定期举行的民主议事会，以及议事人员库。议事成员库中的 50 名成员由社区居民选举产生，另外 20 名由社区党组织和居委会根据议事会议题需要和议事会对主体素质与能力的要求来协商确定。议题确定后，从议事人员库中选取 35 名议事员参与协商。选举产生的 50 名社区居民议事代表随机抽取百分之五十即 25 名，协商确定的居民议事代表随机抽取百分之五十即 10 名。议事人员讨论结果直接成为决策，由社区层面执行。这种实践探索总体保证了协商主体由选举产生，体现了选举民主融入协商民主，尽可能地保证了人民当家作主、推动了民主科学决策。

四、协商民主与选举民主的互促

（一）协商民主提升了选举民主的"质"

社会主义协商民主实践使得选举民主更有"质"。这种"质"主要体现在以下三点。

第一，社会主义协商民主使得选举民主更有性质上的保证。社会主义选举民主最本质的特征是中国共产党的领导。社会主义选举民主面临的一个重要问题是，如何严把政治关，将树牢"四个意识"、坚定"四个自信"、坚决做到"两个维护"、全面贯彻执行党的理论和路线方针政策的干部，将完全忠诚于党的事业的干部，选拔出来。为了解决这一问题，2019年修订的《党政领导干部选拔任用工作条例》（以下简称《选拔任用条例》）明确将政治标准作为选人用人的首位标准。而在领导干部人选进入正式选举之前，围绕人选进行协商酝酿，有助于将政治立场坚定的人选选拔出来，从而确保最终选出的人政治素质过硬，保证党和国家的权力掌握在真正拥护社会主义、坚定社会主义方向的领导干部手中。

第二，社会主义协商民主使得选举民主更有质量上的保证。协商酝酿环节，能够尽可能将公道正派、注重实绩、群众公认的好干部挑选出来，避免简单多数原则。从西方选举民主实践来看，具有选举资格的候选人参与竞选，他们有些人毫无从政经历，为争取选票，相互攻击，胡乱许诺，甚至靠出格言论蛊惑人心。所以我们通常看到，实行自由选举民主体制的国家，毫无从政经历的政治"素人"都能够通过选举执掌权力。他们当选之后，有些不能够正确行使权力，任上胡作非为，或者能力低下，无所作为。正是看到了这一明显不足，所以张维为教授指出，中国干部选拔任用是世界最有竞争力的制度，虽然不完善，但至少保证不会出现低能的领导人。西方自由选举民主的实行最后影响的是百姓的实际利益。选民在选举过程中得到的只是片刻做主人的心理体验和满足。

我国曾经一度试验的乡镇长直选也出现一些乡镇长候选人哗众取宠、花言巧语、轻许诺等问题，而事实证明，受中国优秀传统文化中"君子敏于行、讷于言"的熏陶，一些中国领导干部是踏实稳重、敬业奉献的，但他们不善言谈或者说是不习惯于公开场合夸夸其谈，所以如果单纯地注重选举和票数，不注重对领导干部候选人的综合考察，也会造成"老实人吃亏"的问题，这也是《选拔任用条例》强调公开选拔、竞争上岗应当结合岗位特点，坚持组织把关，突出政治素质和工作业绩，防止简单以分数、票数取人的原因。而经过协商酝酿能够避免单纯地"以票数论英雄"，将更加优秀的候选人选拔出来，这样的领导干部往往胜任工作，也更能够增强选举民主的合法性。

第三，社会主义协商民主秉承的理念有助于促进选举民主发展。社会主义协商民主对人民权力和权利的关注，对中国共产党领导的强调，以及对广泛协商、真诚对话、平等交流、注重规则、争取共识等的重视，这些秉承的理念也恰恰是社会主义选举民主存在和发展所需要的。

（二）选举民主保证了协商民主的"效"

选举民主的实施需要基本人权和政治权利保障。宪法规定的公民权利是选举民主实施所必需的，也是协商民主顺利实施所需要的。选举民主保证了权力来自人民，使得当选者在行使权力过程中更容易考虑到人民，更容易走群众路线，同群众展开协商。所以，这也是我们看到改革开放后随着我国选举民主的发展，协商民主也在不断发展的重要原因。提及这一点，需要说明的是，改革开放以来中国协商民主快速发展的重要原因，并不像有些学者认为的那样，是因为现阶段中国不具备选举民主发展的条件、大规模推进选举民主会危及中国共产党的一党执政，比如，有学者认为，中国不适合在短期内采用高度竞争的选举民主，中国改革开放后出现的社会结构分化、利益诉求多样化，都要求发展协商民主加以应对。① 这种观点是有所偏颇的，而事实是，中国共产党在发展选举民主的同时也在发展协商民主，而且选举民主的发展推动了发展协商民主的需求。

（三）两者结合拓展了中国民主的"度"

过去，受西方民主话语影响，很多人奉行"选举民主至上论"，迷信选举，将民主等同于选举，认为选举就是民主的真谛。社会主义协商民主与选举民主的并存发展及其相互促进，在认识上拓展了人们对于社会主义民主政治的认知，在实践上拓展了社会主义民主政治的广度和深度。一方面在认识上，人们开始认识到，民主的实现形式是多样的，而不仅局限于选举，而且协商民主就是同选举民主互相促进、相互补充的重要民主形式。另一方面在实践上，协商民主与选举民主的结合拓展了社会主义民主的广度和深度。前文提到，在正式选举之前，候选人的产生就融入了协商民主的环节，在候选人当选之后，其在行使权力的过程中运用协商民主，使得权力的运行更加民主公开。两种民主形式相结合丰富了人民群众参与的形式，拓宽了人民群众参与的渠道，保证了人民群众参与的权利，综合了人民内部的多方意见，协调了人民内部的多方利益，既体现了多数的意志又尊重了少数的主张，最大限度地保证了人民意志和利益的实现，维护了社会公平正义。所以，两种民主形式相结合拓展了社会主义民主政治的广度和深度。

---

① 陶文昭. 协商民主的中国视角 ［J］. 学术界，2006（5）：80.

第四章

社会主义协商民主与选举民主协同发展的历程回溯

实现人民民主是中国共产党矢志不渝的奋斗目标。在领导人民追求和实现人民民主的进程中，共产党最先在党内开展了协商民主与选举民主协同实践的探索。执掌政权后，共产党又将党内协同实践探索拓展于所掌政权之中，并积极推动基层社会自治领域的选举民主与协商民主协同实践。在这一进程中，中国共产党带领中国人民创建和发展了社会主义协商民主与选举民主两种重要民主形式，并推动了两者的协同发展，从而形成了现今两种民主形式总体协同发展的格局。

一、新中国成立前协商民主与选举民主的协同发展

（一）共产党党内的初步协同探索

中国共产党对选举与协商两种民主形式的结合运用首先是在共产党党内展开的。中共二大通过的《中国共产党章程》规定党的中央执行委员会由全国代表大会选举产生。中央执行委员会要执行大会的决议，向大会负责，讨论决定党的政策及政策推行落实的方法，"全国代表大会每年由中央执行委员会定期召集一次"①。不过，由于中国共产党成立后不久即以实

---

① 中央档案馆. 中共中央文件选集：1 ［M］. 北京：中共中央党校出版社，1989：95.

际行动投入革命实践，革命形势的发展使得党组织的活动受到了一定的影响。1923 年中共三大召开，此后隔一年，1925 年中共四大召开，此后再隔一年，1927 年中共五大召开。革命形势的发展使二大党章关于党的全国代表大会每年召开一次的规定没能得到完全执行。但总体来说，通过党的全国代表大会选举党的中央领导机构，党的中央领导机构审议党的政策及施行方法，一定程度实现了中央层面的党内选举与协商的结合。

1927 年，《中国共产党第三次修正章程决案》将党的组织系统划分为全国、省、市或县（区）、生产单位五个层级，并规定各层级的党部执行机关由党员大会或代表大会选举产生，并由上级机关批准。选举产生的党部执行机关即委员会为该级党部的最高权力机关，讨论、指导、执行党务及政策。这就将原来党章中仅明确规定的党中央执行委员会（后改为中央委员会）由党的全国代表大会选举产生，拓展至党的五个层级执行机关由选举产生。这份《中国共产党第三次修正章程决案》同时对党的代表大会及其产生的各级委员会的职责进行了明确，其中重要一项就是讨论党章规定的工作事务，这就在党内总体实现了各级权力机关由选举产生，权力机关在行使权力的过程中展开协商讨论以推动权力民主运行，较之以往，这更大程度地推动了党内选举与协商的结合。

1945 年中共七大通过的《中国共产党章程》规定党的各级领导机关只要是能够开展选举的地方，都要通过选举产生，对于那些由于现实条件和客观环境限制造成无法召集党的代表大会、党员大会进行选举的，可以通过召开代表会议的方式选举或者直接由上级指定。在中央层面，参加全国代表大会的代表人数及具体的选举方法由党中央决定，参加党的全国代表会议的代表由各省委和边区党委，以及中央直属的其他单位的全体会议选举，中央确定具体的代表数额。在地方层面，参加省和边区代表大会代表的数额、选举方法是由省和边区党委决定的，决定后，上报中央或中央代表机关，批准后有效。党的支部委员会由党员全体大会选举产生，进行支部的日常管理工作，支部委员会的具体人数由支部决定，少则三人，多则十一人，任期在半年至一年之间，"由委员会选举书记一人，必要时得再选举副书记一人"①。可以看出，中共七大通过的《中国共产党章程》明确要求党的各级领导机关，凡能进行选举的地方均要由选举产生。这说明此时的党中央已明确将选举视作党的权力机关产生的重要合法性途径。相比之前，中共七大通过的《中国共产党章程》规定党的支部委员会和支部书记由选举产生，支部委员会由全体支部党员选举产生，书记由支部委员会选举产生，同时规定了党的全国代表会议代表和省或边区代表大会之代表由选举产生，这就使得原来党章规定的党的领导机关由选举产生，拓展到党的代表大会或代表会议代表也由选举产生，这就使得党的领导机关建立在了坚实的"民意"基础之上。

同时，中共七大通过的《中国共产党章程》规定：党的全国代表大会的职权包括"听取、讨论和批准中央委员会及中央其他机关的报告"，党的中央委员会会议是由中共中央政治局召集的，一般半年召集一次，当遇到特殊情况时政治局要根据情况决定是延期还是推迟会议。② 为了更好地保障和推动全党参与党内事务的讨论，推动党的事业发展，党章还对党员的权利及协商讨论的边界进行了规定，"党的政策及各种问题，在未经决定以前，每个党员在党的组织内及党的会议上，均可自由地切实地进行讨论，发表自己的意见。但一经决议以后，即须服从，并须无条件地执行"③。只要是涉及全国性或地方性的党的全盘政策问题，需要开展整体的检讨和讨论时，只有具备三项条件才能得以召集，一是时间上要来得及，保证现实的情形不太紧急，太紧急是难以取得讨论效果的；二是党中央或地方党委做出了决议；三是由上级党组织或者是超过半数的党的下级组织

---

① 中央档案馆. 中共中央文件选集：15 [M]. 北京：中共中央党校出版社，1991：132.
② 中央档案馆. 中共中央文件选集：15 [M]. 北京：中共中央党校出版社，1991：127.
③ 中央档案馆. 中共中央文件选集：15 [M]. 北京：中共中央党校出版社，1991：124.

的提议。① 中共七大之后，党员协商与选举的权利得到重视和保障，从党代表的选举到党的各级委员会的选举再到党的领导人的选举，民主选举开始在党内广泛展开，同时，各级党的代表大会或代表会议、委员会及由委员会选举产生的党组织负责人和更高层级的领导机关在行使权力的过程中主要运用会议协商等形式进行党内事务的讨论，这使党内的选举与协商得到了更完整的结合。党内民主的发展调动了广大党员、干部革命和工作的积极性，加强了党的团结，推动了党的路线方针政策的正确制定，保障了革命工作的顺利开展。

（二）局部政权的初步协同探索

在包括井冈山革命根据地在内的全国革命根据地创建以后，为了巩固和拓展根据地，中国共产党进行民主建政的探索也随之开启。但早期的根据地由于面积小、人口少，加之受到国民党军队的不断围剿，政权随时面临生存危机，所以根据地的民主政治建设受到了很大限制。1931 年，随着红一方面军三次反"围剿"战争取得胜利及随之而来的中央革命根据地的形成，这样在中央根据地召开全国工农兵代表大会、创建中华苏维埃共和国的条件已经具备。为了推动这项工作，1930 年，中共中央决定成立中央准备委员会，由该委员会专门负责第一次全国工农兵代表大会的筹备工作。为了使得这次选举工作有章可循，有关苏维埃第一次全国代表大会代表选举的相关制度文件制定出台。此后各根据地按着要求成立了选举委员会，在选举委员会的组织下，从宣传动员到划定选举单位、到选民登记和公布名单，再到候选人的推荐和公布，最后到选举实施，产生了各地的代表。在此基础上，1931 年 11 月，中华苏维埃第一次全国代表大会得以召开，共和国临时中央政府也因此宣告成立。

本次大会通过的《中华苏维埃共和国宪法大纲》规定：苏维埃区域内

---

① 中央档案馆. 中共中央文件选集：15 [M]. 北京：中共中央党校出版社，1991：125.

的公民的权利得到苏维埃法律的保护，在苏维埃法律面前，所有苏维埃公民一律平等，苏维埃公民是指苏维埃区域内的劳苦大众包括工人、农民、士兵等，以及他们的家属，无论是何种民族汉、满、回、蒙古等，无论信仰何种宗教道教、佛教等，都是苏维埃共和国的公民。为了使苏维埃共和国的公民真正掌握政权，成为共和国的主人，保证共和国劳苦大众的民主权利，苏维埃选举法对于公民的选举权和被选举权做出了明确的规定，即十六岁以上的共和国公民都具有苏维埃的选举权和被选举权。"直接选派代表参加各级工农兵会议（苏维埃）的大会，讨论和决定一切国家的地方的政治事务。"① 在苏维埃民主政权建设中，共和国公民的民主权利得到了苏维埃法律的保证，享有真实充分的民主，其中一个重要方面就是苏维埃围绕民主选举所建立的民主选举制度、规定的民主权利。根据苏维埃选举法的规定，苏维埃公民依法选举自己的代表参加苏维埃工农兵代表大会，参加苏维埃政权的事务管理，这是苏维埃共和国公民享有的最广泛的、最主要的、最直接的民主权利。② 中华苏维埃第一次全国代表大会的召开也是全国苏维埃区域一次民主选举的集中实践，工农兵代表的选举产生赋予了工农兵苏维埃政权的合法性。此后为了推动苏维埃选举工作，中华苏维埃共和国陆续制定了一系列规范选举的制度文件或下达了一些相关指示和训令，例如，《中华苏维埃共和国中央执行委员会训令第八号——关于变更和补充居民与苏维埃代表的比例标准（1932 年 1 月）》《中华苏维埃共和国中央执行委员会训令第二十二号——关于此次选举运动的指示（1933年 8 月）》《苏维埃暂行选举法（1933 年 8 月）》《二次全苏大会在红军中怎样进行选举（1933 年 9 月）》。

苏维埃政权产生以后，会议成为各级政权开展工作的重要方式。《地

---

① 厦门大学法律系，福建省档案馆. 中华苏维埃共和国法律文件选编 [M]. 南昌：江西人民出版社，1984：7.

② 李小三. 中央革命根据地简史 [M]. 南昌：江西人民出版社，2009：143.

方苏维埃政府的暂行组织条例》规定：各级苏维埃工作会议包括，"城市苏维埃的各科干事会议，各科的全体人员会议，区、县、省执行委员会各部的委员会会议，主席团会议，全体执行委员会会议，城乡苏维埃的全体代表会议，区、县、省苏维埃的代表大会"①。就市层面的苏维埃而言，"市苏维埃的全体代表会议在居民五万人的市，每月由主席团召集一次：在居民五万人以上的市，每两月由主席团召集一次。市区苏维埃的全体代表会议，在居民五万人以下的市，每十天由主席团召集一次，在居民五万以上的市，每二十天由主席团召集一次。市执行委员会，每月由主席团召集一次。市区苏维埃主席团会议，每三天由主席团召集一次。市苏维埃主席团会议，在居民五万人以下的市，每三天由主席团召集一次，在居民五万人以上的市，每七天由主席团召集一次。各委员会的会议，每十天由主任召集一次。有临时问题，不论何种机关均得开临时会议"②。通过经常性的、定期的会议协商讨论苏维埃政权的内部事务成为苏维埃开展工作的重要方式同时也是苏维埃民主政权建设的重要内容。

可以看出，在苏维埃政权中，乡（市）、区、县、省和全国五级工农兵代表大会代表由选举产生，各级代表大会选出执行委员会，这就使得苏维埃代表和苏维埃政权机关及其领导人由选举产生，从而使得苏维埃政权具有了民意基础，同时选举出来的代表和政权机关及其领导人通过参加苏维埃的相关会议，讨论决定苏维埃政权范围内的相关事务，这就在政权内部实现了苏维埃民主选举与协商的结合。

抗战全面爆发后共产党为表明团结抗战的诚意，在国民党五届三中全会召开时，主动做出接受国民政府领导，苏维埃政府改为"中华民国"特区政府等承诺。紧接着，为兑现承诺，"中共即有步骤地进行陕甘宁苏区

---

① 厦门大学法律系，福建省档案馆.中华苏维埃共和国法律文件选编［M］.南昌：江西人民出版社，1984：31.

② 厦门大学法律系，福建省档案馆.中华苏维埃共和国法律文件选编［M］.南昌：江西人民出版社，1984：45-46.

的更名改制准备工作。所谓更名，就是将中华苏维埃共和国中央政府西北办事处改为陕甘宁边区政府；所谓改制，就是将工农民主制改为民主共和国制"[①]。为了推动苏维埃政权向边区政府职能的转变，1937年5月，"陕甘宁边区"名称开始启用，边区实行民主共和国的政治制度。《陕甘宁边区议会及行政组织纲要》规定，陕甘宁边区实行议会民主制，各级议员皆由直接选举产生，各级行政长官，例如，乡长、区长由议会选举产生。政府向议会负责，议会闭幕期间，常驻议员代行议会职权。按着《陕甘宁边区议会及行政组织纲要》的制度设计，区及以上层级采用议会和常驻议会为代议机关，乡一级仍采用代表会、各种委员会形式，这也使原苏维埃基层政权形式继续得以保留。对于这一转变，有些人不理解，林伯渠对此进行了解释，他指出："我们苏区现在要转变为国民政府的特区，从工农代表会议制度转到普选的民主共和制度、从更高的民主转到在全中国将要实现的适应于抗战的民主制度。"[②]

抗日战争时期，与中国共产党领导的政权性质变化相伴随的是政权民主主体的扩大。在此前的苏维埃时期，政权的民主主体主要是工农兵，也就是说人民的主体是工农兵。进入抗战时期，《边区参议会选举条例》规定只要是生活居住在边区境内的人民，且年龄达到十八岁，其选举权和被选举权将不受党派、职业、宗教、民族、阶级、财产因素的影响，都有选举和被选举的权利。当然存在下列问题的，在边区是没有选举和被选举权利的，"（一）有卖国行为，经政府组办有案的；（二）经法院判处剥夺公权，尚未恢复的；（三）有神经病的。我们的选举权虽然人人都有，但汉奸卖国贼不能有，因为他们卖国害民，应该剥夺他们的选举权，有神经病

---

① 梁星亮，杨洪，姚文琦. 陕甘宁边区史纲 [M]. 西安：陕西人民出版社，2012：91.
② 西北五省编纂领导小组，中央档案馆. 陕甘宁边区抗日根据地文献卷：上 [M]. 北京：中共党史资料出版社，1990：194.

的人，不明白世事，当然不能有。"① 可以看出，苏维埃时期，苏维埃政权对公民选举权与被选举权的规定更强调人民的阶级性，而抗战时期共产党领导的根据地政权对公民选举权与被选举权的规定适应抗战形势需要，更突出人民的统战性。

在共产党的领导下，从1937年5月开始，陕甘宁边区开展了广泛的民主选举，先是乡、区、县级代表大会和议会召开，在会议召开之前，开展了代表的选举工作。1938年11月，陕甘宁边区政府决定改边区议会为参议会，议员为参议员。这样，经过前期准备，1939年1月，陕甘宁边区参议会第一届会议在延安召开。根据《陕甘宁边区各级议会组织条例》的规定，边区各级参议会为边区各级民意机关。参议会行使选举和议决的相应职权。各级参议会定期召开，或根据临时需要召开会议。《陕甘宁边区政府组织条例》在政府层面做出规定，边区政府委员会定期或根据临时需要召开会议议决、执行职责范围内的事项。

边区曾先后实施了两次大规模的选举运动。除了上文提及的1937年开启的一次大规模选举运动之外，还有一次选举运动是在1941年，其实施是和"三三制"政权建设相结合的。"三三制"不仅是政权组织原则，反映在政权人员构成上，共产党、非党"左"派、非"左"非右的中间分子各占三分之一，而且在选举民主实践中这一政权组织原则随之成为选举名额分配和选举人员确定所遵循的重要原则。中国共产党决定将"三三制"政策的贯彻落实与即将到来的参议会改选结合起来。为推动这项工作，1941年2月，边区在延安裴庄乡进行了选举工作试点。经过试点，到当年8月至9月，陕甘宁间边区乡、县完成参议员选举，召开了参议会，选举了新的政府领导机关。在前期选举完成的基础上，经过精心筹备，陕甘宁边区第二届参议会第一次大会1941年11月在延安召开。依照《陕甘

---

① 甘肃省社会科学历史研究室. 陕甘宁革命根据地史料选辑：1 ［M］. 兰州：甘肃人民出版社，1981：193-194.

宁边区施政纲领》的规定，大会选举产生了边区行政机关、民意机关的领导人员，这些职位和组成人员最后充分体现了"三三制"原则。

"三三制"政权中选举民主与协商民主充分协同发展。这主要表现在：一是在选举活动开展中，为了确保选举的顺利实施和质量，在选举前、选举中、选举后这三个阶段都进行广泛的协商一致。例如，选举前，对候选者资格条件、选举场地、选举方式、选举宣传员工作等进行协商；选举中，对选举遇到的新情况、选举流程、选举人的产生等进行协商；选举后，对不符合"三三制"原则的选举过程和结果进行协商，从而"真正体现民意，维护各界利益"。[①] 二是在"三三制"政权权力运行中两种民主形式协同发展。各级参议会议员基本上由人民直接选举产生，参议会是民意机关。议员选出正副议长，常务议员。参议会同时选举产生政府委员和主席。这就使得边区政权机关及其领导人的产生建立在选举民主基础之上，具有了权力来源的合法性。同时，选举产生的政权机关及其领导人在行使权力的过程中按着陕甘宁边区关于政府和参议会组织的相关条例规定，定期和不定期地召开会议，进行公共事务和公共决策的协商讨论，以推动民主科学决策。"三三制"政权中需要更多的协商合作，因为在政权之中除了中国共产党之外，还有三分之二的非中共人士，只有经常性地协商讨论才可能更好地增进信任、增强团结、推动民主科学决策。对于起初党内存在的轻视、不愿意同党外人士协商合作的想法，毛泽东给予了严厉批评，他坚决要求重视并倾听党外人员的意见；不能以领导者自居，故步自封，要向党外人员学习；对那些愿意与共产党合作的党外人士，要关心、信任，不能求全责备；要坚决实行政权的"三三制"，对民众团体不能采取包办态度。[②] 三是从参议会本身来看，选举民主与协商民主在这一

---

① 陈朋亲. 论"三三制"政权对我国选举民主与协商民主协同发展的启示 [J] . 理论观察，2015（8）：31.

② 毛泽东文集：2 [J] . 北京：人民出版社，1993：394-395.

民意机关相互协同，使得这一民主政治组织发挥着应有职能。参议会是在各个根据地人民直接选举下产生的；它具有本区域内相应的立法、选举、监督、罢免、决议、审批等权；参议会采用协商表决——再协商再表决的方式行使各项职权，从而彰显出政权的民主性。①

"三三制"民主政权建设极大地调动了广大群众抗日的积极性，实现了空前团结，推动了边区各项建设事业的发展。正因如此，林伯渠在1944年12月陕甘宁边区第二届参议会第二次大会上指出，"三年来，边区军事建设、经济建设和文化建设，都有很大发展，进入了新的阶段，提出了新的任务。凭什么发展起来的呢？凭广大群众的积极性，凭边区内部的团结，换句话说，凭民主政治的发挥，凭民主内容与民主精神的发挥，所以发展起来的"②。这种民主的内容和精神主要体现为选举与协商的民主内容和精神。"'三三制'政权是选举民主和协商民主有机结合的产物，符合当时根据地的社会结构以及抗日斗争的需要。中国共产党通过选举民主，落实主权在民原则，通过协商民主，贯彻'三三制'原则，有效协调根据地内部各阶级阶层的矛盾，使陕甘宁边区成为'全国最进步的地方'和'民主中国的模型'。"③

还在抗日战争期间，毛泽东就对未来中国的政权组织形式进行了思考。毛泽东在中共七大上指出中国共产党所要建立的新民主主义政权遵循着民主集中制原则，政府由各级人民代表大会选举产生，大政方针由各级人民代表大会讨论决定。④ 但是在中国共产党尚未全面取得政权的情况下，召开普选产生的人民代表大会难以实现。抗日战争结束后，国共两党的对

---

① 陈朋亲. 论"三三制"政权对我国选举民主与协商民主协同发展的启示［J］. 理论观察，2015（8）：31.

② 西北五省编纂领导小组，中央档案馆. 陕甘宁边区抗日根据地文献卷：下［M］. 北京：中共党史资料出版社，1990：155.

③ 王孝勇. 论"三三制"政权建设中选举民主与协商民主的有机结合及其启示［J］. 湖北社会科学，2013（7）：27.

④ 毛泽东选集：3［M］. 北京：人民出版社，1991：1057.

立促使中国共产党思考如何独立建设民主政权的问题。而中国共产党在解放区领导土地改革中召开的人民代表会议对于后来党在解放区开展民主政权建设提供了重要经验。在晋绥干部会议上，毛泽东指出，真正的人民代表会议必然是基于广大人民群众的意志而建立起来的，它拥有一切应有的权力；而区村（乡）两级人民代表会议需在贫农团和农会的基础上建立起来，这在反封建斗争的特殊历史背景下是一项可贵的经验，可以也应当在一切解放区予以建立，成为解放区人民的权力机关。① 当时，在解放区领导农村土地改革过程中，一些地方在贫农团和农会的基础上探索建立起了区村（乡）两级人民代表会议。毛泽东认为这样的会议可以在一切解放区建立。后来中央明确提出，各级代表会代表，县以下的会议代表由区、村人民直接委派即由当地的老百姓直接选举出来，县以上会议代表采用区、县代表会间接选举而出。② 但实际上由于后来革命形势的发展及为了解放区安全稳定的需要，大规模的选举并未开展起来。

进入解放战争阶段，随着抗日民主政权向人民民主政权的转变，中国共产党对于解放区享有选举权利的主体进行了新的规定，地主富农等反动分子被取消选举权和被选举权。根据革命形势的发展及民主政权建设的需要，中共中央又提出可以不经历贫农团、农会创建区、村（乡）两级人民代表会议，直接创建临时代表会议领导区、村（乡）革命事宜和政权建设。

随着解放战争不断取得胜利，中国共产党及其领导的人民军队解放的城市越来越多，在城市进行民主建政的任务就被提了出来。在新解放的城市，一开始是实行军事管制的。在军事管制时期如何联系群众，是城市解放后开展工作亟须面对的问题。当时为了联系群众，实行军事管制的领导

---

① 毛泽东选集：4 [M]. 北京：人民出版社，1991：1308.

② 中共中央文献研究室. 毛泽东思想形成与发展大事记 [M]. 北京：中央文献出版社，2011：434.

机关也会召开一些座谈会征询大家意见，但这显然不是长久之计，于是，一些城市继续使用国民政府时期的"临时参议会"作为咨议机关，而这种参议会的成员大都是社会上层，难以接触到普通群众。在这种情况下，1948年11月，中央要求在新解放城市要建立临时各界代表会议。参会的代表主要由军事管制委员会及临时市政府出面邀请。与之前临时、随意性较大的座谈会相比，各界代表会议较为正式和规范，总体上形成一个常设性的机构，一般每星期开会一次到两次，每次要多于三个小时，在会上代表可以提出各种市政意见和建议，代表会召开时，军管会、临时市政府都会派出代表参加问题讨论、现场解答一些问题。而且与之前仍然沿用的参议会相比，各界代表会议代表的人员构成大大增加，代表更为广泛，来自多个社会团体，不像参议会那样成员主要来自社会上层。当时的代表大多通过聘请产生，只有人民团体的代表可以由群众大会推选产生。① 之后，随着形势稳定，开始实行各人民团体直接或间接的选举工作，以产生各界代表会代表，以期在条件成熟后各界代表会代行人民代表大会职权。这里的"条件成熟"是指：军管会和临时政府在新解放的城市中建立起革命秩序，反革命活动得到镇压，能够初步主导、发动群众运动，将新解放城市中的民主党派、人民团体和各界人士团结起来组成统一战线，获得上级政府批准而行使人民民主权利。②

在解放战争逐步取得胜利的情况下，1948年共产党根据形势号召各党派、人民团体、社会贤达尽快召开新政协会议，以"讨论并实现召集人民代表大会，成立民主联合政府！"③ 这一号召得到了广大民主党派的积极响应，他们在同中国共产党的协商沟通中不断为新政协的筹备做好准备工作。经过充分筹备，1949年新政协得以召开，新政协的第一次全体会议制

① 程凯. 一九四九年前后"各界人民代表会议"的确立与演变［J］. 中共党史研究，2016（11）：91.
② 李格. 论"人民代表会议"制［J］. 中共党史研究，2010（10）：71.
③ 中央档案馆. 中共中央文件选集：17［M］. 北京：中共中央党校出版社，1992：146.

定了《中国人民政治协商会议共同纲领》，在全国代表大会尚不具备召开条件的情况下，《中国人民政治协商会议共同纲领》赋予了中国人民政治协商会议全体会议履行国家权力机关即全国人民代表大会的职权。这次大会选举产生了最高行政机关中央人民政府，并赋之以行使国家权力的职权，所以它具有全国人民代表大会的选举赋权功能，同时它及由它选举产生的全国委员会又兼具政协政治协商和人大议决的功能。这次会议还完成了协商建国的艰巨而伟大使命。在地方层面，代行人民代表大会职权的各界人民代表会议，承担选举地方政府并授予其权力的职能，而各界人民代表会议的常设机构即协商委员会由代表会议选举产生，其在会议结束期间，代行各界人民代表会议的职权，同时又承担着地方政协职能，是政治协商机关。

当然，如上文所述，解放战争时期，革命战争的形势使得大规模的选举难以开展。所以，早期的各界人民代表会议或者说人民代表会议的前身各界代表会，其代表主要不是由人民选举产生的，至多是从人民团体中选举产生，也未代行人民代表大会的职权，所以它是一种协议机关，更多发挥协商、联系群众的功能。在发展为各界人民代表会议后，城市中各界人民代表会议代表的产生采用的是一种混合方式包括充任、选派、聘请、选举等，尽管采用选举方式产生代表，但这一方式并不常用。各界人民代表会议在代行人民代表大会职权之后，成为准民意机关，选举产生政府，讨论政府施政方针和重要决策，提供相关建议。各界人民代表会议是解放战争时期中国共产党领导民主政权建设的非常之举，是在中国革命实践当中总结发展起来的，是人民代表大会制度建立前的过渡性制度安排。解放战争时期，尽管一些解放较早的地区在政权建设中进行了较好的民主选举与民主协商及其协同的实践探索，但总体来看，解放战争的形势限制了人民代表会议民主选举甚至是民主协商的展开，自然也限制了两者的结合，而这种情况只有到了新中国成立后，随着新生人民政权的逐步巩固，才得以根本改观。

（三）社会层面的初步协同探索

中国传统的乡土社会是一个分散的自治社会，乡土社会主要依靠乡绅实行自我管理，国家通过乡绅完成部分管理。近代以来建立现代国家的使命要求对传统的乡土社会进行整合，将分散的农民组织起来，在这一过程中，中国共产党开展了卓有成效的工作。中国共产党主动将组织延伸至乡村，对农民进行组织和动员，学者徐勇称为"政党下乡"，在这一过程中，过去分散的、相对封闭的农民被组织起来，他们被纳入党的组织网络之中，通过政治动员，开始具有了政治意识，会聚在党的旗帜和目标之下，这样原来中国传统的乡绅社会，在党的组织动员之下，成了一个现代政党组织和领导的不再散乱的政治社会。[①] "政党下乡"所实现的乡绅社会向政治社会的转变，仍然保留了传统自治的一些特点，当然这种自治是现代民主融入的自治。所以，中国的乡村自治不是完全意义上的自治，它是中国共产党将现代民主政治运用于乡村社会治理的结果，在这一过程中，中国共产党也将党及其领导的政权与自治社会结合起来。这既是符合近代中国政治发展和社会发展逻辑的，也是建构现代国家、完成党的目标的需要。因此，中国共产党领导下的乡村自治包括现在的城市社区自治，都是具有中国特色的社会自治范畴。从这个意义上可以说，中国共产党在基层社会运用的协商民主、选举民主，都属于社会层面的协商民主、选举民主实践探索。

民主革命时期，苏维埃政权在乡村自治的初步探索中就开始运用选举民主与协商民主两种民主形式并推动两者协同。苏维埃政权初创之时并未对治村形成统一的制度。有些苏维埃区域将乡作为最基层的政权组织单位，有些苏维埃区域将村作为最基层的政权组织单位。将乡作为最基层政

---

① 徐勇. "政党下乡"：现代国家对乡土的整合 [J]. 学术月刊，2007 (8)：13.

权组织单位的苏维埃区域，乡苏维埃政权下有的设有村，有的没有设村。毛泽东调查了以后，提出应该将乡划分为若干村。毛泽东在《才溪乡调查》中指出苏维埃组织已经取得一个重要进步就是建立了村主任代表会议、代表与乡村居民建立了密切联系，"乡的中心在村，故村的组织与领导成为极应注意的问题"①，可以把乡划分为若干村，在村中，依靠选举产生的乡苏维埃代表，村的委员会，以及民众的各种团体，在村党组织的领导下，将村中百姓组织在苏维埃政权之中，推动苏维埃工作任务的落实，这是苏维埃政权超过历史上一切政治制度的最明显优势之所在。在苏维埃政权建设中，乡市级苏维埃的选举是最基础的也是最重要的，因为它是苏维埃政权组织的最基本单位、最基层组织，所以它也最能接近群众。苏维埃上级政权的政策、法令只有通过乡市苏维埃才能抵达民众，产生效果，一乡之中的各选举大会组织选民选举的代表组成乡苏维埃，"隶属于区的市苏维埃、直属于县的市苏维埃、直属于省的市苏维埃、中央直属市苏维埃，均由全市各个选举大会选出的代表组成。乡市苏维埃属于基层选举，由选民直接选出代表"②。乡市直接选举的代表，通过乡代表会议推选村主任和副主任一名，这些主任都是由各村代表中最有本事、最积极的人担任。村主任定期召开村代表会议。"村主任通常每十天召集全村代表开会一次（比如，某村有代表十五人，即召集此十五人开会），工作忙时可以五天开一次，检查各代表的工作，按照各屋子各人家的特点，讨论怎样完成乡代表会议交给村的任务，解决本村居民中间互相救济问题及小的争执问题。"③ 村代表实行联系群众制度，每位村代表少则联系三四十人，多则联系五六十人，村代表也定期召开自己联系群众的会议，讨论现阶段需要开展的工作。

---

① 毛泽东文集：1 [M]. 北京：人民出版社，1993：325.
② 谢一彪，朱腾云. 论中国苏维埃选举制度的特点 [J]. 赣南师范学院学报，2002（1）：44.
③ 毛泽东文集：1 [M]. 北京：人民出版社，1993：350-351.

全面抗战后，中国共产党领导之下的乡村选举与协商治理也较以前发生转变。以抗战时期的晋察冀边区来说，村民大会、村民代表会、村公所三者是村一级的行政组织，其中作为村一级最高权力机关的村民大会和村民代表会是二位一体的统一体，村民代表会在村民代表大会闭会期间行使其职权；而村公所是村民代表会下辖的执行机关。① 村民大会由具有选举权的一村之民组成，村民代表会由一村选民选举产生。村民代表会选举罢免其正副主席、村公所委员，讨论和决定村政事宜。一般情况下，村民大会半年召开一次，村民代表会议每月召开一次，村公所村务会议每周召开一次，当然也会根据情况召开临时会议。可以说，协商与选举协同治理在晋察冀边区村级层面得到了充分的展示。

二、新中国成立至改革开放前协商民主与选举民主的协同发展

（一）共产党党内的协同探索

新中国成立后，刚刚执政的中国共产党面临着严峻考验，此时人民解放战争并未完全结束，国民经济亟待恢复发展，以美国为首的西方国家对中国采取敌视政策。为了应对多种考验，就必须加强党的领导。实际上，在解放战争时期，为了动员和调动一切力量推翻国民党统治，中国共产党就明确要求加强各级党委领导。为了改善党委领导，毛泽东在党的七届二中全会上还总结了《党委会的工作方法》。在解放战争中，应对复杂的战争形势和巩固解放区政权的现实需要都使得党的代表大会甚至党的代表会议难以召开，所以加强和改善党委领导就成为迫切需要。不过，毛泽东也认识到这会造成党内民主不足的问题。他提出现在我们党内的民主仍然是不足的，所以要想办法增加，召开党代表大会制度和代表会议制度就是一

---

① 邓红，梁丽辉.“三位一体”：抗战时期晋察冀边区村政权的构成及职能［J］. 抗日战争研究，2011（3）：24-25.

个好办法。① 但在当时形势下，只是一些解放较早、具备条件的解放区召开了党的代表大会和代表会议。实际上，即便是在新中国成立一年后，党的各级代表大会和代表会议也未能全面召开。1950 年 12 月毛泽东还指出，为了避免分散注意力，当前只适宜召开各界人民代表会议，要大约等到1951 年或更迟一些的时候才能同时强调召开党的代表大会或代表会议这两类会议。②

1951 年，第一次全国组织工作会议召开，刘少奇在会上指出党员缺乏选举经验，需要更多锻炼，党内一般可每年进行一次选举。按着这次会议的精神，1951 年年底中共中央提出党政军系统的直属党委党代会要先开展起来，每年最少要有一次，但即便如此，由于当时的形势，后来党的代表会议和党的代表大会并没有广泛开展起来。进入 1953 年，新生人民政权得以巩固、国民经济全面恢复、各项建设开始逐步展开，这也为人民代表大会的召开提供了条件。1954 年，全国人民代表大会召开，由于这次大会是建立在全国范围内广泛的人大代表选举基础上召开的，所以这次大会成功召开也带动了党代会的召开。由于十年没有召开党的代表大会，因此毛泽东在 1955 年提出为了更好地实行同志间的相互监督，可以考虑一年开一次或两年开一次党的代表大会。③ 为响应毛泽东的提议，1954 年 8 月中共中央组织部专门就定期召开党内代表会议、代表大会向中共中央提交了工作报告，报告中提到，各级党委应重视定期召开党代表会议、党代表大会问题，过去我们在贯彻执行这一制度上存在明显不足，今后，党的各级组织务必遵照党章规定，定期召开会议，禁止为未按期开会编造各种借口。④ 这个工作报告后来获得批准。批准的报告中特别提到召开党的各级

---

① 毛泽东文集：5 [M]. 北京：人民出版社，1996：137.

② 建国以来毛泽东文稿：1 [M]. 北京：中央文献出版社，1987：714.

③ 毛泽东文集：6 [M]. 北京：人民出版社，1999：406.

④ 中共中央组织部，中共中央党史研究室，中央档案馆. 中国共产党组织史资料：9 [M]. 北京：中共党史出版社，2000：321.

代表会议、代表大会既是党内民主的重要内容，也是保障党内民主的根本制度，必须坚决落实。按照中央要求，党的各级代表大会展开，经过党内选举民主的锻炼，在 1956 年召开的中共八大上，党员的选举权利和选举能力得以良好展示。

1956 年 9 月中共八大召开。八大通过的《中国共产党章程》规定了党员参与党内事务自由讨论的权利及选举的权利，要求党的各级领导机关均由选举产生，代表和领导干部候选人的产生要提前经选举人协商酝酿，选举人的意志应在选举中得到真实体现。党的省级委员会全体会议每年至少开三次，县级委员会全体会议是每年至少开四次。前文提到中共八大还提出了党的代表大会常任制命题。中共八大召开后，全国省市县开始探索实行常任制。此后党内选举民主呈现良好发展势头，党的代表大会、代表会议广泛召开，党委会也按着党章的要求有序开展。但是，受种种原因影响，1958 年 5 月党的八大二次会议以后，党的代表大会常任制未能坚持下去。"文化大革命"期间，逐步发展起来的党内民主受到严重破坏。党的代表大会制度、党内选举制度也被严重扭曲。中共九大、中共十大都是在特殊历史时期各级地方党委尚未重新建立起来的非正常情况下召开的，中共九大代表不是选举产生的，而是由少数人"推选"的。在中共十大筹备过程中，各省的党代表大会被省委扩大会议所取代，这显然是不正常的。

（二）国家层面的协同探索

到 1949 年年底，全国大部分国土和人口得以解放。形势的好转也为召开地方各界人民代表会议创造了条件。在这种情况下，中央人民政府委员会出台了《各界人民代表会议组织通则》。《各界人民代表会议组织通则》规定各界人民代表会议的产生、组成、职能、任期、工作程序及活动规则等。《各界人民代表会议组织通则》为各地加快民主建政提供了法律保证，推动了各地建政工作的开展。到新中国成立一周年时，各界人民代表会议普遍建立和召开。新中国成立一周年后，1950 年 11 月中央人民政府政务院颁布了大城市区各界人民代表会议组织通则。同年 12 月政务院颁布了区、乡各界人民代表会议组织通则。同时，各级协商委员会的工作不断加强。这样，到了 1952 年，省、市、县三级人民代表会议全部召开，人民代表会议开始代行人民代表大会职权的也逐渐增多，在乡级层面，人民政府委员会基本实现由人民代表会议选举产生，在少数民族聚居区，各族各界人民代表会议大多数都已召开，各级的民族自治区建立，民族民主联合政府成立。省、市的协商委员会基本建立完毕，所有省的协商委员会行使人民政协省地方委员会的职权，部分市的协商委员会行使人民政协市地方委员会的职权。在县级层面，人民代表会议的常务委员会普遍建立。这样，人民代表会议制度在新中国大地上基本建立，它是新中国成立之初建立的符合当时形势、满足人民需要的人民行使权力的重要组织形式。[①]在这一过程中，广大人民群众得到了民主建政的锻炼和教育，接触并开始掌握了选举的一些基本技能。1953 年 2 月，人大选举法由中央人民政府制定实施，它标志着人大选举制度在中国正式确立。选举法确立了直接选举与间接选举、无记名投票和举手票决相结合的选举原则，从选民登记、代表名额分配、候选人确定、选举破坏行为的惩戒等多个方面对选举工作做出了规定。[②] 而后，随着各级人民代表大会的召开，政协结束了自己的代行使命，成为专门的统一战线性质的政治协商机关。

人民代表大会召开后，人大选举民主的地位得以根本确立。此后，一方面人大发挥着选举民主功能，人大代表由选举产生，选举产生的代表又选举国家机关领导人员，选举产生的代表和官员代表人民从事国家事务的管理；另一方面人大也发挥着协商民主功能，人大自身也围绕着职权范围内的事务进行协商讨论。所以，人大制度本身就存在选举与协商协同的

---

① 萧树祥. 论建国初期各界人民代表会议的历史作用 [J]. 中共党史研究, 1992 (1): 70-72.

② 尹中卿. 三十年来中国人大选举制度不断改进 [J]. 中国人大, 2008 (19): 24.

问题。

当然，相对于协商，人大更主要承担的是选举赋权职能。选举民主是人大的标志性民主形式。在 1954 年全国人民代表大会召开后，全国政协作为专门的政治协商机关而存在，人大选举民主与政协协商民主相互并存、协同发展的局面开始形成。此后，全国人大和全国政协会议几乎同时进行。1959 年 4 月，二届全国人大一次会议晚于三届全国政协一次会议一天召开。全国政协委员列席了全国人大会议。这是在中央层面，全国人大选举民主与全国政协协商民主协同发展的初步实践，政协政治协商在人大选举之前实施，体现了在国家重大决策之前进行提前协商的制度创新设计。不过，1960 年 3 月 29 日，全国政协三届二次会议又与二届全国人大二次会议同时进行。1964 年 12 月到 1965 年 1 月三届全国人大会议和四届全国政协会议召开，这次全国政协会议早于全国人大会议一天半开幕，全国政协委员继续列席全国人大会议。可以看出，在当时，政协会议先于人大会议之前召开并没有实现制度化，也没有形成惯例。不仅如此，在进入"文革"阶段以后，政协组织曾经停止了运行，本来在改革开放之前全国政协会议先于全国人大会议召开，所以政协的届数比人大要多一届，由于政协工作在"文革"期间遭遇破坏，导致"文革"期间全国政协会议有一届没有召开，这也使得改革开放后全国人大会议的届数和全国政协会议的届数实现了一致。"文革"期间的混乱造成人大代表的选举未能按着法律规定正常开展，但好在有了前期的积累，有了实践的经验和教训，这也为"文革"结束以后，人大会议、政协会议重新恢复并同步开展奠定了前期基础。所以可以说改革开放前的人大会议与政协会议的实践探索，"开始确立了独具中国特色又符合中国国情的人大选举民主与政协协商民主协同发展的民主新形式"①。

---

①　董树彬. 人大选举民主与政协协商民主的协同发展［J］. 理论探讨，2015（6）：33.

另外，人大建立后，政府由人大选举产生，在行使权力的过程中也会进行协商。这就从运行环节上保证了人大选举民主与政府协商民主的协同发展。中国人民政治协商会议第一次全体会议选举产生了中华人民共和国中央人民政府委员会。这时的中央人民政府与我们现在的中央人民政府是不一样的，其委员会不仅统辖行政、司法，而且统辖军事领导机关，既是国家的最高权力机关也是最高行政机关。政府委员会是中央人民政府的首脑机关，汇集最高立法、司法、行政三大权力于一身，是议行合一的政权机关，对外代表国家。① 按着 1954 年《中华人民共和国宪法》规定，中央人民政府的性质和职能较之前发生显著变化，一届全国人大会议召开之后产生的中央人民政府仅指最高行政机关即国务院，最高行政首脑为国务院总理，其取代原中央人民政府主席成为最高行政领导人，这一制度一直延续至今。国务院定期召集国务院全体会议和常务会议，同时也会根据需要临时召集、讨论国务工作。当然，除了常规的政府会议协商外，涉及重大问题，政府也会同相关的群众代表进行协商座谈。1956 年毛泽东在同工商界人士的谈话中指出，"我们政府的性格，你们也都摸熟了，是跟人民商量办事的，是跟工人、农民、资本家、民主党派商量办事的，可以叫它是个商量政府"②。

1957 年，反右派斗争扩大化，一些政协委员被错化为右派分子，政协工作受到了影响。"文化大革命"爆发导致政协全国委员会停止运行，绝大多数地方政协委员会也先后停止活动，人民政协工作陷于停顿。这也使得人大选举民主与政协协商民主协同发展的局面受到了极大的影响。

（三）社会层面的协同探索

新中国刚刚成立时，农会是村政的主要形式。"在 1949 年新中国成立

---

① 任中义. 新中国中央人民政府组织结构的人民性意蕴［J］. 毛泽东邓小平理论研究，2019（9）：47.

② 毛泽东文集：7［M］. 北京：人民出版社，1999：178.

后到 1954 年宪法颁布之前，农村政治管理方式先是用农会代替保甲组织，然后实行乡（行政村）体制，实行村人民代表会议制度，而且不管是乡还是行政村，其行政性负责人都是由乡或村人民代表（村民直接选举产生）选举。"① 农会是应土地改革运动需要而建立的。它主要是按着上级农会的指示，政府法令的要求，当地农民的意愿，制订当地农民运动工作计划和方案，选举产生农协委员会，审查委员会所做的工作报告。②

随着土改的完成，农会也完成了应有的使命，在此背景下，村人民代表会议召开，乡以下的农会组织也被村级政权所取代，原农会中骨干也都成为村干部。村人民代表会议围绕村内事务进行协商讨论。社会主义改造完成以后，为适应农村管理需要，人民公社兴起。人民公社建立后，其他组织形式消失，公社成为乡村唯一组织形式。人民公社是党政合一的体制，人民公社、大队、生产队的三级党组织是农村工作的领导力量，党组织职能无所不包，一般"在通过参加公社召开的各种会议接受了有关指示后，大队同样要通过'开会'向生产队或者直接向全体社员进行传达、贯彻，具体研究与部署如何落实。这样，开会、传达、贯彻、研究、部署、落实也就成为大队日常管理工作的主要方式"③。

新中国成立后，在城市，中国共产党领导基层群众废除了国民党统治时期反动的保甲制度，代之以城市街闾两级基层组织，即将"保"改为街，设置正副街长；"甲"改为闾，设置正副闾长。到 1950 年，又在全国范围内以居民组织代替"街""闾"，但没有统一名称。这一基层组织，在天津、常熟等，称为"居民小组"；在武汉，称为"治安保卫委员会"；

① 冯莉. 新中国基层选举六十年：变迁、特征与意义 [J]. 毛泽东邓小平理论研究，2009 (9)：34.

② 中央人民政府政务院秘书厅. 中央人民政府政务院政务会议文件汇辑：3 [G]. 1953：29.

③ 王立胜. 人民公社化运动与中国农村社会基础再造 [J]. 中共党史研究，2007 (3)：33.

在上海，又叫"冬防队"；有的地方直接命名为"居民委员会"这一颇似现代基层社会组织的名称。但它和现代的居委会存在一定差异，表现为：1950年成立的居民委员会领导干部是由上级公安机关指定人员担任的，其人员在编制上属于国家干部序列；其主导的各项与居民生活密切相关的社会活动也是在上级市政府统一管辖下有序开展的。① 这种居民组织是居委会的最初雏形。城市居委会的最早建立可以追溯至1949年12月杭州市上城区建立的"柳翠井巷居民委员会"。此后这一城市居民管理的体制试点在全国多处展开。1954年，一届全国人大四次会议通过的《城市居民委员会组织条例》明确居民委员会是群众自治性的居民组织，"居民委员会设委员七人至十七人，由居民小组各选委员一人组成；并且由委员互推主任一人、副主任一人至三人；其中须有一人管妇女工作。居民小组设组长一人，一般地应当由居民委员会委员兼任；在必要的时候，可以选举副组长一人至二人"。② 居民委员会开展工作，应充分发扬民主，尊重群众意愿，坚持民主集中制，不允许违背意志的强迫命令。但是，不久，人民公社化运动兴起，这种政社合一的城市人民公社在国家权力的介入以及党的强力推动下，很快取代了之前的城市居民委员会，至此具有自治色彩的城市居民委员会建设停摆。③

三、改革开放以来协商民主与选举民主的协同发展

（一）共产党党内的协同发展

改革开放以来，中国共产党十分重视保障党员的协商和选举权利。鉴于"文革"期间党内民主受到严重破坏，1980年，《党内政治生活准则》

---

① 陈辉，谢世诚. 建国初期城市居民委员会研究 [J]. 当代中国史研究，2002（4）：45.
② 城市街道办事处组织条例、城市居民委员会组织条例、人民调解委员会暂行组织通则、治安保卫委员会暂行组织条例 [M]. 北京：人民出版社，1979：4-5.
③ 陈辉，谢世诚. 建国初期城市居民委员会研究 [J]. 当代中国史研究，2002（4）：48.

（以下简称《准则》）规定党的各级委员会要定期改选，选举人意志应在选举中得到充分体现，采用不记名投票，并向选举人介绍候选人的大致情况。① 另外，为了防止党的民主集中制演化为集中制，《准则》明确要求健全党的各级委员会会议制度，党内重大问题必须集体讨论决定。集体讨论决定是为了防止个人专断，当然集体讨论做出决策，并不代表个人不承担责任，个人需要履行职责范围内的事项并承担相应的责任，这也就是集体领导、个人分工负责的制度，"党委会讨论重大问题，要让大家畅所欲言，各抒己见"②。不仅党委会上，委员们可以畅所欲言，《准则》还特别强调，在党内要允许党员发表不同意见，参与党内问题的充分讨论，做到党员的观点和主张能够得到尽情表达。③《准则》还明确提出各级党组织必须切实保障党员的各项权利。1982 年，中共十二大通过的《中国共产党章程》规定党的各级领导机关都由选举产生，当然对它们的派出机关以及在非党组织中建立的党组不做要求。

此后，为更好地保障党员民主选举和协商的权利，推动党内民主选举和协商的发展。中国共产党制定了一系列党内法规。1990 年 6 月，《中国共产党基层组织选举工作暂行条例》规定：参加党员代表大会代表的名额，按着谁召集谁确定原则，即召集代表大会的党组织按着有助于党内问题的讨论和决定，按着有助于党员参与党内事务的原则，进行确定，之后报上级党组织批准。召开党员大会进行选举的，主持者是上届党委会，没有设立委员会的党支部开展的选举，主持者是上届党支部书记。召开党员代表大会开展选举的，主持者是大会主席团。主席团成员从代表中提名，

---

① 中共中央办公厅法规室，中共中央纪委法规室，中共中央组织部办公厅. 中国共产党党内法规选编：1978—1996［M］. 北京：法律出版社，2009：37.

② 中共中央办公厅法规室，中共中央纪委法规室，中共中央组织部办公厅. 中国共产党党内法规选编：1978—1996［M］. 北京：法律出版社，2009：32.

③ 中共中央办公厅法规室，中共中央纪委法规室，中共中央组织部办公厅. 中国共产党党内法规选编：1978—1996［M］. 北京：法律出版社，2009：35.

提名者是上届党委，或者各代表团，"经全体代表酝酿讨论，提交代表大会预备会议表决通过"①。1994 年 1 月，《中国共产党地方组织选举工作条例》规定，党的地方代表大会代表的候选人必须具备一定的协商议事能力，其具体的名额也是遵循谁召集谁确定原则，召集党代会的党委会，根据便于党内问题的讨论解决、代表具有代表性的原则确定具体代表名额，选举单位在分配到具体名额后，"采用自下而上的方式提名，经过充分酝酿协商，根据多数党组织或多数党员的意见提出代表候选人初步人选"②。无论是 2015 年《中国共产党纪律处分条例》还是 2018 年修订后的《中国共产党纪律处分条例》都明确将侵犯党员基本权利的行为，以及违背党章党规规定的不当选举、不当协商行为纳入党纪处分范围，比如，2018 年中共中央印发的《中国共产党纪律处分条例》提及"违反议事规则，个人或者少数人决定重大问题的"；在党内选举以及前期的考察、测评工作中存在非组织活动；诱骗、怂恿他人投票的；等等，这些行为都应受到党纪处分。中共中央制定和修订的巡视工作条例也都把领导班子及其成员执行民主集中制的情况、民主作风纳入巡视工作范围。2016 年 10 月中共十八届六中全会通过的《中国共产党党内监督条例》也要求坚持民主集中制，严肃党内政治生活，不仅如此，中国共产党还将领导干部的民主作风纳入干部选拔任用考核工作。2017 年中共中央印发的《中国共产党党务公开条例（试行）》要求坚持发扬民主，落实党员知情权、参与权、选举权等权利，更好调动全党积极性、主动性、创造性，党务工作"除涉及党和国家秘密不得公开或者依照有关规定不宜公开的事项外，一般应当公开"③。《选拔任用条例》要求领导干部选拔任用的条件之一就包括坚持和维护党的民主集中制，有民主作风，并明确要求地方领导班子换届经过民主推荐、民主

---

① 国家行政学院政治学部. 中国共产党党内重要法规：2016［M］. 北京：人民出版社，2016：247-250.
② 中国共产党地方组织选举工作条例［J］. 党的建设，1994（5）：4.
③ 中国共产党党务公开条例（试行）［J］. 社会主义论坛，2018（1）：5.

协商环节，其中反复提到协商酝酿成为必不可少的环节。2019 年修订的
《中国共产党问责条例》也将不遵守、执行议事决策规则纳入问责范围。

　　改革开放以来中国共产党大力推动党内选举民主发展。党的十二大以
来，党内选举基本实现常态化、制度化。从党的十二大以来，党的全国代
表大会一直是五年一次，地方党代会也是五年一次，基层党代会、党员大
会三年或五年一次。在几年一次的党代表选举中，党员行使民主权利。党
内直选范围越来越宽，差额选举的比例和层级越来越高。1980 年，《党内
政治生活准则》要求党内选举的候选人应该超过应选人的人数，实施差额
选举，或者先实行预选，在预选中通过差额选举产生候选人，之后再开展
正式选举。[①] 1987 年党的十三大明确要求改进党内选举，制定差额选举的
实施办法，并提高差额选举的范围和层级，各级党代会代表，基层党委委
员，各级地方党委委员、常委会委员，中央委员率先实施差额选举。[②] 党
的十三大不仅做出了差额选举的要求，而且这次会议选举直接按着要求展
开，十三届中央委员会委员、候补委员以及中央纪律检查委员会委员都采
用差额选举的方式产生。此后，党内差额选举稳步推进。中共十六届四中
全会进一步提出扩大差额选举的范围和比例，紧接着，随着基层直选的探
索实践，党的十七大提出了扩大基层领导班子直选范围的要求，党的十八
大又提出"完善党内选举制度，规范差额提名、差额选举，形成充分体现
选举人意志的程序和环境"[③]。

　　不仅在党内，改革开放后，在基层自治领域，党也在领导支持相应的
直接选举工作。改革开放之初，各地村委会在组建过程中探索采用直接选
举的办法选举产生村委会。随着这一民主实践探索的推进，也带来了新的

---

①　关于党内政治生活的若干准则 [M]. 北京：人民出版社，1980：18.

②　中共中央文献研究室. 十三大以来重要文献选编：上 [M]. 北京：人民出版社，1991：
51.

③　中共中央文献研究室. 十八大以来重要文献选编：上 [M]. 北京：中央文献出版社，
2014：40.

问题，由于村委会是由直接选举产生的，但村党支部成员和负责人主要是由乡镇党委任命的，这就造成了村党组织遭遇了权威性问题，也加剧了村民委员会和村党支部委员会的矛盾。在此形势下，"两票制"应运而生。

"两票制"发源于山西省河曲县。其主要精神是：在村里，每个家庭出代表一名，参加全村会议，这些代表的重要工作主要是进行支部书记人选推荐，推荐之后，程序进入党内环节，党员根据村民推荐的人选确定正式候选人，并经过党员大会的选举，产生支部书记。这样在候选人产生环节既增加了民意基础，同时也保证了党员大会对支部书记的直选。此后这一探索实践在全国多地得以开展。"两票制"的实践推动了更高层级的直选需求。20世纪90年代末四川省出现了以"公推直选"方式选举乡党委领导班子的探索。紧接着，国内出现了基层竞争性选举探索试验的小高潮，山西、重庆等省市陆续进行了乡镇党委"公推直选"的试点。"公推直选"是党内选举制度改革探索的一种尝试，它有别于过去传统的党内选举方法，也迥异于直选制度。其完整的程序比较烦琐复杂，包含着：选举前的选举动员、选举宣传，参与者的公开报名，审查单位对报名者的资格审查，对审查通过者的民主评议，深入报名者工作实地的调研跟踪，在考察合格后确定候选人，候选人进行答辩演讲，通过者接受组织考察、上级党组织审查，之后实施党内选举等环节。这些环节，总体来看，包括了推荐、把关、选举三个关键环节，"在选举机制、参与主体和民主形式上，它都带有较为明显的组合式特征"①。

党内"公推直选"的实践具有其积极意义。比如，它有助于提升党选人用人的开放度和公信度，提升现行选举制度的竞争性和民主化程度。但是，党内"公推直选"实践也存在一些问题。比如，"公推直选"对更高层级的直选提出了要求，而这对于当前中国来讲是不现实的；"公推直选"

---

① 陈家喜，桑玉成. 组合式选举：党内公推直选的模式选择与体制约束［J］. 江苏行政学院学报，2012（4）：87.

实践的结果也对基层政权的权力形成了很大限制，这种限制具有正面意义，但它也导致基层政权软弱无力，执政效能衰减，实际上最终影响了老百姓的利益；竞争性选举造成党内的不团结，也会导致在竞选中一些社会问题被放大从而不利于社会和谐稳定；竞选也使得一些不善于言辞但善于做实事的老实人吃亏；此外，"公推直选"也涉及干部人事制度改革和相关法律修改。所以，党的十八大之后，新一届中央领导集体提出了破除选人用人"唯票论"，在这一背景下，党内"公推直选"也由热转冷。

改革开放后，中国共产党在推动党内选举民主发展的过程中，也在推动党内协商民主发展。中国共产党推动党的各种会议协商制度不断建立完善。比如，《中国共产党地方委员会工作条例（试行）》从全委会、常委会、书记办公会、重大问题决策四个方面对中国共产党地方委员会的议事和决策做出了较为详细的规定。2016 年，中共中央印发新修订的《中国共产党地方委员会工作条例》对中共地方党委议事和决策做了进一步完善。2019 年，中共中央修订后的《中国共产党党组工作条例》对党组会议的议事规则进行了较为详细的规定。2010 年，《中国共产党党和国家机关基层组织工作条例》对党和国家机关的基层组织开展民主选举、实施民主协商做了相应规定。2018 年，中共中央印发的《中国共产党支部工作条例（试行）》对党支部选举和协商做出了明确规定。中国共产党的各级地方组织也制定了多种党内议事规则。比如，党的十八大以来，《中共安徽省委常委会议事规则（试行）》《中共上海市委常委会议事决策规则》《中共扬州市委常委会议事决策规则》等地方党委常委会议事规则制定，一些地方党委也制定了党委会议事规则。实际上，在党内"公推直选"探索中，各探索地区也在尝试将协商融入选举之中，为了确保党内选举提名的科学、合理，反复酝酿、讨论协商的协商民主手段被广泛地应用到公推直选的各个环节中。在充分地、全面地了解后做出的党内决策能尽可能地保证决策的科学性和完善性，而且充分的协商能够促成各级党组织、党员干部、群众之间有效的沟通、理解，"从而为建立、参与持续性合作提供坚强的信任基础"①。

1980年，《党内政治生活准则》规定"选举要充分发扬民主，真正体现选举人的意志，候选人名单要由党员或代表通过充分酝酿讨论提出"②。这一规定明确将党内选举前候选人名单的协商酝酿写入党内法规。中共十二大通过的党章又规定党代表大会代表、党的各级委员会的选举产生必须体现选举人意志，"选举采用无记名投票的方式。候选人名单要由党组织和选举人充分酝酿讨论"③。这一规定的落实使得对候选人名单进行事先的协商酝酿成为党内选举工作实施必须经历的环节。

现在中国共产党党内协商民主与选举民主已实现相互连接、紧密联系、共同发展。这主要体现在以下几点。

1. 党代表选举前协商

就党的全国代表大会代表选举而言，在每次全国党代会召开之前，中共中央会对下次党代会的代表产生办法提出明确方案。以中共十九大代表产生来说，2017年10月中共十九大召开，2016年11月党代表选举工作就已开始。为了推动这项工作，中共中央就此次代表大会代表选举工作专门下发了通知，通知对代表人数、比例、构成和选举办法等提出具体方案。在代表名额的数量、比例、人员构成分解到选举单位后，一般来说，选举单位实施的推荐提名工作要经过"三上三下"程序："一上"，基层党组织在本组织有选举权的正式党员中进行意见摸底，根据大多数人的意见推选出候选人名单上报基层党委；"一下"，基层党委对下辖的所有基层党组织上报名单汇总后，按候选人资质、推荐比例等进行初筛，并将初筛后的

---

① 宋坚刚，赵宬斐. 党内"选举民主"与"协商民主"：双向逻辑演进及其兼容性分析[J]. 石河子大学学报（哲学社会科学版），2014（6）：44.

② 中共中央办公厅法规室，中共中央纪委法规室，中共中央组织部办公厅. 中国共产党内法规选编：1978—1996 [M]. 北京：法律出版社，2009：37.

③ 中国共产党第十二次全国代表大会文件汇编 [M]. 北京：人民出版社，1982：105.

名单下达到基层党组织进行意见征询；"二上"，基层党委将征询后的名单上报县（市）委；"二下"，县（市）委根据辖区内多数基层党委的意见进行第二次筛选，并将筛选后的名单下达各个基层党委进行意见征询；"三上"，县（市）委将征询后的候选人名单上报市（地）委；"三下"，市（地）委汇总名单后根据多数县（市）委的意见进行第三次筛选，并将筛选名单下达县（市）委征询意见；最后一轮征询得出的名单由市（地）委上报选举单位党委。① 省、自治区、直辖市召开全委会确定代表候选人预备人选，会议召开前，通报民主党派、工商联和无党派人士并听取意见。所以可以看出，"三上三下"的程序安排使得协商民主在基层和地方党组织开展起来，并使党内的上下协商得以实现，也使党际协商得以开展。之后，选举单位党委根据"三下"后的名单召开本级党代会进行最终的选举。在选举实际操作过程中，预选候选人一般采用差额办法，正式选举时一般采用等额选举办法。当然也可以不经预选这一环节，直接在正式选举中采用差额选举法，按得票率得出最终人选。② 选举结果按规定时间报中共中央，在全国代表大会召开之前，由中共十九大代表资格审查委员会对代表进行资格审查。

2. 党的各级委员会委员选举产生前的协商

党的各级委员会是由各级代表大会选举产生的领导机构。各级委员会委员的产生需要进行相应的提名、推荐和考察，这其中包含着反复的协商沟通。以中共中央委员的产生来讲，一般而言，在党的全国代表大会召开之前，中共中央会成立专门的领导机构，这一机构主要在中央政治局常委会领导下进行中央委员会委员人选的推荐、提名和考察工作。在选派考察组赴各地、各部门进行人选考察以后，考察组专门在中共中央政治局常委

---

① 徐嘉. 中国共产党全国代表大会全纪录 新世纪召开的首次党代会——中共十六大[J]. 党史纵览，2011（11）：5-6.

② 吴辉. 党的十九大代表是如何产生的 [J]. 前线，2017（10）：36.

会会议上汇报，经此确定候选人预备人选建议名单，再经政治局审议通过，形成建议名单，交由全国代表大会主席团进行审议，大会主席团审议通过后，提交全体代表讨论酝酿，此后主席团会议通过预选产生委员候选人名单，候选人名单交由党的全国代表大会正式选举决定，通过后组成新一届中央委员会。

3. 党的主要干部选举前的协商

中共中央政治局及其常委会是由新一届中央委员会的第一次全体会议选举产生的。中共中央政治局及其常委会成员选举产生之前也经历了不断的酝酿讨论。这其中包括中共中央召开专门的领导干部会议、党中央委员会会议、中共中央政治局以及政治局常委会会议等。

在地方，党的各级委员会常委会委员、书记、副书记在选举产生前，也都要经历一番协商沟通。一般是党委常委会提出候选人预备人选，报上级党组织审批，之后是新一届党委会首次全体会议选举常委会委员、书记、副书记。按着党内相关法规的规定，常委会委员、书记、副书记预备人选应在听取各方面意见、充分协商酝酿的基础上再由党委常委会集体讨论确定。

4. 选举后协商

在党代会代表和领导干部选举产生以后，他们在行使权力的过程中经常就职责范围内的事务展开协商讨论。会议成为党内协商的基本形式。这些形式主要有如下五点内容。

（1）党的代表大会

党的代表大会存在全国、地方和基层几个层级。党的全国、地方和基层代表大会一般都是五年一次。会议讨论决定职责范围内的党内重要事务，并按着规定实施选举。在两次代表大会期间，根据工作需要，党章规定党的委员会也可领导和召集党的代表会议，"党的中央和地方各级委员会在必要时召集代表会议，讨论和决定需要及时解决的重大问题"①。其代表的具体数量和产生的办法是按着谁召集谁确定的原则实施的。党的全国代表会议的职权包括讨论和决定党内重大问题。不过，党章对于地方党的代表会议的职权没有进行明确说明，"原则上可参照执行党的全国代表会议的职权，主要包括：讨论和决定需要及时解决的重大问题；选举出席上级党代表大会的代表等"②。

（2）党的委员会会议

各级委员会定期或根据任务需要不定期地召开会议，讨论党章党规规定的职责范围内事务。按着党章规定，在中央层面，党委会全体会议每年至少召开一次，由中央政治局召集；在地方层面每年至少召开两次，由常委会召集。党委委员的重要权利主要表现为对重要事项参与讨论、表达观点的权利以及进行表决决策的权利。

（3）党委常委会会议

前文已经提到，党的常委会在党的委员会全体会议闭幕期间行使委员会的职权。《中国共产党地方委员会工作条例》规定常委会会议每月要召开两次，遇到重要问题可按规定临时召开。中共中央政治局常委会会议从现在召开的情况看，一般是一个月一次，偶尔一个月两次。党委常委会议讨论决定党章党规赋予的职责事项。

（4）党支部会议

党支部党员大会一般一季度召开一次，党支部委员会会议一般一个月一次，当然根据需要也可随时召集。党支部党员大会、党支部委员会会议讨论决定党规规定的职责事项。党支部中的党小组也会召开党小组会议。党小组会议是指由党小组全体党员参加的会议。

---

① 中国共产党章程［N］. 人民日报，2017-10-29（1）.
② 党的代表大会制度和党的代表会议制度［J］. 党建研究，2012（1）：39.

（5）党群议事会

为了更好地推动党组织做出科学民主决策，促进群众参与，密切党群关系，解决治理难题，提升治理效能，现在一些基层党组织坚持走群众路线，开展了形式多样的党群议事会探索实践。这种议事会是在基层党组织领导下，由中共党员、普通群众广泛参与的民主议事会，一般形式多样，经常开展，比如，乡镇党群议事会，乡村党群议事会，城乡社区党群议事会，等等。以城市社区党群议事会来说，在城市社区党组织领导下的城市社区党群议事会这一群众性议事组织采用收集民情民意、民主协商、民主监督的主要活动方式，就城市社区内的各种重大问题以及涉及社区居民切身利益的相关事务进行讨论，并付诸实践。由于它是由党员代表、群众代表以及单位代表构成的，在协商讨论及其之后的实践过程中，能更有效地调动群众的积极性，较为全面地综合多方意见并且能够通过多方共促共建的形式快速、有效地解决本区域的地区性、群众性、公益性、社会性的公共事务，因此它具有很强的实效性和时效性，能更好地发挥并增强党的强大凝聚力。[①]

（二）国家层面的协同发展

1978 年 2 月，全国政协五届一次会议先于五届全国人大一次会议两天开幕。大家现在所熟知的中国"两会"正式形成。此后政协会议一般先于人大会议 1~2 天举行，全国政协委员均列席全国人大会议，这主要是为了保证政协履行职能。在我国，人大是权力机关，要做决策，政协是协商机关，具有政治协商的职能。人大和政协同时召开，政协稍先于人大召开，充分体现了政治协商纳入决策程序；在决策前展开协商，充分听取各界意见，充分体现了政协作为专门协商机构的作用。这样，人大选举民主与政协协商民主在国家层面实现了衔接和互动。

---

① 李晓彬，汪金龙. 城市社区党群议事会的困境与对策：以上海市 L 社区为例 [J]. 党政论坛，2016（11）：44.

"文化大革命"时期，各级人民代表大会长期处于瘫痪半瘫痪状态。1975年1月，十届全国人大一次会议召开，但其代表并不是由选举产生，而主要是由协商讨论产生的。1979年五届全国人大二次会议通过了选举法、地方人大和政府组织法，与此前的组织法和选举法相比，此次组织法和选举法有了重大的发展。相对于1953年选举法，1979年选举法有了较大修改，主要地说：一是扩大了直选范围，直选的范围扩展至县一级，明确县一级的人大代表由直接选举产生；二是推行人大代表差额选举，改变以前人大代表等额选举的规定；三是推行复合选区划分法，划分要依据单位和居住状况进行划分，而不是之前简单地按居住地进行划分；四是扩大选民及其代表的候选人提名权利，规定选民及其代表三人以上即可联名提出候选人；五是扩大普选权的范围，对于原来划入"地主反坏右"分子的在法律中不再进行单列；六是不再使用举手表决而是采用不记名投票方式进行投票；七是规定推荐候选人的组织和个人需向选举委员会进行候选人情况介绍；八是下放地方人大名额决定权，规定省人大常委会可决定地方人大代表名额；九是提出实行上下互动结合、充分发扬民主的候选人酝酿办法；等等。

1981年中国人民解放军选举法制定实施，这也是新中国首部军队选举法。这样，军队选举法加上1979年制定的选举法、组织法，三部法律是改革开放之初人民代表大会选举制度的基本制度保证。1979年《选举法》《地方组织法》出台时，由于"文化大革命"的影响，全国基层选举中断了十数年，县级直接选举又是一项新工作，面对各种困难，在党中央、全国人大常委会、国务院、全国县级直接选举领导办公室的领导下，在各级党委、各地选举委员会、广大干部群众的努力和配合下，新中国第一次县级直选和县级以上各级人大代表、政府机关选举顺利完成。

1982年五届全国人大五次会议对选举法进行第一次修改。经过修改完善，推动实施，在选举中又发现了一些问题，为纠正选举制度实施中发现的一些问题，1986年六届全国人大常委会对选举法和全国及地方人大组织法进行了修改。"两法"修改以后，正值人大换届选举，所以中共中央决定加强对选举工作的领导，以选举工作的推进深化政治体制改革。为了加强对选举工作的指导、保障选举制度的顺利落实以及解决选举工作中存在的问题，中共中央、中共中央办公厅下发、转发了关于做好选举工作的通知。1987年，党的十三大把政治体制改革提上议事议程，指出近些年来中国的选举民主不断推进，选举的民主程度日益增强，然而，其制度尚不健全，已经制定的制度也没能得到认真全面地执行，所以，"今后应当更充分地尊重选举人的意志，保证选举人有选择的余地。要继续依法坚持差额选举制度，改进候选人的提名方式，完善候选人的介绍办法"①。为了推动选举工作，全国人大常委会也发布和制定了多个决定、决议和法律，对选举时间、代表名额以及选举中的一些具体问题做出规定。

从1986年下半年至1988年6月，全国范围内的五级人大换届选举工作顺利完成。在这个过程中，不仅人民的民主选举权利得到了保障、民众的民主意识和能力得到大幅提升，而且选举制度和程序随着选举经验的积累与问题的解决得到了不断完善。截至1995年，中国又分别于1990年前后和1993年前后进行了两次县乡人大同步换届选举工作，1993年前后进行了第八届全国人民代表大会的代表选举工作。1990年1月，中共中央《关于地方党委向地方国家机关推荐领导干部的若干规定》对于地方党委向地方国家机关推荐干部的程序、原则、领导、工作要求等做出了规定。1992年4月，新中国首部全国和地方各级人民代表大会代表法制定，代表法中的许多条款规定与选举制度直接相关。这次会议还通过《关于第八届全国人民代表大会代表名额和选举问题的决定》。1992年7月七届全国人大常委会通过的《关于县、乡两级人民代表大会代表选举时间的决定》规

---

① 中共中央文献研究室. 十三大以来重要文献选编：上［M］. 北京：人民出版社，1991：45.

定县、乡两级人民代表大会代表应在 1993 年底以前进行换届选举。1992 年 9 月，中共中央发布《关于做好地方各级人大换届工作的通知》，对于换届选举的意义、指导思想、需要注意的问题以及工作重点进行了系统阐述。1992 年之后，伴随着第八届全国人民代表大会代表选举以及第五次县乡人民代表大会代表直接选举的进行，中国选举制度进一步向前发展。

1995 年选举法再次进行了修改，这也是第三次修改。其中比较大的几处修改如下。一是缩小农村代表和城市代表每位代表所代表的人口数的比例，"将省级人大代表和全国人大代表的选举，由原先的农村与城市每一代表所代表的人口数五比一、八比一，一律改为四比一，以缩小城乡差别，进一步体现权利的平等原则"①。这一比例在 2010 年选举法修改时最终调整为一比一，从而最终实现了工农代表所代人口比例相同。二是规定各级人大代表中应当逐步提高妇女代表的比例。三是规定间接选举时，候选人的协商酝酿应该给予至少两天以上的时间，提出候选人人数超出了法定的最高限额，在全体代表协商酝酿的基础上要进行预选。四是规定直接选举时，使选民能够对代表候选人进行充分提名、协商酝酿，适当缩短代表候选人名单公布的时间等。

2004 年 10 月选举法再次进行了修改，这是第四次修改。修改内容包括选举委员会可以安排代表候选人同选民见面，接受选民的提问；经选民小组讨论后仍难就候选人人选形成共识的，进行预选。

从 1979 年到 2018 年，二十年间，中国进行了十多次人大代表直接选举，八次人大代表间接选举。实践证明，人大选举制度的不断改进和完善，"促进了社会主义民主的发展，扩大了各级人大代表产生的民主基础，增强了人民群众当家作主的积极性，显示了巨大的历史功效"②。伴随人大选举制度的不断发展，人大协商也在不断推进。人大是国家层面实施选举

---

① 尹中卿. 三十年来中国人大选举制度不断改进 [J]. 中国人大，2008（19）：26.
② 尹中卿. 三十年来中国人大选举制度不断改进 [J]. 中国人大，2008（19）：27.

民主的重要国家机关，但并不代表选举民主就是其民主的唯一表现形式。正如有学者指出，人大协商民主是人大选举民主的一个重要补充，它也在不断发展完善之中，我们不能因为人大协商民主没有专门的相关法律就认为其不存在，人大协商民主与选举民主的关系可以争论，但不能否认人大协商民主的存在。①

人大协商也是人大民主的重要形式。经过不断探索实践，人大协商形成了多种实现方式。人大协商"具体是指在人大代表选举以及人大行使立法权、决定权、人事任免权、监督权等工作中引入和运用协商民主的机制。……人大协商主要包括但并不限于立法协商，除了立法工作中的协商之外，还应包括人大代表选举及其汇通民意过程中的协商以及人大重大决策和监督、人大人事任免活动中的协商等"②。人大代表选举协商是指在人大代表候选人产生过程中有一个协商、讨论的环节。人大行使立法权的协商指的是人大立法协商；人大行使决定权的协商指的是人大讨论决定重大事项工作中的协商；人大行使监督权的协商指的是人大在监督议题确定、监督方式运用以及重要监督事项推进实施中的协商；人大行使人事任免权中的协商指的是人大选举任免工作中的协商。

在人大选举制度不断健全发展的同时，政协协商民主制度也在不断发展完善。1988 年 6 月，《政协全国委员会常务委员会工作规则》规定了政协全国委员会常务委员会的职权、形式等。《中国人民政治协商会议第七届全国委员会专门委员会组织通则》对专门委员会、组织、工作制度、办事机构进行了明确。1989 年 1 月，《政协全国委员会关于政治协商、民主监督的暂行规定》出台，经过几年实践完善，1995 年 1 月，《政协全国委员会关于政治协商、民主监督、参政议政的规定》正式制定，《政协全国委员会关于政治协商、民主监督的暂行规定》和《政协全国委员会关于政

---

① 肖永明. 协商民主：人大不应"缺席"[J]. 人大研究，2015（3）：1.
② 李蕊. 人大协商：内涵、理论与要素[J]. 经济社会体制比较，2018（4）：60.

治协商、民主监督、参政议政的规定》特别是《政协全国委员会关于政治协商、民主监督、参政议政的规定》对于政协政治协商的目的、主要内容、主要形式等做出了规定。1989 年中共中央专门制定出台了《中共中央关于坚持和完善中国共产党领导的多党合作和政治协商制度的意见》（以下简称《1989 意见》），颁布后，在此基础上，经过多年实践，2005 年中共中央又根据新形势出台了《关于进一步加强中国共产党领导的多党合作和政治协商制度建设的意见》（以下简称《2005 意见》）。

2005 年中共中央又根据新形势出台了《关于进一步加强中国共产党领导的多党合作和政治协商制度建设的意见》（以下简称《2005 意见》）就政协协商民主进行了重要论述，之后中共中央办公厅印发的《关于加强人民政协协商民主建设的实施意见》对加强政协协商民主建设进行了专门论述。2018 年 1 月《中国人民政治协商会议全国委员会提案办理协商办法》《中国人民政治协商会议全国委员会重点提案遴选与督办办法》《中国人民政治协商会议全国委员会提案工作条例》《中国人民政治协商会议全国委员会双周协商座谈会工作规则》《政协全国委员会专题协商会工作办法》制定。2019 年 9 月《全国政协关于进一步提高协商议政质量的意见（试行）》《全国政协协商议政质量评价工作办法（试行）》制定，2019 年 3 月《中国人民政治协商会议全国委员会专门委员会通则》《中国人民政治协商会议全国委员会反映社情民意信息工作条例》《全国政协加强和改进调研工作实施办法》《中国人民政治协商会议全国委员会委员履职工作规则》《中国人民政治协商会议全国委员会秘书长会议工作规则》《中国人民政治协商会议全国委员会主席会议工作规则》《中国人民政治协商会议全国委员会常务委员会工作规则》《中国人民政治协商会议全国委员会全体会议工作规则》制定。除此之外，2019 年中共中央制定出台了《关于坚持和完善中国特色社会主义制度推进国家治理体系和治理能力现代化若干重大问题的决定》（以下简称《2019 决定》）等也都对推动人民政协协商民主建设、发挥人民政协专门协商机构作用做了明确规定。

而在人民代表大会选举产生政府领导人员之后，政府领导人员在行使行政权力的过程中也会展开协商，一般我们称为"政府协商"。对于政府协商，有人认为应从狭义和广义两个层面去理解，"广义上的政府协商，是指由执政党和政府发起、组织、参与的协商民主活动。对社会参与主体来说，主要是由国家权力机构主导的协商。狭义上的政府协商，仅指由政府作为主体，为推进科学民主依法决策而发起、组织、参与的协商民主活动。对社会参与主体来说，主要是由中央政府与地方各级政府及其组成部门主导的协商"①。有人认为，政府协商应该包括两个范畴，即对外协商和对内协商，政府对外协商是政府同市场主体、社会民众的对话协商，"政府协商不仅对外，还包括政府内部的协商。政府内部协商是指政府横向部门间以及政府不同层级间在决策前和决策中的协商。……政府内部协商的主要内容既包括复杂的、需要多个政府部门协同合作解决的社会问题，也包括政府层级间、横向部门间就权责清单和事权与支出责任等需要协商完成的政府事务"②。也有人同样认为，政府协商应从狭义和广义两个方面进行理解，但其所理解的狭义和广义有所不同，认为：狭义上讲，政府协商指的是政府及其相关部门与社会公众和行政相对人的协商；广义上讲，政府协商指的是府际之间、政府的不同部门之间、政府同有关部门的行政相对人之间以及政府上下级之间展开的协商。③ 通过上述不同理解，可以大致看出，政府协商既包括政府内部协商，即政府之间（包括上下级、不同地区政府）、政府部门之间以及政府和政府部门自身就职责范围内的事务展开协商，也包括政府外部协商即与社会公众和市场主体等的协商。改革开放之前，政府协商主要是指政府内部协商。改革开放后，我国经济社会

---

① 张扬. 论我国社会主义协商民主体系中的政府协商 [J]. 浙江学刊, 2016 (3): 142.
② 宋雄伟. 政府协商的逻辑起点、基本内涵与完善路径 [J]. 江汉论坛, 2016 (6): 45.
③ 郭红军. 政府协商的基本内涵、现实障碍与优化路径 [J]. 中州学刊, 2020 (1): 1.

的多样化发展，人民民主权利意识的逐步增强，党推动民主发展的自觉，都要求政府加强外部对话，在这种情况下，政府外部协商对话逐步发展。比如，从 2005 年浙江温岭开始的参与式预算探索，此后这一探索逐步在全国多地开展起来。又如，1993 年深圳市最早推行的价格审查制度是我国听证制度的雏形。2000 年以来，听证制度逐渐拓展到行政决策的所有领域。2008 年，《国务院关于加强市县政府依法行政的决定》提出"推行重大行政决策听证制度"。《意见》明确提出："规范听证机制，听证会依法公开举行，及时公开相关信息。"①

总体来看，在国家层面，社会主义协商民主与选举民主已经成为相互连接、紧密联系、协同推进的民主形式。就当前来看，这主要体现在如下四方面。

1. 人大代表候选人提名协商

按照目前选举法规定，十名以上选民和代表可联名提出人大代表候选人，政党与人民团体可联合，当然也可单独提出人大代表候选人。在县级以下的人大代表直接选举中，在选举进入提名阶段，当初步代表候选人的数量在规定的差额幅度范围内即未超过应选人数的三分之一到一倍时，初步代表候选人经选区选民小组讨论协商全部列入正式代表候选人名单。如果初步代表候选人数量超过应选人数一倍，选举委员会一般根据三轮协商后的大多数意见，确定正式候选人，这其中包括选民小组、选民小组长、选民代表、选举委员会的参与讨论协商。

在间接选举中，本级人大代表十人以上联名可以提出上一级人大代表候选人，各政党、各人民团体均以书面形式向大会主席团提出代表候选人，人大主席团在汇总代表候选人名单之后，交由全体代表讨论，对于最后提出的候选人名额在法定差额比例范围之内的，直接进行投票决定，如

---

① 中共中央文献研究室. 十八大以来重要文献选编：中［M］. 北京：中央文献出版社，2016：299.

果提出的候选人名额超过了法定的差额比例范围规定，则要实施预选。

2. 人大代表的选举

在人大代表的直接选举中，选举是由选举委员会主持的，按照现在相关法律规定，选民需要凭证件领取选票，证件可以是身份证也可以是选民证。选举投票站点的设立要遵循尽可能方便大多数选民的原则，在选民较为集中的地方可以直接召开选举大会进行选举。对于一些虽然身在居住地但由于身体原因、交通原因难以亲赴现场参加投票的，可以设立流动的投票箱以供他（她）们投票。在人大代表的间接选举中，选举是由人大主席团主持的。间接选举采用的是无记名投票方式，为了保护选举权利，一般选举时有专门的秘密填票点以供隐蔽填写。

按照规定，如果有文盲者不会写字，当然现在这种情况极少出现，或者因病致无法写字，那么他（她）们可以委托他人代自己投票。如果选民在选举期间不在居住地，比如，外出务工，那么他（她）可以在经得选举委员会同意之后通过书面形式委托自己信赖的选民为其投票，当然法律对于选民代替他人投票的行为也设定了上限，即一位选民最多能代替三人投票，而且其代为投票要符合委托人的真实意愿。

参与投票者对于候选人的投票，有几种选择，可以赞成，也可以不赞成，可以放弃，也可以选择其他自认为合适的符合条件的选民。之所以会有这样的规定，正如前文提到，在中国选举权和被选举权都是一项权利，而不是一项义务，不是一项义务、只是一种权利也就意味着选民可以选择投票，也可以选择不投票，即便是投票也可以做出多种选择。被选举人也可以放弃被选的权利。当然，从国家政治运行、做合格公民的角度讲，还是提倡积极参与选举，投出负责任的一票。选举中，有人负责主持引导投票，投票者按照要求有序投票。

投票结束后，推选产生的负责监督、统计票数的人员和选举组织机构的工作人员对投票情况进行统计核对。按照要求，监票、计票人员应该实行回避原则。"在选民直接选举人民代表大会代表时，选区全体选民的过半数参加投票，选举有效。代表候选人获得参加投票的选民过半数的选票时，始得当选。县级以上的地方各级人民代表大会在选举上一级人民代表大会代表时，代表候选人获得全体代表过半数的选票时，始得当选。"① 可以看出，直接选举中代表候选人要成为正式人大代表，需要达到两个"过半"，即参加投票的选民数量至少要超过选区所有选民的百分之五十，这是第一个，第二个是需要得到参加投票选民的百分之五十以上的选票。间接选举中候选人成为代表只要满足一个"过半"即可，也就是获得下一级人大全体代表的百分之五十以上的赞成票。选举结果按照规定由相关选举组织机构给予公布，并经过代表资格委员会的审查，审查没有问题之后，公布正式名单，一般是在下一届人民代表大会首次会议召开前公布。

3. 人大的选举

选举人民代表大会代表的目的是将人民分散的权力集中统一起来从而更好地为人民群众谋利益。人民代表大会组成以后，人大代表要选举产生国家机关领导人员，赋予权力。它体现了自下而上的权力委任。在人民代表大会选举中，最早选出各部门的职务最高的领导，之后经最高领导提名，提请人大常委会任命副职，这样建立起了以最高领导为主导的领导班子，因此，这也决定了被选出者在领导班子中的地位、权责，做到了上下权力分明、左右权责有别。他们在工作中各履其职，各承其责。"下级对上级负责，副职对正职负责，最高首长对人大负责，并且分别接受他们的监督与检查。其作用机制是首长负责制领导制度。"②

4. 人大选举之后的协商

正如前文所述，人大不仅承担着选举赋权职能，它也会就职责范围内

---

① 中华人民共和国全国人民代表大会和地方各级人民代表大会选举法［N］. 人民日报，2016-01-26（12）.

② 韩光宇. 选举人大与人大选举［J］. 中共中央党校学报，2011（1）：49.

事务展开协商。这主要包括人大代表会议、人大常委会会议、人大常委会委员长或主任会议、人大专门委员会会议、人大常委会秘书长会议等形式。此外，为推动人民代表大会制度完善，目前人大也在探索公民旁听人大会议制度、人大立法听证等人大协商的创新民主形式。在人大授权产生政府领导人员之后，政府在行使权力时也会运用各种协商民主形式，这一点前文已经提及。此外，人大、政府、政协虽然职能、地位不同，但它们的工作内容也存在一些重合，所以有时人大与政协、政府与政协、人大与政府和政协之间有时也会有所协商。例如，《南京市政协开展立法协商工作的运作办法》规定，每年初，市政协根据年度立法计划，与市人大法制委、市政府法制办商议召开联席会议，确定年度立法协商计划和立法协商重点项目。① 有时根据工作需要，人大、政协互相邀请对方开展联合调研与视察，召开人大、政协相关负责人参加的联席会议，人大、政协各专委会之间根据对口合作的原则开展协商，这也是人大、政协联合工作的重要机制。

（三）社会层面的协同发展

改革开放后，家庭联产承包责任制改革使得人民公社管理体制趋于崩溃，原来农村的社队组织趋于涣散，而新的农村管理体制、管理组织尚未建立，迫于乡村治理的现实需要，广西的一些乡村创建了村民委员会以把农民组织起来②。尽管当时创建这一组织的目的比较简单就是解决农民生产生活当中存在的一些具体问题，但后来这一探索的影响是巨大和深远的，"这一新生事物一经产生就因其较强的适应性和创造性而很快在其他

---

① 徐继昌. 南京市政协全程参与立法协商 [N]. 人民政协报，2013-02-27（1）.
② 1980年宜州县屏南乡合寨村在当地党组织的领导下，冲破体制束缚，大胆创新，采取无记名投票和差额选举的办法，选举产生新中国第一个村民委员会，开创了中国基层民主先河。之后，村民委员会由合寨走向广西、走向全国。

农村地区蔓延开来"①。1982 年，中共中央《批转〈全国政法工作会议纪
要〉》要求各地有计划地实行村民委员会试点。1982 年宪法规定按着居
住地建立的村（居）民委员会是基层群众的自治组织，其成员、副主任和
主任是由居民选举产生的，村（居）民委员会下设各种委员会，负责处理
居住区内涉及公共利益的事务，同时也处理民间纠纷，做一些维护社会治
安的工作，向基层政府反映一些民众的意见和建议，其与基层政权的关系
由法律来规定。② 1983 年，中共中央、国务院决定在原人民公社实行政社
分开，并改原来乡人民公社为乡政府，并专门下发了通知，通知提出：
"村民委员会是基层群众性自治组织，应按村民居住状况设立。村民委员
会要积极办理本村的公共事务和公益事业。"③ 村委会的一项重要工作就是
协助乡政府把本村的生产建设和行政工作给搞好，各地在建立乡政府的过
程中，也可从当地实际出发创建村委会的工作简要规则，之后基于前期的
经验积累，出台一部通行于全国范围内的村委会组织条例。对于一些自然
村同时建立了经济组织的，只要当地群众愿意接受经济组织、村委会两个
机构、一套班子的形式，就应该允许这种探索。在党中央的高度重视下，
此后地方和基层各级党组织积极推动落实，村委会在中国得以全面建立。
经过 1983—1987 年两次村民委员会选举实践的经验积累，1987 年，《村民
委员会组织法（试行）》制定，村民委员会选举制度得以确立。

　　1979 年，五届全国人大常委员会通过《全国人民代表大会常务委员会
关于中华人民共和国建国以来制定的法律、法令效力问题的决议》。根据
这一决议，新中国成立后至改革开放前制定的城市自治的相关法律文件继

---

① 戴玉琴. 改革开放以来农村民主政治发展论析 [J]. 马克思主义与现实，2008（5）：
170.
② 全国人民代表大会常务委员会法制工作委员会. 中华人民共和国法律汇编：2004
[M]. 北京：人民出版社，2005：31.
③ 中共中央文献研究室，国务院发展研究中心. 新时期农业和农村工作重要文献选编
[M]. 北京：中央文献出版社，1992：222.

续有效。这就等于承认了新中国成立前的城市自治制度。如前文所述，1982 年，宪法对村（居）民委员会工作做出了相应的规定，规定居民委员会的主任、副主任和委员由居民选举产生，这为居民委员会选举制度建立奠定了根本法治保障。以 1954 年《居民委员会组织条例》和 1987 年《村民委员会组织法》为参考，1989 年《城市居民委员会组织法》由七届全国人大常委会十一次会议审议通过，这部法律的出台标志着城市居民委员会选举制度得以确立。

20 世纪 80 年代末，伴随改革开放的快速推进，我国社会利益加剧分化，社会矛盾不断增多，迫切需要改善社会管理。在这种情况下，党的十三大提出建立"社会协商对话制度"的命题。在这一命题提出之后，我国城乡在开展制度化的村民委员会选举、居民委员会选举的同时，也在进行协商对话实的探索，比如，1989 年下半年，随着《村委会组织法》的贯彻实施，村民议事会在乐河镇诞生。①

从 1988 年至 1997 年中国又进行了三次全国范围的村民委员会选举，经过这些实践，1998 年，九届全国人大常委会制定《村民委员会组织法》。2010 年、2018 年全国人民代表大会常务委员会又对此法进行了两次修订。该法对村委会选举以及村委会民主决策机制做出了明确规定。为了更好地推动和指导村委会选举工作，2013 年民政部印发了《村民委员会选举规程》。之后，各地又结合上述法律规章制定了当地具体的村委会选举实施办法。

1986 年后社区概念被引入城市管理之中。1991 年 5 月，民政部下发的《关于听取对"社区建设"思路的意见的通知》首次提出了社区建设的概念。之后社区建设一直在试点、探索、总结、改进之中。随着社区自治和社区居民委员会建设的普遍展开，《民政部〈关于在全国推进城市社区建

---

① 陈大雄. 民主的威力：乐河镇村民议事会纪实 [J]. 社会工作，1994（6）：41.

设的意见〉的通知》《关于加强和改进城市社区居民委员会建设工作的意见》等多部加强社区以及社区居委会建设的文件出台。2018年《城市居民委员会组织法》得到修订。为了更好地推动城市社区居委会的选举工作，各地结合现有法律制度文件规定，制定出台了专门选举工作指导性文件，比如，2013年浙江省民政厅出台《浙江省城市社区居民委员会选举规程（试行）》，2015年河南省民政厅出台《城市社区居民委员会换届选举指导规程（试行）》。

随着村民委员会、社区居民委员会选举的广泛实施，为了保障城乡基层群众广泛经常性的参与，推进和改善城乡治理，协商民主实践也逐渐在全国大地蔓延开来。比如，浙江温岭的"民主恳谈"，它起始于20世纪90年代末温岭基层乡镇"农业农村现代化建设论坛"等各类听证会、对话会、沟通会的实践，"民主恳谈"已经成为城乡社区协商的典型形式，并涵盖了预算、规划、项目建设等重要领域。① 随着基层协商民主实践的积极效应逐步显现，党和国家开始重视城乡社区协商民主建设，并出台了一系列的相关制度文件。《关于加强和改进城市社区居民委员会建设工作的意见》就提出要健全社区民主管理制度，将协商民主广泛运用于社区管理，广泛建立社区党员议事会、党代表议事会，"深入开展以居民会议、议事协商、民主听证为主要形式的民主决策实践，以自我管理、自我教育、自我服务为主要目的的民主管理实践"②。

党的十八大以来，以习近平同志为核心的党中央特别重视协商治理在城乡治理中的作用。《深化农村改革综合性实施方案》提出要完善农村民主管理的制度，将健全议事协商放在重点位置，积极探索推进村民自治的实现形式，"积极探索村民议事会、村民理事会等协商形式，重视吸纳利

---

① 陈家刚. 城乡社区协商民主重在制度实践［J］. 国家治理，2015（34）：23.

② 关于加强和改进城市社区居民委员会建设工作的意见［M］. 北京：人民出版社，2010：14.

益相关方、社会组织、驻村单位参加协商"①。《关于加强城乡社区协商的意见》（以下简称《城乡社区意见》）从协商主体与客体、协商形式与程序、协商成果运用与组织领导等方面对加强城乡社区协商提出了指导意见。《关于深入推进农村社区建设试点工作的指导意见》提出："依托村民会议、村民代表会议等载体，广泛开展形式多样的农村社区协商，探索村民议事会、村民理事会等协商形式，探索村民小组协商和管理的有效方式，逐步实现基层协商经常化、规范化、制度化。"并特别提到，"吸纳非户籍居民参与农村社区公共事务和公益事业的协商，建立户籍居民和非户籍居民共同参与的农村社区协调议事机制。"②《关于加强和完善城乡社区治理的意见》要求帮助社区居民提高议事能力，只要是关系到城乡社区公共利益、关系居民切身利益的重大决策、现实矛盾、存在困难，都应该由社区的党组织、群众自治组织（主要指居委会、村委会）牵头，组织相关群众参加协商，争取在协商中解决问题。"支持和帮助居民群众养成协商意识、掌握协商方法、提高协商能力，推动形成既有民主又有集中、既尊重多数人意愿又保护少数人合法权益的城乡社区协商机制。"③《关于实施乡村振兴战略的意见》进一步提出："依托村民会议、村民代表会议、村民议事会、村民理事会、村民监事会等，形成民事民议、民事民办、民事民管的多层次基层协商格局。"④《关于加强和改进乡村治理的指导意见》要求健全村民及其代表会议制度，"丰富村民议事协商形式。健全村级议事协商制度，形成民事民议、民事民办、民事民管的多层次基层协商格局。创新协商议事形式和活动载体，依托村民会议、村民代表会议、村民议事会、村民理事会、村民监事会等，鼓励农村开展村民说事、民情恳

---

① 深化农村改革综合性实施方案 [N]. 人民日报, 2015-11-03 (6).
② 中办国办印发《关于深入推进农村社区建设试点工作的指导意见》[N]. 人民日报, 2015-06-01 (1).
③ 关于加强和完善城乡社区治理的意见 [N]. 人民日报, 2017-06-13 (1).
④ 中共中央国务院关于实施乡村振兴战略的意见 [N]. 人民日报, 2018-02-05 (1).

谈、百姓议事、妇女议事等各类协商活动"①。这些文件的制定和出台对于规范和推进城乡社区协商民主发展起到了重要作用，现在城乡社区协商民主正广泛而丰富在中国大地实践开来。

我们看到，现在城乡社区协商民主与选举民主已经成为相互连接、紧密联系的民主形式。主要地讲，这主要体现在以下三点。

1. 村（居）委会候选人的协商

村委会选举要在村一级成立村委会换届选举委员会。一般来说，村选举委员会成员主要包括村党支部、村委会成员、村民小组组长、村民代表等，多数情况下由村支书任选举委员会主任。村选举委员会具体负责村委会选举工作，组织选民酝酿、推荐、提名、协商、确定候选人，与选民商定选举形式和投票方法，确定并公布正式候选人名单。经过多年选举实践，各地不断改进提名办法，候选人提名方式形成基层组织提名、村民小组提名、村委会换届领导小组提名、村民联名提名、村民自荐等多种方式，其中村民直接提名是主要的提名方式。候选人提名后产生的名单只是初步候选人名单，村选举委员会还要对其进行筛选。筛选过程也包含着协商。确定正式候选人的方式之一包括民主协商。所谓民主协商是指召开村民代表会议或（由组长召集）村民小组会议，对村选举委员会公布的候选人名单进行讨论，确定代表会议或小组会议多数同意的候选人名单，然后将名单送交村选举委员会。选举委员会在汇总名单后，根据村民代表会议或村民小组多数人的意见，确定候选人。② 城市社区居委会选举的候选人提名依据居民直接提名的原则，可采用三种方式，即海选、联名和自荐。在目前的各地选举制度中，对于如何提名有很大的差异。其中，协商酝酿是一种方式。"广州采取的办法是由选民酝酿讨论联合提名，然后几上几

---

① 中共中央办公厅国务院办公厅关于加强和改进乡村治理的指导意见［J］. 新农村，2019（9）：3.

② 肖立辉. 村民委员会选举研究［M］. 北京：中国社会出版社，2009：144-145，

下协商的办法产生候选人。"①

2. 村（居）委会选举

按照现行《村民委员会组织法》的规定，村委会选举是由符合资格的选民直接提名候选人的，当然村民在提名候选人的时候要有一颗公心，从集体利益出发推荐提名能够帮助群众解决问题、人品端正、具有公心、遵纪守法的"村贤"为候选人，按照规定，推选的候选人数量要多于应该选举的数量。候选人确定后应在选举委员会的主持下同村民见面，见面会上，候选人介绍自己的履职设想、工作思路，并回答村民的提问。按照规定，村委会成员的当选要达到"双过半"的要求，一个过半是实际参加选举的村民要超过全村选民的半数以上，另一个过半是候选人要获得实际参加选举的村民半数以上选票。当然如果出现当选人的数量未达到应选人数量时，剩余的名额将另外选举。选举采用无记名投票，倡导设立秘密投票处，公开计票，当场选举结果，凡登记选民在正式选举期间外出不能参加者可委托同村近亲属代其投票。② 按照《村民委员会选举规程》规定，村委会选举实行公开竞争，村民选举委员会主持村委会选举，选举竞争必须接受选举委员会的监督，在选举竞争开始前，选举委员会应对候选人的相关材料进行把关，提前安排候选人同村民见面，在见面会上，候选人介绍当选后的工作设想，接受村民提问，选举委员会对于选举的公开、公正举行负有责任。③《城市居民委员会组织法》规定，社区居民或者是每户派代表参加社区居委会选举，抑或在大多居民同意的情况下由每居民小组选举两三个代表，选举产生。每届委员会任期五年④。

---

① 李凡. 中国城市社区直接选举改革 [M]. 西安：西北大学出版社，2003：128.
② 全国人民代表大会常务委员会法制工作委员. 中华人民共和国法律汇编·2018：中
[M]. 北京：人民出版社，2019：758-759.
③ 村民委员会选举规程 [J]. 中国民政，2013（5）：37-39.
④ 全国人民代表大会常务委员会法制工作委员. 中华人民共和国法律汇编·2018：中
[M]. 北京：人民出版社，2019：768.

3. 村（居）委会选举后协商

为推动城乡社区协商民主发展，《城乡社区意见》制定颁布。党的十八大以来，全国城乡社区进行了大量的协商民主实践探索。WX 市多个社区在社区党组织领导下、居委会主导下积极推进协商民主实践，探索形成了居（村）民议事室、议事厅、议事堂等城乡社区协商民主形式。这里根据 WX 市城市社区议事会实践的调查，阐述总结几种典型的城市社区协商民主实践。

（1）OLY 社区探索

OLY 社区是集拆迁安置区、商品住宅区以及自然居巷集聚区于一体的多元化社区，户籍人口 13000 多人，治理难度较大。为改善社区治理，2012 年社区党委决定成立以退休教师 CFM 名字命名的"FM 议事室"。议事室共有包括 CFM 在内的社区退休老干部、老党员和热心群众代表等议事员 10 名。议题主要来自两方面：一是议事员主动深入群众了解到的问题，二是群众主动向议事员反映的问题。由于议事员和议事会能够帮助群众解决实际问题，所以一些居民遇到问题会主动向议事员反映。议事会每月召开一次，议事员一般全体参加。为了更好地了解和解决问题，社区有时也会根据议题需要通知物业代表、楼道长等参加议事。议事会上，由CFM 代表议事室逐项汇报需要协商的问题，每项汇报结束后，议事员围绕问题展开协商讨论。社区书记和居委会主任基本每次议事都参加，决定、督促相关问题的解决和落实。议事结束后形成议事纪要。

（2）HJ 社区探索

HJ 社区主要由安置房小区和自然村组成，是典型的混合型社区，治理有一定的难度。为此，社区专门建立了议事厅。HJ 社区议事厅组建了由 70 名议事成员组成的议事成员库。议事成员构成如下：50 名是利益直接或间接相关的社区居民议事代表，20 名是非利益相关的社区工作人员、政府相关部门代表、相关专家学者、周边社区居民代表等。之所以选择周边社区居民作为议事厅成员是因为他们是非利益相关方，立场客观中立，一些政府部门工作人员和专家学者能够为协商事务提供必要指导，一些其他社区代表能够为议事提供自己所在社区的经验。议事成员与居委会换届保持同步。

议事成员的产生方式包括选举和协商。一方面社区居民选举产生居民代表、楼道长、片长（片长负责管理不同数目的楼道），50名社区居民议事代表主要来自居民代表、楼道长、片长。另一方面20名是非利益相关方代表由社区党组织和居委会根据议事会议题需要及议事会对主体素质与能力的要求来协商确定。在议题确定之后，从议事人员库中选取35名参与协商。具体做法是，由1名社区工作人员和随机抽取的1名议事厅成员作为选定议事会参与对象的抽签人，由他们从编号的抽签纸条中随机抽取。50名社区居民议事代表随机抽取百分之五十即25名，20名是非利益相关方代表抽取百分之五十即10名。

协商议题主要涉及社区公共利益的事务。这些议题主要来自四方面。一是议事厅成员建议之事。社区规定，3名议事代表可联名提出议题进行协商。二是社区热心居民经常在社区反映之事。一些社区居民经常会主动到社区反映困难和问题，这些反映问题也是议题重要来源。三是楼道长、居民代表通过调查问卷或居民家访等方式收集之事。四是社区干部的走访了解之事。社区将区域划分为7片，7名社区干部每月必须深入群众走访，在每月的社区干部会议上，7名社区干部要就走访问题进行汇报。这些汇报问题是协商议事议题的重要来源。

议题确定之后，社区工作人员根据当次议题的直接反映或提议对象，通过电话询问征求议题提出者的意见，询问是否参加。之后，楼道长针对当次议题的内容，通过问卷调查或居民走访来确定本次议题感兴趣的、希望参会的人员。社区工作人员在协商议题确定后的两天之内，将议题及会议时间地点以通知公告的形式张贴在小区内，热心参加的居民可以致电社区或本人到社区报名的方式来申请参加，报名截止日期为议事会正式开始的前一天。

　　议事时，由社工担任主持人。主持人除了用罗伯特议事规则来适时提醒大家整个过程注意"对事不对人"，严禁人身攻击，做到"文明表达""一时一件""限时限次"以外，本人也可根据社区的实际情况，与议事代表有观点交锋，当有不配合的参会人员无理取闹时，主持人可用让别的参会代表发言的方式来礼貌打断。议事充分平等，在协商中遇到分歧较大问题时，争取充分协商，一步步集中共识。议事会制定了议事未果预案，当议事确实难以集中意见时，当次会议结束之时由参会人员讨论确定该议题二次会议的时间地点，或者暂时搁置，当有议事代表或社区居民就争论议题提出新的需求、新打算、新方案时，再做讨论。最后议事厅成员仍无法达成一致意见时，采取议事代表一人一票，遵循多数一致，票决决定。议事时旁听群众可以发言，但是他们没有议事代表一人一票最后的决定权。协商议事结束、统一意见后，交由社区，社区遵照议事决议办理。

　　这种议事人员大多由居民直接选举产生，选举产生的议事人员和少数由协商产生的议事人员组成议事会，参与社区事务的讨论决策，议事会召开时社区群众可以参加旁听和讨论，这种社区民主探索，最直接地保障了人民的选举权、议事权，体现了人民民主的真谛，最接近民主的本质。

　　（3）GRYC 社区探索

　　GRYC 社区户籍人口 10000 多人，属于城乡接合部，社会问题较多。为改善社区治理，2012 年后，社区探索形成了议事与调解相结合的"居民议事堂"。一方面设立楼道议事堂。议事堂针对本楼道议题展开协商，由居民楼长或路、巷、里弄德高望重的居民代表牵头负责，由本楼栋（或路、巷、里弄）热心居民、党员及住户居民代表组成。议事堂争取就议题达成共识，当共识不能达成时，楼道建立由居民骨干、当事人、调解员三方参与的楼道调解组，调解组根据具体争议情况，展开有针对性的调解。

调解组成员有些也是议事员。从调解结果看，成功率达到百分之九十八以上，也就是说，原本存在分歧、不能形成共识的议事，经过调解，最后百分之九十八以上都能达成共识。另一方面设立社区议事堂。议事堂主要协商涉及面广、事关社区全局性的事务。议事员来自社区党员干部代表、居民小组长、热心群众代表等，涉及专业技术性较强的议题，也会有相关专家、专业技术人员等参加。议事会争取就议题形成一致意见，但当一致意见难以达成时，社区组建有以社区书记为主任，社区民警、离退休干部、物业方代表共同参与的成调解委员会，委员会成员有些也是议事员。委员会针对具体分歧展开有针对性的调解，争取最终达成普遍接受的议事结果。如若议事分歧较大、反复调解无效，争议议题将提交居民会议或居民代表会议决定，当然这种情形是十分少见的，一般议题经过协商调解后最终都能达成一致意见。

以上三个典型实践案例分别代表着城市社区协商民主实践的三种模式：议咨型模式、议决型模式、议调型模式。在议咨型协商民主实践模式中，议事会只负责协商议事，不负责决策，议事结果只是作为社区管理者决策的重要依据。也就是说，社区管理层对议事结果具有决定权，在这个意义上，议事会是社区治理的议事咨询组织。在议决型协商民主实践模式中，议事会通过协商达成共识或在充分协商基础上通过票决达成主体意见和要求的最大一致，议事结果直接成为决策，交由社区执行，也就是说，议事会不仅负责议事还负责决策，在这个意义上，它是社区治理的议事决策组织。在议调型协商民主实践模式中，议事会尽可能就议题达成共识，但在利益主体多元化背景下协商共识的达成并不容易，当共识不能达成时，议事会也不轻易动用票决，而是强调以调解代替票决，通过实施有针对性的调解，最后形成具有高度共识的议事成果；在这一实践模式中，议事和调解的最终目的是一致的，即形成高度共识的成果，调解是议事共识难以达成时而采用的弥补措施和手段，是和议事相衔接的环节，调解因议事未果而启动，议事分歧因调解而得到最大限度的消弭，议事员不少身兼调解员，在这个意义上，可以说议事会是社区治理的议事调解组织。

通过以上历程回顾可以看出，社会主义协商民主与选举民主都是中国共产党在带领全党和中国人民追求及实现人民民主的进程中建立和发展起来的民主形式与民主制度。在这一进程中，中国共产党最先在党内开展了协商民主与选举民主的协同实践探索。局部执政后，共产党又将党内的这一实践探索拓展至所掌政权之中，全面执政后，又将之扩展至国家政权之中。当然，基层社会的两种民主形式发展及其协同工作也在共产党的领导下不断取得进展。通过历程回顾可以得出以下基本启示：中国协商民主与选举民主实践及其协同有着长期历程，两种民主形式是中国特色的民主形式，必须将党的领导贯穿两种民主形式发展及其协同发展的全过程，必须重视并推进两种民主形式协同发展，推进两者协同发展必须立足中国国情。

第五章

社会主义协商民主与选举民主协同发展的实践效应

历史地看，中国共产党领导的协商民主与选举民主协同实践曾对推进中国革命和改革事业、实现党的奋斗目标产生了积极而深远的影响。现实地看，社会主义协商民主与选举民主协同发展在推进国家治理体系和治理能力现代化、巩固共产党执政地位、发展社会主义公民文化、彰显中国政治制度优势等方面发挥着积极实践效应。

一、推进国家治理体系和治理能力现代化

党的十八大以来，党中央提出了"全面深化改革"的重大命题，全面深化改革也与全面建设社会主义现代化国家、全面推进依法治国、全面从严治党一同被称为"四个全面"战略布局，成为新时代党中央治国理政的总体框架。《中共中央关于全面深化改革若干重大问题的决定》提出全面深化改革的总目标是完善和发展中国特色社会主义制度，推进国家治理体系和治理能力现代化。2019 年中共中央制定出台了《关于坚持和完善中国特色社会主义制度推进国家治理体系和治理能力现代化若干重大问题的决定》（以下简称《2019 决定》）提出，"依法实行民主选举、民主协商、民主决策、民主管理、民主监督，使各方面制度和国家治理更好体现人民

意志、保障人民权益、激发人民创造"①。《中共中央关于全面深化改革若干重大问题的决定》和《2019决定》的阐述表明，中国共产党将推进社会主义民主政治发展作为推进国家治理体系和治理能力现代化的重要途径及方式。选举民主与协商民主的发展及其协同也是推进国家治理体系现代化和治理能力现代化的重要内容。

（一）实现治理主体多元化

当代中国国家治理的实质是中国共产党领导人民治国理政。社会主义协商民主与选举民主的协同发展推动了多元主体参与国家治理。而多元主体治理本身就是国家治理的应有之义。国家治理有别于国家统治和国家管理。国家治理的主体更为丰富多元，主要除了政党、政府之外，还有社会组织、公民个人等。国家治理体现的国家权力运行更加公开透明。有学者对国家治理的主体进行了三类划分，"一是国家或政府，包括国家制度、国家机器（或政府部门设置）、国家计划安排和政府管理制度等，它是治理主体中最重要的力量；二是市场力量，即各种各样的经济主体，包括企业、商家以及这些经济主体互动所凭借的经济制度和经济秩序等，它是政府治理的基础；三是社会主体，即从事社会事业运作的各种行动者以及它们所在的社会场域，它构成政府治理的分割和制衡"②。可以看出，国家治理的主体是多元化的，这种治理主体的多元化也就意味着多元主体可以在党的领导下，在国家法制体系内，将党的领导与开展国家现代治理有机地统一于中国特色社会主义建设事业的伟大进程中。而选举民主与协商民主的协同发展大大丰富和拓展了治理的主体。

从党内选举与党内协商来看，两者的结合使得党和国家治理的主体大

①　中共中央关于坚持和完善中国特色社会主义制度 推进国家治理体系和治理能力现代化若干重大问题的决定［N］.人民日报，2019-11-06（1）.

②　任德新，楚永生，陆凯旋.时空观视角：国家治理体系和治理能力现代化的阐释［J］.江苏社会科学，2017（4）：113.

大拓宽。有人可能会存在疑问，既然是国家治理，它和政党存在什么关系？事实上，这一问题前面已经提及，国家治理的主体是多元的，其中就包括政党。从世界来看，政党是现代民主政治的核心主体，现代国家的治理都是在政党的领导、参与下实施的。在中国，就目前而言，政党主要有中国共产党这一执政党和作为参政党的各民主党派。在中国谈起国家治理体系和治理能力的现代化，就必须强调中国共产党，因为新中国就是在中国共产党领导下创建和逐步富强起来的。中国共产党与中华人民共和国的命运，与栖居于这个国家的人民命运密不可分。无论从理论上讲还是从现实中看，中国共产党来自人民，它是由人民中的先进分子组成的，全心全意为人民服务是其宗旨。中国共产党治国理政的出发点和落脚点在于造福人民。中国共产党在选举之前就选举对象进行多方协商酝酿，并同民主党派、无党派人士等展开协商，争取选拔出最合适、最优秀的人选，最后按照程序在党内进行选举，当选人除了担任一定党内职务外，中国共产党有时还会向国家机关推荐其担任一定职务。这样就大大拓展了选人用人的参与主体，民主协商贯穿中国共产党领导干部人才选拔过程，这种蕴含协商民主的人选选拔，加上对人选的选举，体现了中国选人用人制度的鲜明特点和独特优势。党和国家治理人才的选拔属于国家治理体系与治理能力现代化的重要内容，也直接关系到国家治理体系和治理能力现代化的质量。而这种贯穿着协商民主与选举民主相结合的选人用人制度，将多元协商主体、选举主体联结其中，大大拓展了党和国家治理的主体。

从国家政权层面来看，选举民主与协商民主的结合大大拓展了国家治理的主体。人大代表选举产生之前，其候选人的产生需要经过多方协商酝酿，其中包括基层选民的协商酝酿。人大代表选举产生以后，通过人民代表大会议决职责范围内的事项，选举产生国家政权机关领导人员，国家政权机关领导人员产生以后在行使权力的过程中，他们也会通过人大协商、行政协商等多种协商渠道和方式推动多元主体参与，促进科学民主决策，改善和提升治理水平与质量。

从城乡社区来看，选举民主与协商民主的协同发展更是使得广大人民群众直接成为自治的主体。《2019决定》要求，"社会治理是国家治理的重要方面。必须加强和创新社会治理，完善党委领导、政府负责、民主协商、社会协同、公众参与、法治保障、科技支撑的社会治理体系"①。中共十八大以来，随着城乡社区协商民主实践的不断丰富发展，以及涉及村（居）民选举制度的发展完善，两种民主形式在城乡社区的结合极大地拓展了城乡社区治理的主体。在城乡社区，最广大的人民群众直接通过选举自己的代表参与涉及自身事务的管理，这是直接民主的体现，同时村民及其代表也会参与涉及自身事务的协商。不仅如此，现在一些社区开展协商活动时也会邀请驻区单位参与。城乡社区民主选举与民主协商实践，拓展了人民的参与，推动了群众的自治。

（二）推进治理手段民主化

协商方式在古代就是治理的一种手段。当然，那时的协商还称不上是协商民主。因为协商民主是与现代民主政治体制相对应的。进入现代，现代国家治理出现了协商民主的介入，协商民主运用于国家治理，有人将之称为"协商治理"②。在中国，协商治理又有着自身特定的内涵。中国共产党首先将协商运用于党内治理，在掌握政权以后又将协商民主运用于政权治理、国家治理。中国协商治理是共产党领导人民借助协商民主路径参与国家、政党和社会的治理，"是基于中国特色社会主义制度为存在场域，以'完善和发展中国特色社会主义制度'为旨归，是协商民主与国家治理

---

① 中共中央关于坚持和完善中国特色社会主义制度 推进国家治理体系和治理能力现代化若干重大问题的决定［N］. 人民日报，2019-11-06（1）.

② 王浦劬认为从一般意义上讲协商治理是指在国家和社会治理过程中，采用协商方式对于政治组织之间、政府与公民之间、公民与公民之间关系进行调适，达成国是商定、政策决定、事务解决、矛盾化解、权利保障和利益实现的活动和机制。王浦劬. 中国的协商治理与人权实现［J］. 北京大学学报（哲学社会科学版），2012（6）：16.

的有机结合"①。当然，当代中国的协商治理是在近代中国的政治发展中形成和发展起来，是中国共产党将马克思、恩格斯、列宁关于协商民主重要论述精神与中国国情、党情、民情、政情和社情相结合，不断推动理论创新和实践发展的结果，也是实践检验证明符合中国国情、推动人民有效治理国家的重要方式。

民主选举是现代治理的应有之义和重要手段。现代国家治理的核心问题之一是权力来源问题。权力是来源于个人、少数人，还是来自一种超自然的力量，抑或来自最广大的人民，是反映政权民主性的根本标尺。现代民主国家的首要标志就是权力来自人民。衡量一个国家治理体系和治理能力是否现代化的重要标尺之一就是民主化。"公共治理和制度安排都必须保障主权在民或人民当家作主。"② 而民主选举的实施有助于实现这一点。民主选举是现代民主治理发展不可或缺的重要条件，其质量也关系到民主治理的实现程度。

协商民主与选举民主的协同发展有助于推动国家治理民主化。这主要表现如下。一是它使得民主选举与协商贯穿中国政治运行的全过程。中国共产党通过政党协商和选举加强政党治理，制定科学民主决策，最后交由国家权力机关即人民代表大会议决，当然在最终议决之前，人民政协、其他政党、社会团体等也会参与协商讨论，议决之后，政府贯彻执行，政府在执行过程中也会就相关问题展开协商讨论以进一步改进决策从而保证决策的良好执行。在城乡社区，在社区共产党组织的领导下，群众直接选举村民委员会、社区委员会进行自治，在村民委员会、社区委员会的主导下，各城乡社区围绕居民切身利益的公共事务展开协商讨论。这其中都贯穿着选举民主与协商民主。二是它使得民主选举与协商贯穿中国政治的各层次体系之中。从中央到地方再到基层，协商民主与选举民主贯穿各层次

---

① 王岩，魏崇辉. 协商治理的中国逻辑［J］. 中国社会科学，2016（7）：34.
② 俞可平. 衡量国家治理体系现代化的基本标准［N］. 南京日报，2013-12-10（A07）.

的中国政治体系组织中。三是它使得广大公民参与政党、国家和社会事务的管理具有了坚实保障。协商民主与选举民主的运行需要相应的权利保障，而这些权利使得人民群众参与政治具有了重要权利保障。

（三）促进治理模式法治化

国家治理具有顺应于历史情境的结构性维度和特点。一个国家采用什么样的治理模式，必须置于当时的历史情境之中来看，在当时的历史背景下，国家治理模式的选择是多种因素共同交织的结果，例如，国内矛盾、国际环境、地理气候、文化信仰、政治传统等。以中国来说，中国今天形成的共产党领导的现代国家治理，有鸦片战争后中国面临的国内外矛盾因素的影响，也有苏俄、苏联地缘政治因素的影响，也有美苏两极格局及其瓦解因素的影响，也有中国先进分子基于救国强国实践经验教训反思因素的影响，也有马克思主义及其中国化因素的影响，也有中国共产党始终不懈地带领人民朝着自己奋斗目标迈进因素的影响等，在这些因素之中，中国共产党的主动作为、积极有为无疑是最主要的因素。国家治理不仅不同时期具有不同内涵，即便是同一时期的不同国家也有着不同的制度设计、价值偏好等。

改革开放以来中国国家治理模式总体经历了从管控到管理到治理的三个阶段。国家治理体系和治理能力现代化要求依法治国、依规治党。2019年中共中央制定出台了《关于坚持和完善中国特色社会主义制度推进国家治理体系和治理能力现代化若干重大问题的决定》（以下简称《2019 决定》）指出，要推进全面依法治国，推动社会公正，保障人民权利，这是国家制度和国家治理体系的现实要求。完备的制度体系是现代国家治理的必然要求。在缺乏完备的制度体系和执行机制的情况下，现代国家治理只能是空谈，因为它缺乏最基本的运转支撑，不仅如此，即便社会也难以得到有序发展。依法治国方略的提出体现了要推动国家治理的制度化，国家治理的制度化要求国家治理的方方面面都要有制可依，然后依制而治，要

"有一个以法律为核心的制度体系"①。只有建立了完备科学的制度体系，国家治理才会有法可依，执政党才能做到依法执政，政府才可能依法行政。这也就是说，治理的法治化才能实现。

选举民主与协商民主的协同发展有助于推动国家治理的法治化。当然，这里的法治化是宏观意义上的法治化。从中国共产党方面来看，前面已经提到，中国共产党党内选举民主与协商民主的协同发展具有充分的制度保证，比如，不断修订完善的《中国共产党章程》，这是党内根本大法，对于党员的选举、协商讨论等基本民主权利进行了专门规定，并对选举、协商的事项、程序等做了规定。又如，《党内政治生活准则（1980）》、2016 年《关于新形势下党内政治生活的若干准则》（以下简称《若干准则》）、《中国共产党地方组织选举工作条例（1994）》、《中国共产党党员权利保障条例（2004）》、《中国共产党全国代表大会和地方各级代表大会代表任期制暂行条例（2008）》、《中国共产党地方委员会工作条例（2015）》、《中国共产党党内监督条例（2016）》、《中国共产党巡视工作条例（2017）》、《中国共产党纪律处分条例（2018）》、《中国共产党支部工作条例（试行）》、《中国共产党农村基层组织工作条例（2018）》、《党政领导干部选拔任用工作条例（2019）》、《党政领导干部考核工作条例（2019）》、《中国共产党农村工作条例（2019）》、《中国共产党问责条例（2019）》、《中国共产党基层组织选举工作条例（2020）》等，这些党内法规对于党内选举、党内协商、党内选举与协商的衔接，对于保障督促党内选举、党内协商发展等进行了直接或间接的规定。从国家层面看，《中华人民共和国宪法》这一国家根本大法对于公民包括选举、协商在内的民主政治权利进行了明确保护。除了宪法之外，民族区域自治法、人大和政府组织法、选举法、人大代表法等法律文件，以及中共中央、国

---

① 徐勇，吕楠. 热话题与冷思考：关于国家治理体系和治理能力现代化的对话［J］. 当代世界与社会主义，2014（1）：8.

务院等出台的相关制度文件对推动和保障选举民主、协商民主及其协同发展做出了直接或间接的规定。从城乡社区来看，《城市居民委员会组织法》《村民委员会组织法》等法律文件，《城乡社区意见》等相关制度文件对推动和保障城乡选举民主、协商民主及其协同发展做出了直接或间接的规定。

法治是现代国家治理的重要内容和基本方式。"国家治理体系和治理能力的法治化是实现国家治理体系和治理能力现代化的必然要求。……是国家治理体系的骨干工程。"① 这就要求我们不断随着国家、社会的进步快速跟进国家与社会治理的相应法律规范体系建设，特别是加快协商民主、选举民主及其协同发展的相应法制建设。目前党和国家制定的上述提及的法律制度规范及其应用，为社会主义选举民主与协商民主及其协同发展提供了法制保证，推动了社会主义选举民主与协商民主及其协同发展的法治化建设，进而也推动了国家治理的法治化。中国共产党、国家机关、民主党派和无党派人士、社会组织、公民个人正是在中国共产党的领导下按照相关制度规定，有条不紊地通过开展民主选举与民主协商推动国家治理体系和治理能力现代化的。

（四）助力治理过程动态化

现代国家治理的过程必然是复杂多维的。在现代国家治理中，治理不是单向度的自下而上、自上而下，而是上下联通互动、横向贯通联动的，它具有动态性、交互性、多变性的特点，任何一种治理体系都会产生一定的治理实效，"治理效果与治理主体、治理对象、治理方式以及治理过程等多重要素共同组成完整意义上的治理实践"②。这也就表明现代国家治理的过程必然是动态化的，而要做到这一点，治理的协调化是必不可少的。

---

① 梁迎修. 推进国家治理体系和治理能力现代化的法治之道［J］. 社会治理，2019（11）：25.

② 陈进华. 治理体系现代化的国家逻辑［J］. 中国社会科学，2019（5）：28.

国家治理是一个有机整体，其内部包含了涉及多层级、多角度、各方面的治理。当把这些繁杂的治理活动，按着相应的原则容纳或融合到一个体系内，进行协调化推进，才可能迎来现代国家治理协调化发展。但这无疑是有难度的，因为治理的多元主体有着自身区别于他人的利益诉求，他们在实现利益诉求的过程中，目标的不一致导致发力方向的不一致，甚至在这个过程中还会出现相互对抗冲突的问题。这就需要一个统筹协调的力量通过民主的路径将多元主体的利益诉求表达出来并加以化解。社会主义选举民主与协商民主的协同发展在很大程度上推动了治理协调化。在中国，中国共产党领导的国家治理将国家治理、政党治理、社会治理三者联结起来，以选举民主与协商民主的协同运行为连锁，贯穿其中，通过国家治理的横向衔接，纵向联动，在中国共产党领导下，多主体相互协调，共同参与，推动了协调治理，解决了多元主体的利益关切，保证了治理的效能。在这一过程中，中国共产党的领导至关重要。"在一个迈向现代化的大国家中，只有始终坚持党的全面领导，才能保证治国理政有方法、有章法、有力量。"①

二、巩固共产党的执政地位

（一）巩固共产党的执政基础

政党是适应现代民主政治发展需要而生的，是近现代民主政治发展的产物。政党是代表着一定阶级、阶层利益的政治组织，当然这种代表性是比较复杂的，有时它可能代表一个阶级，也可能代表一个阶层，有时也可能代表几个阶级或阶层。由于其总是代表一定阶级、阶层利益的，所以它是由一部分政治志趣相投的人结成的政治组织。一个政党必须具有一定的群众基础，方能生存和发展。中国共产党是中国长期执政的唯一执政党，

---

① 王敏，冯秋婷. 党的全面领导：理论逻辑与实践机制［J］. 中共福建省委党校学报，2018（11）：41.

对其而言,群众基础是其夺取政权、执掌政权的力量之源,广泛的群众基础成为中国共产党领导革命、建设和改革不断取得新胜利的重要保证和基本条件,它直接关系到中国共产党执政地位的稳固。当前中国共产党带领14亿中国人民迈向民族复兴的伟大征程,更需要具有广泛而坚实的群众基础。对于党的执政基础而言,阶级基础和群众基础是中国共产党赖以存在的执政社会基础。历经革命、建设和改革三阶段,中国工人阶级作为党执政的阶级基础始终不变。党执政的群众基础随着改革开放以来新的社会阶层成员的出现得以拓展,农民、民主党派成员、新阶层成员以及港澳同胞、台湾同胞和海外侨胞中一切拥护中国共产党执政的人员都是党执政的群众基础。[①]

改革开放之前,在我国,政治因素对社会阶级阶层结构变迁有着决定性的影响。中国共产党的方针政策决定着社会阶级阶层结构。经过社会主义改造,我国由新中国成立之初的四个阶级社会机构,演变成为"两阶级、一阶层"的社会结构,工人阶级是领导阶级,农民阶级是工人阶级的天然同盟军,知识分子是工人阶级的一部分。

改革开放以来,伴随我国社会主义市场经济的建立和发展,我国经济和社会结构较改革开放之前发生重大变化。尽管工人、农民阶级以及知识分子阶层保持着我国社会主体阶级、阶层的地位没有改变,但是改革开放的推进,市场经济的发展,导致原有社会利益结构、利益格局被打破,与之相伴,新的利益结构、社会结构形成,原有的社会结构、阶级阶层关系开始发生巨大变化。[②]改革开放前的"两阶级、一阶层"社会结构逐步分化,我国出现了外资员工、自由职业者、私营企业主、中介组织从业者、个体户等许多新型职业群体。面对新变化,扩大和巩固政党的群众与阶级

---

① 赫崇飞.试论统一战线工作对党的执政能力建设的作用 [J].白城师范学院学报,2012(4):31.

② 福建省委党校课题组.论中国社会阶层结构变迁对党执政基础的影响 [J].中共福建省委党校学报,2006(9):42.

基础，成为各政党面临的现实问题。而按照原来的阶级分析法和传统定位，这些新兴的社会阶层是不被纳入中国共产党组织范畴的。面对这一新问题，中共十六大明确将社会新阶层定性为中国特色社会主义事业建设者，其优秀者、先进分子被允许加入中国共产党，这大大扩充了党的群众基础，增强了党执政的社会基础。

社会主义选举民主与协商民主及其协同发展更是在现实上推动了党执政基础的巩固和扩大。一方面，在党内层面，党内选举民主与协商民主的发展及其协同推动了广大党员的参与，选举民主推动了党员普遍参与，协商民主推动了党员普遍、经常地参与，广大党员、干部通过选举自己的代表或者是选举党的领导干部，参与党内事务的协商讨论，使得广大党员群众增强了党的主人翁意识，使他们在党为党、在党言党、在党护党，扩大了党的组织基础。另一方面，在国家层面，党内选举民主与协商民主的发展及其协同推动了广大人民群众的有序政治参与，使广大人民群众通过参与选举，体会到当家作主人的神圣一票，增强了国家的主人翁意识，通过参与公共事务的讨论协商，推动了涉及包括自身利益的公务事务的推进和解决，同时选举和协商的过程也是推动相关事务公开的过程，有助于权力在阳光下运行，有助于发挥群众的监督作用，因此选举民主与协商民主的协同发展运行有助于"实现好、维护好、发展好最广大人民根本利益，做到权为民所用、情为民所系、利为民所谋，不断增强党的阶级基础、扩大党的群众基础，使党始终得到人民群众支持和拥护"[①]。此外，在城乡社区层面，城乡居民在党的领导下直接行使选举权，直接或间接参与涉及自身利益事务的讨论，使他们真实感受到民主政治给自己生活带来的巨大改变，带来的直接好处。而且民主选举与民主协商展开的过程也是宣传党的理论和政策的过程，这样就会增进广大群众对党的理论与政策的拥护和支

---

① 中共中央关于加强和改进新形势下党的建设若干重大问题的决定 [N]. 人民日报，2009-09-28 (1).

持，进而使得党在广大城乡更具有影响力、凝聚力和号召力，从而扩大和巩固党的群众基础。需要指出的是，在国家和城乡社区层面，对于积极参与民主选举和协商的优秀先进分子，将他们吸纳入中国共产党之中，更是直接壮大了党的队伍。

（二）扩展共产党的执政资源

执政资源对于增强党的执政能力具有重要现实意义。为巩固执政地位、提升执政能力、增强执政实效，执政党必然需要对一切可以利用开发的因素、条件进行整合、运用、改进，以确保其政治社会系统有效运转。而这些可利用开发的因素或条件的总和，就是执政资源。[①] 在中国，民主党派能够对中国共产党执政展开高层次的民主监督。中国共产党党员和民主党派成员部分来自非公经济人士，通过中国政党制度，实行政治协商、民主监督、参政议政，有助于推动经济发展，从而扩展中国共产党执政的经济资源。中国共产党党员和民主党派成员很多都是具有一定文化程度的知识分子，特别是民主党派有些党员都是高级知识分子，而且覆盖很多职业，有些医术精湛，有些文学造诣深厚，有些在文化影视方面成就突出，这种人员构成，以及展开的政党政治实践，有助于推动社会主义文化繁荣，推动社会主义民主政治发展，推动国家与社会治理现代化，从而为中国共产党执政奠定坚实的政治资源、文化资源以及社会资源。当然，由于中国政治协商制度符合中国国情，其在实践中显现了巨大的优势，推动了民族复兴、人民幸福与国家富强，获得了人民的拥护和支持，所以它也有助于增强中国共产党执政的民心资源。

当前要想扩大和巩固中国共产党的执政资源，需要继续有效开发、利用和整合执政资源。这有待中国共产党切实将以人民为中心的发展理念化为实际行动，使得人民充分享受到发展成果；推动党开发利用资源的法治

---

① 樊泓池，赵连章. 新时期中国共产党执政资源更新论：以中国多元化社会分层为视角 [J]，探索，2011（1）：41.

化，或者说纳入法制化轨道，执政资源是国家权力资源的衍生物，执政党执掌国家权力的前提是它掌控并运行执政资源必须在法制轨道内展开活动。"在执政党执政资源转化为影响国家治理公共政策的过程中，法治理念应当贯穿始终。"① 同时，牢固树立协商共治的理念，这要求中国共产党加强与民主党派的政治协商，构建科学的动力机制，从而推动中国共产党进行执政资源整合。

（三）改善共产党的执政环境

中国共产党执政离不开良好的执政环境。生存于社会之中的人都处在于一定的社会环境之中，执政的政党都会存在于一定的执政环境之中。对于执政党而言，其执政所面临的一切都会对其产生影响，这些影响包括积极的和消极的，影响因素之和就是其所面临的执政环境。执政环境包括内外两个环境，从外部环境来看，执政的系统要面临外在环境因素的影响，这些因素包括国际因素、历史文化因素、自然因素、科技因素、社会因素等；从内部环境看，政治文化、执政能力、领导人的政治品格和性格、执政党党风、执政理念、执政方式等都是执政依存的内在环境，当然这些内外的环境也是不断变化的，呈现动态性的特点。内外环境都会对执政环境产生直接或间接的影响。其影响有时是正面的推动，有时是反向的阻碍，甚至有时是推动与阻碍兼而有之。而且内、外环境是相互影响的，有时随着"量"的积累、"度"的突破，内、外环境之间也会出现相互转化。② 执政党的执政活动必然处于一定的执政环境并在与执政环境的互动中展现相应的执政效果。优越的执政环境有助于共产党执政能力的提升、创造共产党丰富的执政资源；恶劣的执政环境不利于执政成本的降低与执政能力建设，最终会危及执政党的执政地位。选举民主与协商民主发展及其协同

---

① 吴莹. 国家治理现代化视阈下中国共产党执政资源的开发与利用 [J]. 广西社会科学，2017（4）：20.
② 黄明哲，吴丽芳. 论优化党的执政环境 [J]. 江西社会科学，2005（3）：161-162.

有助于优化中国共产党的执政环境。

选举民主与协商民主发展及其协同有助于优化中国共产党执政的外部环境。一方面通过选举民主与协商民主的结合，实现选人、用人的"选举"加"选拔"，避免了单纯"选举"取人的弊端，从而选出理想信念坚定、能力突出的优秀执政团队，这更有助于应对外部风险和挑战。另一方面如前文所述，在中国共产党领导下，协商民主与选举民主的协同实践，巩固和扩大了党的群众基础，这使得中国共产党更能够团结和带领广大人民群众，有信心与力量去应对外部的风险和挑战。此外，在我国，人民政协是专门的协商机构，是爱国统一战线的组织形式。民主党派既是我国的参政党，也是人民政协的重要界别。而人民政协的界别和组成人员中有些与海外有着广泛甚至是密切联系。民主党派某些成员同港澳台和海外有着广泛联系。比如，中国致公党是以归侨、侨眷的中上层人士为主组成的，是具有政治联盟特点的、致力于建设中国特色社会主义的政党；台湾民主自治同盟是由台湾地区人士组成的、社会主义劳动者和拥护社会主义爱国者的政治联盟，是为社会主义服务的政党，而他们参与国家事务的协商，将有助于推动祖国和平统一进程、维护世界和平和促进国际事务的解决，从而为中国共产党营造良好的执政外部环境。需要指出的是，进入新时代，习近平总书记创造性地提出构建人类命运共同体的时代命题并反复强调坚持以对话协商构建人类命运共同体。比如，他在联合国日内瓦总部发表题为《共同构建人类命运共同体》的主旨演讲中提出，"坚持对话协商，建设一个持久和平的世界。国家和，则世界安；国家斗，则世界乱"①。尽管构建人类命运共同体中的"对话协商"超出了社会主义协商民主的边界，不属于社会主义协商民主范畴，但是两者还是存在一些相通之处，两者都是以对话为中心的民主治理形式，两者也都是以习近平同志为核心的

---

① 习近平谈治国理政：2［M］．北京：外文出版社，2017：541．

党中央根据国际形势的深刻变化以及新时代中国治国理政的现实要求，统筹国内国际两个大局，致力于参与和完善全球治理、推进国家治理体系和治理能力现代化的主动作为与重要举措。坚持以对话协商构建人类命运共同体有助于推动世界和平与发展，而世界和平与发展能够为中国发展提供良好的外部环境，反过来，社会主义协商民主建设有助于实现中国和谐、稳定和发展，而一个和谐、稳定和发展的中国必将为世界和平与发展提供重要机遇。在这个意义上，强调对话协商构建人类命运共同体也将有助于优化中国共产党执政的外部环境。

选举民主与协商民主发展及其协同有助于优化中国共产党执政的内部环境。

首先，有助于改善中国共产党执政的经济环境。对于领导庞大市场的中国执政党和政府来讲，完善中国社会主义市场经济体制，推动经济发展方式转变，优化经济结构，制定科学具体的经济政策，需要多方面力量的支持、配合和参与。比如，2019 年 7 月 29 日，中共中央就经济形势和下半年经济工作同党外人士进行协商座谈，习近平总书记主持座谈会并发表重要讲话，李克强总理就经济工作有关情况进行了通报。在座谈会中，民主党派领导人先后发言提出意见和建议①。其次，有助于改善中国共产党执政的政治环境。政治环境可以说是政治生态。习近平总书记多次强调营造风清气正的良好政治生态，他指出如果政治生态好，人心自然就会顺其平和，也会充满正气，反之，如果政治生态不好，人心就会涣散，没有凝聚力，没有号召力，百病丛生，政治生态治理需要持之以恒、久久为功、综合施策。② 选举民主与协商民主发展及其协同，有助于推动选人用人方式的多样化，避免单一任命制存在的弊端包括腐败，在一定程度上纠正选

---

① 中共中央召开党外人士座谈会 [N]. 人民日报，2019-07-31 (1).
② 习近平在第十八届中央纪律检查委员会第六次全体会议上的讲话 [N]. 人民日报，2016-05-03 (2).

人用人中存在的不正之风，将真正干净担当有为的干部选拔出来；同时有助于推动现有政治体制的改革和完善，推动权力在阳光下运行，压缩消极腐败现象生存空间和滋生土壤，形成风清气正的良好政治生态。再次，有助于优化生态环境。将协商民主引入环境问题治理，有助于推动生态政策的科学合理制定，减少、避免环境群体性事件发生。国内学者对我国环境群体性事件协商民主解决方案进行研究后指出，"为了有效应对邻避冲突并走出邻避困境，协商治理已成为必然趋向。……有效的风险沟通、合理的利益补偿与成功的协作治理是实现邻避项目协商治理的基本要素，这无疑为地方政府走出邻避冲突治理困境提供了有益的启示"①。最后，有助于优化国内社会环境。协商民主与选举民主的发展及其协同，有助于推动公民广泛参与，促进社会利益表达与整合，化解社会冲突，凝聚社会共识，构建社会主义和谐社会，从而优化国内社会环境。

（四）优化共产党的执政体制

政党执政必须借助一定的体制。体制是建立在基本制度基础上的，是基本制度的实现形式，并与基本制度共同构成了执政党执政的基本架构。执政党执政体制反映了党在执政过程中与党、国家、社会团体之间的关系和权力配置。就中国而言，"中国共产党的执政体制是指中国共产党与国家政权机关、民主党派和社会（民众）之间相互关系及其职权划分的制度设计与安排。同时，还包括党内各种关系的制度设计与安排。它主要包括四部分：党内体制、党政体制、党际体制和党群体制"②。

正如前文所述，在中国，共产党与国家不是分离的，这一点不像实行自由民主体制的国家。在自由民主体制国家，政党通过选举竞争执掌政

---

① 张紧跟. 邻避冲突何以协商治理：以杭州九峰垃圾焚烧发电项目为例 [J]. 行政论坛，2018（4）：92.

② 温敬元. 论健全中国共产党的执政体制：以政党政治的基本架构为视角 [J]. 中共福建省委党校学报，2007（11）：23.

权，一旦执掌政权就要受到宪法的约束。在中国，共产党本身就是宪政体制的重要内容，宪法赋予了中国共产党领导国家的权力。这种体制是在近现代中国政治发展中逐步形成发展起来的。中国共产党带领中国人民通过完成新民主主义革命建立了新中国，又通过之后的社会主义革命和建设富强了新中国。所以，在中国，中国共产党与国家政权的关系，同西方很多先发国家是不一样的，中国是由中国共产党创建的现代国家即中华人民共和国，中国共产党领导中华人民共和国，执掌国家政权；很多西方国家如英美，是先建立现代资本主义国家，而后在国家内部因现实政治发展需要而创建现代政党，政党只有选举取得胜利才能成为执政党，执掌国家政权，领导国家。

在中国党政体制中，最核心的是中国共产党对政治体制的领导。中国共产党对政治体制的领导主要体现在思想领导、政治领导和组织领导方面。在思想领导上，体现在中国共产党对党和国家指导思想的制定权、修订权、解释权上，以及利用党和国家一切可能的资源和渠道进行理论宣传，以思想理论说服人、武装人，使得广大党员、人民群众真心接受、积极拥护、有力践行党的理论和主张；在组织领导上，体现在中国共产党利用已经建立的党的各级组织充分地调动和发挥党员模范带头作用，同时选好、用好领导干部，向国家机关、人民团体等推荐合格的领导干部，去推动落实党所制定的路线方针政策，以推动党的事业进步、目标完成；在政治领导上，体现在党在党和国家重大事项、重大决策、重大路线的制定上具有决定权，党掌控着党和国家的发展方向、发展道路、发展目标。

自执政之日起，中国共产党一直在探索和改进如何进行有效的领导，推动党的领导制度化，通过主导国家政权运作，合法地组织和管理社会。其中党政体制探索就是一个十分重要的方面。党政体制是中国共产党领导革命和建设过程中逐步摸索、总结完善的一套制度设计，它在不同时期有着不同内容、不同特点。在党政体制中最为关键的是党与政权关系的构建，将党的领导深深嵌入政权之中。"如何完善党的全面领导制度，保证党的有效领导，实现国家治理现代化，是新时代党政体制必须回应的核心问题。"① 从中国共产党的长期执政看，中国共产党领导权的落实离不开选举民主与协商民主的协同发展，比如，上文提及的三项重大领导权力的完成都离不开选举民主与协商民主的协同配合，三项重大领导权力的运行由党内至国家，并经过国家层面的选举民主与协商民主的协同配合，最终成为国家意志。可以说，在长期实践中，中国共产党探索形成了以协商民主与选举民主协同发展的方式推动党政体制完善。正因如此，党的十八大提出，全面改革的重要方面是政治体制的改革，必须持续深入推动政治体制改革，"要更加注重改进党的领导方式和执政方式，保证党领导人民有效治理国家；更加注重健全民主制度、丰富民主形式，保证人民依法实行民主选举、民主决策、民主管理、民主监督"②。党的十八大同时提出了健全社会主义协商民主制度的命题，强调多渠道、多形式推进人民内部广泛协商，发展社会主义协商民主政治。《意见》进一步指出加强协商民主建设是社会主义政治体制改革的重要内容。

中国同时具有迥异于世界各国的党际体制。这一党际体制的制度基础是中国新型的多党合作制度。这一制度是中国执政体制与其他执政体制显著不同的一个重要体现，也是中国执政体制的一个独特优势。③ 中国政党制度的民主价值不是通过两党制、多党制的竞争选举、替代监督的形式体现的，而主要是通过政治协商、民主监督和参政议政形式体现的。中国党际政治协商"主要采取民主协商会、小范围谈心会、座谈会等形式"④，

---

① 宋玉波，黄锟. 党政体制改革的探索与优化 [J]. 上海行政学院学报，2020（1）：14.
② 胡锦涛. 坚定不移沿着中国特色社会主义道路前进 为全面建成小康社会而奋斗 [N]. 人民日报，2012-11-18（1）.
③ 王海军，刘云华. 宪政视角下中国共产党执政体制建设的制度设计 [J]. 求实，2009（11）：19.
④ 中共中央文献研究室. 十六大以来重要文献选编：中 [M]. 北京：中央文献出版社，2006：675-676.

特殊情况下，也采用书面协商形式。中国政党协商"主要是围绕国家和地方的重大方针政策与重要事务展开的，即中国党际协商客体主要是国家和地方的重大方针政策与重要事务"①。在两党制、多党制中，政党之间也存在协商。不过，总体来看，两党制、多党制中政党间的竞争是长期性的、制度性的，协商是偶然性的、非制度性的，且协商往往是不得已而为之，具有政党交易的特点。反观中国，执政党参政党之间不存在竞争，政治协商是它们基于共同使命与目标的主动作为，不存在政党交易问题，而且这种协商是长期性的、制度性的。中国党际协商推动了中国党际民主、党际体制的发展。另外，中国共产党同民主党派尽管两者之间不存在竞争关系，不通过选举角逐政权，但是它们之间的协商还是间接涉及选举问题，比如，国家领导人选在进入选举之前一般需要经过党际协商程序。因此，从这个意义上我们可以说，党际协商、党际体制的发展有助于完善党政体制。

社会主义协商民主与选举民主的协同发展推动了党群体制的完善。群众路线是中国共产党的根本工作路线。脱离群众成为中国共产党执政后面临的最大危险。为了保证党能够密切联系群众，中国共产党建立了各种制度，选举民主与协商民主制度就是其中的重要组成部分。选举民主的实施加强了领导干部同广大人民群众的联系，它使得领导干部知晓自身的权力来源，清楚自身要代表好选举自己的选民利益，从而促使他们谨慎用权、为民用权，主动做到同群众商量办事，办好事。因此，无论是选举民主还是协商民主都有助于密切党群干群关系。当然，由于协商民主更能够推动群众经常广泛地参与，所以它在密切党群干群关系上更具有优势。正因如此，所以党的十八大以来，中国共产党明确提出，社会主义协商民主是中国共产党的群众路线在政治领域的重要体现。仅从中国广大农村民主选举

---

① 刘俊杰. 当代中国党际协商民主研究 [M]. 镇江：江苏大学出版社，2013：26.

与协商实践看，村民通过民主选举产生村委会，通过参与村委会主导的协商实践，不仅激发了他们对村庄事务参与的积极性，更为重要的是依此他们将具有代表性、共通性的利益通过合法的途径生成为公共政策。并且无论是从形式上还是从内容上，它都在避免潜在冲突的基础上，实现了各种主体间的权衡和利益的平衡。在这个意义上，民主选举和协商成为合法产生政治决策的一种工具，它达成了"自上而下的群众路线和自下而上的农民参与之间良性互动"①。

三、发展社会主义公民文化

（一）增强政治素质

人民在民主政治实践中生活，经常性地参与民主政治实践的锻炼必然会增强政治素质。参与是民主政治的前提，是民主政治的第一要义。没有参与，民主政治就无从谈起，因此在这个意义上，广泛动员组织人民群众有序依法地参与国家和社会事务的管理，就成为发展民主政治的必然要求。而公民有序依法地参与国家和社会事务的管理，必然要具备相应的政治素质。公民的政治素质是政治共同体成员经过政治社会化教育、主动学习实践、外在环境的影响等综合形成的一种认知公共权力、行使公共权力、监督公共权力的态度倾向、实践能力、个体品质和行为方式，"是政治的主观化，也是主观的政治化，包括政治心理、政治思想、政治品德和政治行为等方面"②。简单地说，政治素质就是公民参与政治实践主观上的能力。这种能力反映在现实政治实践中是一种实践能力。只有当公民不断主动参与到各类政治活动中去，才能锻炼、提高自身的政治素质。因为说

---

① 戴玉琴. 农村协商民主：乡村场域中群众路线实现的政治路径［J］. 江苏社会科学，2016（2）：85.

② 魏晓文，李春山. 当代中国公民政治素质发展的动力机制和互动规律［J］. 思想教育研究，2011（12）：11.

到底，政治素质不仅包括一定的理论素养，它更多的是一种实践能力。过去受落后的政治观念影响，一种观点认为中国社会广大的下层群众不应享有权力、权利，因为他们不具备任何政治素质，只有精英阶层或者说"仕族"阶层才能够参与国家事务的政治实践。步入近代，一些秉承西方民主、自由观念的资产阶级革命派在革命实践中依旧将此奉为圭臬，认为中国底层农民同民主革命运动及其与之相关的民主实践活动无关。这种观点显然是片面的，就像在说不会做饭的人就不能吃饭一样，因为参与民主政治实践活动是公民的一项权利。诚如，吃饭是用勺子吃好，还是用铲子吃好，亲身尝试过的人都知道应该怎么做，所以加大公民的民主训练力度、帮助他们渐进地掌握现代政治生活的知识与技巧、提升他们的政治素养才是关键所在。① 而且，这种观点早就被抗战时期中国共产党在根据地民主政权建设中进行的民主创造所否定，当时的抗日根据地很多农民目不识丁，中国共产党在根据地所创造的"豆选""烧豆"等选举方式保障了根据地人民的民主权利，调动大家建设根据地和抗日的积极性。

公民的政治素质具有深刻的内涵。政治观念、政治知识、政治参与经历共同构成了公民政治素质的要义。其中，政治观念是核心，其关系到政治实践的方向与内容是否正确的问题；政治知识是基础，没有大量的政治知识作为基础的政治实践，参与会变得盲目，成无头的苍蝇；而政治参与经历则决定着公民参与的效果和效率。② 从政治观念上讲，人们的政治观念会随着民主实践走向深入和经济社会的不断发展而发生变化。国家政治越来越向普通群众敞开，参与渠道和形式越来越多元，他们就会越来越以主人翁的姿态关注政治、参与政治。新中国成立以来伴随选举民主和协商民主的发展，公民开始以积极的态度去参加政治生活，以试图影响公共决策实现和维护自己的利益，公民的政治需求呈现越来越高的趋势。

---

① 贾可卿. 协商民主的价值及其局限 [J] . 新视野，2008（4）：67.
② 马晓红. 对公民政治素质的个案分析与思考 [J] . 科学社会主义，2005（6）：35-36.

从政治知识上讲，广大人民群众参与协商民主与选举民主实践，极大地丰富了他们的知识和技能。通过参与协商民主与选举民主实践，可使他们对中国政治权力的运行机制、对选举民主与协商民主协同发展形成基本共识。参与选举民主实践，使得他们对选举的相关法律制度、对选举的重要意义、对自身的权利和义务、对直接选举和间接选举、对等额选举和差额选举、对选举的经费、对选区的划分、对选民登记、对候选人提出、对选举程序、对代表的监督和罢免、对选举破坏的惩戒等都有了相应的了解。协商民主的展开使得广大人民群众更深入理解协商民主的意义，了解协商民主建设的指导思想、基本原则和渠道程序，对协商民主的领导力量，对自己和他人的权利和义务，对协商过程的规则，都有了一定的认识。课题组在 WX 市 HJ 社区调研中发现，社区在制定议事规则中明确提出要遵守罗伯特议事规则，而且将罗伯特议事规则与自己社区议事结合起来制定了符合社区议事的社区版"罗伯特议事规则"，这说明该社区工作人员在协商民主实践上已经具备一定政治知识。更为甚者，这种议事规则的实践也使得社区居民对罗伯特议事规则有了了解，进而增加了他们的协商知识。

从政治参与经历上讲，经常性地参与选举与协商民主实践可以提升公民的政治素质。这表现在，公民的参与可以增强其政治认知。"政治认知是人们对政治体系、政治角色、政治主体等的认知和辨认，即人们通过政治社会化的形式对政治取得的了解。"[1] 在现实政治生活中，人们参与政治实践就必然要对政治系统具有一定的认识，这会增加他们的政治知识；同时，在政治参与中的判断、推理等思维的运用和现实思考，也会增加他们对政治生活的间接认识。公民通过参与，在政治输入上有助于加强对政治系统结构、功能、角色的认知，对政治决策流程的认知；在政治输出上有

---

[1]　罗峰. 社会主义政治文明与公民的政治素质 [J]. 党政论坛，2003（2）：39.

助于了解政策的运行过程；在自我认知上能够清晰自我的责任和义务。在增强政治认知的基础上，公民参与有助于提升公民对政治系统和政治过程的情感，在增强政治认知和政治情感的基础上，公民参与也有助于公民形成一种常态的政治态度。如果说政治情感是易变的，那么政治态度是相对稳定的，它不会轻易改变，因为态度的根基在于认识和情感，也是在认识和情感的体验与升华中得以稳固的，只有具备了正确的情感、认知，才可能具备适宜的态度。基于此可以说，政治态度同公民的素质密不可分、紧密联系，这对政治文化的生成也会产生直接的影响。① 所以选举民主与协商民主的运行能够在增强公民的政治认知、政治情感的基础上形成一种常态的政治态度，这种政治态度是建构参与型公民文化所必需的。

（二）营造参与氛围

选举民主与协商民主协同实践有助于培育公民的法治思维。法治思维是民主社会为客观地处理多元化利益分歧、切实地保障公民合法的自由和权利、更好地体现民主而形成的一种以法制为信仰、以法律为准绳并善用法律为武器来解决问题、矛盾和冲突的思维模式。② 它是现代公民文化的应有之义，是现代公民特别是领导干部应该具备的一种思维。习近平总书记明确要求："各级领导干部要提高运用法治思维和法治方式深化改革、推动发展、化解矛盾、维护稳定能力。"③ 在现实中遇到矛盾和问题首先要想到在法治轨道内解决问题，考虑解决问题的方式和方案合不合法，于法是否有据，自觉形成用法治思维解决问题、开展工作的思维方式和行为习惯。中国共产党领导国家进行建设，运用协商民主与选举民主开展国家治理，需要领导干部遵循法治思维和法治方式。而协商民主与选举民主的实

---

① 罗峰. 社会主义政治文明与公民的政治素质 [J]. 党政论坛, 2003 (2)：39.

② 李永洪. 把法治思维作为公民文化培育的重要支点 [J]. 理论探索, 2015 (6)：113.

③ 习近平在首都各界纪念现行宪法公布施行 30 周年大会上的讲话 [N]. 人民日报, 2012-12-05 (2).

施也能够增强参与主体的法治思维。法治思维包含着权利思维、规则思维、责任思维、理性思维、平等思维等，这些思维的具备有利于公民文化的培育。选举民主与协商民主的实施对于领导干部提出了更高的要求，领导干部也是公民，但他们是被赋予权力的公民，对于他们来讲，领导协商民主和选举民主的开展，自己首先要按制度而行，遵循法治思维、法治方式开展实践，并做好带头示范作用。

选举民主与协商民主协同实践有助于培养理性积极的公民，培育与现代民主政治相适应的公民政治性格和政治人格。选举民主与协商民主的实践本身就是一场实践教育。通过参加选举和公共事务协商，公民可以掌握相关的技巧和方法，形成理性积极的参与性格，培养出现代公民。也只有这样，才有可能尽量地避免政治狂热分子和政治冷漠分子成为民主政治体系中的一员，才有可能尽量地避免他们对民主政治体系的破坏或因之而起的恶性示范效应。所以，"这种公民文化的培养，是有利于全国层面上的民主制度的运作的"①。在过去千年的封建专制统治与文化影响之下，人们形成一种依附性政治人格。新中国建立后，特别是改革开放以后，随着社会主义市场经济体制的建立和发展，中国特色社会主义政治的不断发展、政治体制改革的深入推进，公民的参与意识、平等意识、主体意识、竞争意识等显著增强，我国新型的参与型公民文化初步形成，公民独立的政治人格得到确立。这也表明，民主实践对于公民的这种培育是全面的，不仅仅局限于基层，在国家层面和党内都有发挥作用。除了实践教育之外，实际上，在现实当中，中国的现代教育也为公民这种性格的培育提供了渠道。比如，现在大学公共课的教育，也都在培养大学生积极参与国家事务、参与公共事务，做一个合格公民，这些课堂教育对于公民理性积极的政治性格和人格的形成发挥了积极作用。

---

① 金业钦. 参与型公民文化与政治稳定［J］. 理论月刊，2014（6）：118.

选举民主与协商民主协同实践有助于培育公民开放包容的精神。"政治宽容精神是现代公民必须具有的一种政治素养。"① 开放宽容是现代民主政治体制理应包含的政治精神。在封闭、计较、针锋相对的政治环境和社会环境中，不可能存在民主的选举和协商，选举和协商的推行反而会更加加剧社会的对立与纷争。所以，现代民主政治需要公民具备开放包容的精神，同时它也在具体实践中培育和提升公民开放包容的精神。从今天中国现实来看，政治的发展更需要一种开放包容的精神。改革开放以来，我国出现利益多元分化，如果没有宽容妥协的精神，社会就可能出现撕裂的风险。协商民主的实行有助于培养公民宽容妥协的精神，使得人们更能够接纳、尊重多元的观点，做到求同存异。人是社会的产物，他（她）能够通过模仿、学习周围社会的普遍行为规范，形成自我价值体系。在宽容、协商的社会环境中，社会成员更容易接受并养成包容、善于倾听他人的观点、思考他人的处境立场、乐于修正自我的偏见。长期生活在这样的环境中，当社会成员听到他人或自身遇到涉及众多社会成员利益的问题时，他（她）就会下意识地做出该事情必须经过利益涉及者共同讨论、协商后做出决定的判定，而且基于自身意志的思考也会形成自觉的行动。实事求是地讲，一旦公民、政治系统的人员具备了包容开放、多元共存的心态和思维，自觉遵守政治运行规则，习惯于用协商的思维和方法解决问题、化解纠纷，那么民主政治自然会发展得比较平稳，不会出现大起大伏。② 选举民主实行所需要的公开选举、合法竞争也都有助于公民开放包容精神的培养。而两者的结合更有助于求同存异、开放包容精神的养成。

（三）培育公民精神

公民精神是一个公民应该具备的样子。它反映着公民对自身公民身份

---

① 史成虎. 现代公民文化：构建良性政治生态的"软件"［J］. 理论导刊，2016（5）：14.
② 叶长茂. 协商民主：后发国家政治可持续发展的优选路径［J］. 高校理论战线，2013（3）：67-68.

的自觉体认与担当精神。选举民主与协商民主协同发展有助于培育公民精神。从公民精神的主体性要素上讲，这主要表现在如下四方面。

首先，它有助于增强公民的权利意识。权利意识是在政治社会化、现实公共参与、外在维权示范中强化、根植于社会主体的一种权利认知，它是社会主体意识的组成内容，在步入民主政治时代，社会主体意识的一个重要方面就是民主权利意识。社会主体权利意识的强弱和内容直接关系到社会的法制化进程。从权利意识的结构层次来看，"权利意识是一个复合结构体，它包括权利认知、权利情感、权利意愿、权利（价值）评价和权利信仰等"①。选举和协商都是宪法法律保障的公民基本政治权利，公民通过参与，必然增强其权利意识。主要原因在于选举与协商的民主实践，有助于增强公民对于自己享有的自由、权利、利益的认识，进而积极投入参与实践，提升公民的权利情感，从而激发他们自觉去行使权力，捍卫自己的权利。

其次，它有助于增强公民的责任意识。选举民主实践有助于增强公民的责任意识。"公民通过投票选举这一制度化的渠道来表达他们自己的内心意愿和政策偏好，从而增强公民的归属感和责任感。"② 公民作为国家的一员，他们在党内选举、国家选举以及基层选举中，行使投票权利，有助于增强他们的党员主人翁、国家主人翁意识。协商民主实践同样有助于增强公民责任意识。这主要是由于在民主协商的过程中，群体对个人的决策结果和假设会进行充分的验证与公开的检视，无论验证、检视的结果如何，这一过程本身能够让参与民主协商的所有人感受到作为政治共同体中的每一个成员"都是更大社会的一部分"，并且意识到主动、积极承担责任能够促成"共同体"的繁荣。③ 这一点在基层社区的小范围协商民主实

---

① 吴斌. 我国公民权利意识现状述评 [J]. 云南社会科学，2009 (3)：64.
② 孙照红. 选举民主和协商民主：中国特色的双轨民主模式 [J]. 唯实，2007 (7)：34.
③ 张方华. 协商民主语境下的公民参与 [J]. 南京社会科学，2007 (7)：71.

践中表现得尤为明显。前文已经提到，课题组在社区调研中发现，现在不少社区是在城市发展中不断新建、组合而成的，加之一些社区还有不少外来人口，所以导致社区居民间不太熟悉，不少居民对社区缺乏认同感，而开展社区协商民主为社区居民加深彼此认识和了解提供了渠道与平台。这种实践增强了居民对社区的认同感，强化了居民对社区发展的责任意识。

再次，它有助于增强公民的参与意识。"公民的参与意识是衡量我们国家民主政治发展程度的重要指标，反映我国的民主政治状况及其水平。"① 公民参与意识对公民的参与积极性、参与程度具有重要影响。当然，公民的参与意识也是可以培养的。选举民主与协商民主在增强公民的政治效能感的同时，也有助于增强公民的参与意识。通过不断的民主实践，公民会在这一过程中增强参与意识。这一点从近代以来中国民主的发展进程及其给中国百姓带来的思想变化中就可以明显看出。近代以来中国人民从最初不知民主共和为何物，到开始捍卫争取民主共和，再到现在成为国家的主人、积极参与协商和选举实践，民主实践的发展持续不断地增强了公民的参与意识。

最后，它有助于增强公民的政治效能意识。"协商民主与选举民主的政治效能，在很大程度上表现在协商民主与选举民主适应和促进经济与社会发展的合理程度和有效程度。"② 通过民主选举，选举人心仪的候选人当选，这会给其带来成就感。当选者在行使权力以后干出政绩，满足了当初选民的期待，回应了他们的关切，解决了他们的利益诉求，这对选举人而言，就更有获得感。协商民主的运行同样有助于增强公民的政治效能感。通过民主协商，协商主体参与涉及自身利益的公共事务的讨论解决，协商结果被实施，实施后维护了协商主体的利益，这自然会提升其政治效能意

① 时伟. 增强公民参与意识是促进公民有序政治参与的重要条件［J］. 学校党建与思想教育，2010（32）：70.
② 许奕锋. 选举民主与协商民主的内在逻辑及价值取向［J］. 湖南省社会主义学院学报，2011（2）：30.

识。比如，在城乡社区开展的协商民主实践中，协商民主在城乡社区治理中的应用推动了社区向现代协商治理转变，在社区党组织、自治组织的组织之下，多元主体参与协商，"形成了以服务协调、多方参与、协同共治的治理模式，这种模式有助于调动广大党员群众参与的积极性、主动性、创造性，提升他们参与的获得感"①。

四、彰显中国政治制度优势

（一）确保政治发展方向正确

党的领导是社会主义民主政治建立和发展的根本保证。中国共产党的领导是中国特色社会主义最本质的特征。中国共产党带领中国人民建立了新中国并通过社会主义改造确立了社会主义制度，在改革开放后又从实际出发逐步确立和发展了中国特色社会主义制度。在当代中国，坚持中国共产党的领导是确保未来中国发展社会主义方向的必然要求和根本保证。

选举民主的运行保证了中国共产党的领导。政党是现代民主政治的核心要素。实行政党政治的国家，无论是何种社会制度，一般来说，选举都由政党主导。中国选举民主的运行必然要接受中国共产党的领导。从中国共产党成立至今，选举民主作为中国共产党领导创建和发展的民主形式，无论是党内选举还是党领导的政权和社会中的选举都是在中国共产党领导下开展的。中国共产党领导选举是推动和实现人民选举权与被选举权等民主权利的重要保证。

协商民主发展必须坚持中国共产党的领导。除了前文提及的原因之外，社会主义协商民主发展必须坚持中国共产党领导的一个重要原因还在于它具有广泛、多层、常态化的特点。广泛就是其涉及的主体广泛，涉及的渠道广泛，涉及的内容广泛。多层就是总体来看协商民主存在于中央层

---

① 刘俊杰. 城市社区协商民主的现实问题与推进路径：以无锡市城市社区议事会为例
　　［J］. 黑龙江社会科学，2018（4）：128.

面、地方层面和基层层面，形成多层次发展的格局。常态化体现在协商民主的实践本身由来已久，而且现在是群众经常性参与的民主形式。社会主义协商民主实践的这种特点要求必须具有一个统筹协调推进的领导力量，而这个力量从中国实际来看只能是中国共产党。正因如此，《意见》明确要求各级党委要"把协商民主建设纳入总体工作部署和重要议事日程，对职责范围内各类协商民主活动进行统一领导、统一规划、统一部署"①。当然党对于社会主义协商民主的领导，不是凌驾于其之上、高高在上的领导，而是将领导融入协商过程之中。在协商过程中，党可以接近群众，聆听各方面的心声，接纳并吸收有价值的意见建议，同时也能够让党的政策"飞入寻常百姓家"，让群众了解、理解和支持党的政策。② 在这个意义上，当然可以说协商民主运行的过程也是实现党的领导的过程。

两种民主形式的协同发展也需要中国共产党的领导。中国是一个人口众多且公民素质参差不齐的国度，开展大规模的选举民主与协商民主实践，其单独实施就已需要大量的人力物力投入，更不用说在政党、国家、社会层面协同推进选举民主与协商民主发展，这毫无疑问是一项工程浩大的民主工程，没有中国共产党的领导，是不可能完成的。所以，中国共产党主动承担起这一职责，领导推进两者协同发展，保障和带领人民当家作主。党的十九大明确提出："要改进党的领导方式和执政方式，保证党领导人民有效治理国家；扩大人民有序政治参与，保证人民依法实行民主选举、民主协商、民主决策、民主管理、民主监督。"③ 共产党的坚强有力领导保证了两种民主形式各自以及协同发展的社会主义方向和性质。

---

① 中共中央印发《关于加强社会主义协商民主建设的意见》[N]. 人民日报，2015-02-10（1）.

② 贾庆林. 健全社会主义协商民主制度 为全面建成小康社会广泛凝聚智慧和力量 [J]. 求是，2012（23）：11-12.

③ 习近平. 决胜全面建成小康社会 夺取新时代中国特色社会主义伟大胜利 [N]. 人民日报，2017-10-28（1）.

（二）依靠人民推动国家发展

在新民主主义革命时期，中国共产党相信、团结、带领和依靠广大人民群众，最终实现了民族独立和人民解放，建立了新中国。新中国成立后，中国共产党紧紧依靠并带领广大人民群众进行国家各项建设，实现了国家发展、人民富裕。中国共产党坚持执政为民，将实现自己的执政目标与使人民群众参与到执政过程中相协调。如何将他们吸纳入这一过程，选举民主与协商民主是两种可以采用的重要民主方法。通过选举民主，将所有具有选举权、被选举权的公民纳入政治参与之中，使他们关注国家的发展，选出能够推动国家发展、为国家发展鞠躬尽瘁的优秀代表和领导干部，他们的授权以及授权之后对代表和领导干部的监督是确保国家权力合法产生，产生之后合法运行的重要保证。同时，通过协商民主，将广大人民群众纳入广泛多层的协商民主体系之中，让他们参与到党的执政之中，参与到公共权力的运行之中，在国家、地方、基层的经济社会发展中贡献智慧、发挥能量，在生态文明、社会主义文化建设中奉献力量，并在协商之中发挥对公共权力的监督作用，在协商之中汇聚共识，聚拢人心，形成强大力量。通过选举民主与协商民主的运行调动群众的积极性，将他们团聚在党的周围，实现党制定的阶段性目标乃至最终目标。

（三）建设社会主义和谐社会

选举民主与协商民主的协同发展能够最大限度地保证人民当家作主的权利。前面已经提及，民主的实现形式是多样的。习近平总书记在纪念人民政协成立65周年大会上提到，"人民是否享有民主权利，要看人民是否在选举时有投票的权利，也要看人民在日常政治生活中是否有持续参与的权利；要看人民有没有进行民主选举的权利，也要看人民有没有进行民主决策、民主管理、民主监督的权利"①。而民主决策、民主管理的重要实现形式就是民主协商。选举民主与协商民主的运行，使得人民真正成为国家的主人，参与到权力的产生和运行之中，保证了人民当家作主的权利。

民主的重要目的在于使人民的权力和利益得到维护。民众之所以要当家作主，就是要维护自己的权力和利益。如果民主的实施不能做到这一点，那它只是形式上的民主或是"坏"民主。如果民主的实施能够维护和发展人民的权利与利益，那它就忠实地实现了民主的核心要义，我们至少不能说其是不好的民主。实际上，人类长期以来一直都奉民主为基本的价值追求，之所执迷和向往民主，重要原因在于民主的实施和发展同人民权利的保障、人民福祉的改善、人民利益的增进存在某种程度的正相关关系。与之相对，专制往往带来的是人民利益的损害，人民的权利被淡忘甚至是剥夺，所以它同人民利益的增进、权利的实现存在负相关关系。② 协商民主有助于实现人民的权利。协商民主是中国共产党联系群众的重要方式，是政治与社会连接的民主渠道。中国协商民主是建立在中国特色的社会主义制度基础上的，所以它体现了人民的根本利益诉求，协商主体包含了人民内部的方方面面，包含了不同地区、各个职业、多种信仰、不同年龄的人们，它能总体整合、考量人民的根本利益和普遍愿望，也能够使少数的主张和诉求得到表达，最真实、最切实、最大限度地维护人民的合法权益。推动协商民主发展，"体现了执政党对人民意愿和人民权利的尊重，有利于密切党与人民群众的联系，推动改进党的领导方式和执政方式，保证党领导人民有效治理国家"③。选举民主同样具有实现人民权利的功能。

---

① 习近平. 习近平在庆祝中国人民政治协商会议成立 65 周年大会上的讲话 [N]. 人民日报，2014-09-22 (2).

② 赵中源. 人民民主的时代诠释及其基本边界 [J]. 当代世界与社会主义，2014 (6)：74.

③ 贾庆林. 健全社会主义协商民主制度 为全面建成小康社会广泛凝聚智慧和力量 [J]. 求是，2012 (23)：12.

党员和人民选举自己的代表参与政党、国家和社会事务的治理，本身就是希望这些代表能够反映自己的利益诉求，并最终解决这些利益诉求。

选举民主与协商民主的发展及其协同有助于维护社会正义。公平正义是社会主义核心价值观的重要范畴。国家治理能在多大程度上实现现代化、能不能实现现代化，其中一个重要的衡量指标就是看它能不能维护和实现社会公平与正义。① 选举民主与协商民主对于维护社会正义的重要贡献在于它有助于促进公共利益，推动公共利益的实现。"公共性的价值得以创造，并成为政府行为公正的标尺，也是社会正义的保障。"② 进一步讲，民主国家公共权力的合法性根源存在于公共性之中，如果政府的活动不能依照公共性的价值展开，那么其就不能推动公共性价值的实现。反之，政府的公共权力就建立在了合法性基础之上。在民主选举体制下，权力的行使主体是不断变化的，选举民主制度都是与任期制相对应的，这就使得权力在不同时期由不同人掌握，从而防止了权力垄断以及由此产生的腐败等问题，使得权力能够为公共利益服务。协商民主的运行也有助于公共利益的维护和实现。公共理性是协商民主主体的基本素质要求。协商主体参与议事的内容都是涉及公共利益的事务，这要求协商主体要秉承公共理性展开公共协商。而且从实践上看，由于共产党的先进性以及共产党的责任型政党特征，决定了其能够在协商决策中充分考虑多方群体的利益诉求，在他们之间保持利益的平衡，并积极推动决策的落实，将决策化为造福于人民群众的实际行动、实际成果，从而通过决策制定和执行彰显社会正义。③

选举民主与协商民主发展及其协同有助于维护政治平等。平等是人类自古以来的价值追求也是社会主义核心价值的内容。在平等价值中最为重

---

① 赵天娥. 推进国家治理体系和治理能力现代化的四个维度［J］. 探索，2014（6）：82.
② 张雅勤. 论国家治理体系和治理能力现代化的价值目标——基于现代性分化与融合的视角［J］. 中国行政管理，2015（10）：54.
③ 侯书和. 论中国共产党的协商民主执政方式［J］. 中州学刊，2014（3）：23.

要的就是政治平等，没有政治平等就无所谓政治民主与政治自由，也不会有人们所期待的社会公平正义、团结和睦；因为在政治不平等的社会，必然是阶级矛盾尖锐对立，一方压迫、宰制另一方，在这种社会里不可能存在共同体的团结。"政治平等指所有受政府公共政策影响的公民在政府公共政策的制定、执行、评估中享有平等的机会，具有大致相同的影响力。"① 选举民主与协商民主的存在及运行为广大公民的平等参与提供了重要渠道和制度保证，在参与中平等的政治权利得到体现和保障，个人价值得到尊重和彰显，个人利益得到维护和实现，以真实客观的实践诠释了人民当家作主。"人民当家作主就是要实现集体的共同利益，维护社会正义，防止任何团体受到压制和迫害。"② 协商民主与选举民主尽管在实现民主的路径选择上呈现不同，但都推动了公民的平等参与。

选举民主与协商民主发展及其协同有助于化解社会矛盾和纠纷。比如，其前文提到的课题组在 WX 市社区调研发现，HJ 社区通过议事厅议事解决了社区一些存在争议的公共事务，GRYC 社区探索形成了议事与调解相结合的"居民议事堂"，其实践直接推动了社区纠纷和矛盾的化解。

（四）培养造就更多优秀人才

选举民主与协商民主的协同发展有助于选拔优秀人才。按照党章和宪法的规定，中国共产党和国家机关领导人员都由选举产生。当然，"治理精英的遴选不仅取决于党组织自上而下的培养与选拔，也取决于基层群众自下而上的推荐和选举"③。发展社会主义民主政治对干部遴选的民意基础提出了越来越高的要求。同时，群众的意愿理应成为干部遴选考量的基本

① 殷冬水. 政治平等：神话还是现实：政治平等的内在逻辑与实现路径的规范分析 [J]. 江海学刊，2015（2）：108.
② 陈元中，闪希. 论基层选举民主与协商民主的理论范式、制度模式及协同发展向度 [J]. 中共福建省委党校学报，2016（1）：33.
③ 唐皇凤. 新贤能政治：我国干部选拔制度的民主化与现代化 [J]. 复旦学报（社会科学版），2016（4）：146.

要素。如前文所述，中国不是单独采取竞争性选举的方式选拔领导干部的，而是采取民主选举、民主协商等相结合的方式民主选拔官员的，其主要特征是"选举加选拔"，选拔中贯穿着协商酝酿。有学者认为这是中国贤能政治与民主政治的现代融合，属于贤能民主，"贤能民主，是贤能政治与民主政治的融合，融合着公意民主和众意民主，融合着根本利益与具体利益。贤能民主，就是选出优质的人并通过优质的人做出优质的决策"①。这种贤能政治不同于过去封建专制时代的贤能政治，它是在人民主权时代，在中国现代民主政治制度建立后逐步建立健全的，是一种新贤能政治。这种制度体现了党的意志与人民意志的统一，尽管还不完善，存在一些需要逐步完善各改进的方面，"但它符合中国的国情和文化传统，也包含对其他国家经验的借鉴"②。

选举民主与协商民主的协同发展有助于发现优秀人才。《选拔任用条例》指出："研判和动议时，根据工作需要和实际情况，如确有必要，也可以把公开选拔、竞争上岗作为产生人选的一种方式。"③ 领导职位出现空缺的地区部门，如果没有合适人选，"可以通过公开选拔产生人选；领导职位出现空缺，本单位本系统符合资格条件人数较多且需要进一步比选择优的，可以通过竞争上岗产生人选"④。这种公开的竞争性选拔本身就是发现人才的重要方式。当然，《选拔任用条例》也对竞争性选拔进行了限制，提出："公开选拔、竞争上岗应当结合岗位特点，坚持组织把关，突出政治素质、专业素养、工作实绩和一贯表现，防止简单以分数、票数取人。公开选拔、竞争上岗设置的资格条件突破规定的，应当事先报上级组织

---

① 黄明英. 贤能民主：贤能政治与民主政治的融合［J］. 天府新论，2018（4）：53.
② 刘俊杰. 要正确把握中国特色社会主义制度的优势［J］. 中共福建省委党校学报，2015（12）：8.
③ 党政领导干部选拔任用工作条例［N］. 人民日报，2019-03-18（2）.
④ 党政领导干部选拔任用工作条例［N］. 人民日报，2019-03-18（2）.

（人事）部门审核同意。"①而更多的干部选拔则是传统的选举加协商的方式，即包括分析研判和动议、民主推荐、考察讨论决定等环节。在这其中，除了进行繁杂的协商酝酿、沟通交流之外，也会在小范围内进行选举投票。这种选举加协商的干部选拔方式能够做到"优中选优"，发现优秀人才并从中选拔最优秀的人才担任相应的职务。

选举民主与协商民主的协同发展有助于锻炼优秀人才。民主政治的实践对群众的民主素质是一种提升和锻炼，同样对领导干部也是一种考验、锻炼。通过选举民主的实施，领导干部明白权力来源于党员群众、人民群众，在自己掌权后就更乐于民主决策、民主行使权力，善于运用票决民主、协商民主。通过民主实践锻炼能够形成领导干部的民主作风，提升其民主执政的水平和能力。

---

① 党政领导干部选拔任用工作条例 ［N］. 人民日报，2019-03-18（2）.

社会主义协商民主与选举民主协同发展的推进路径

尽管社会主义协商民主与选举民主总体形成了协同发展的格局，但是这种协同发展还面临着不少制约因素和现实问题，存在很大的推进空间。因此，这就需要在坚持既有协同发展成果的基础上，采取措施推进两种民主形式进一步协同发展。

一、加强顶层设计

（一）加强党的统一领导

必须将中国共产党领导落实到选举民主与协商民主发展及其协同的各环节、各方面、各领域。各级党委应坚持协同发展理念，树立协同性、整体性、系统性思维，将协商民主与选举民主协同发展纳入总体工作部署，对相应活动的开展实施统一领导；制定协同发展目标，明确协同发展方向，规划协同发展步骤，突出协同发展重点，清晰协同发展对象。

建立健全党领导协商民主与选举民主协同发展建设的工作制度。加强统筹协调，解决选举民主与协商民主建设及其协同发展中的重大问题，支持人大、政府、政协、党派团体、基层组织和社会组织依照法律法规及各自章程开展选举与协商，并实施选举民主与协商民主协同发展，有计划有步骤地推进选举与协商活动。同时，加强对选举民主与协商民主发展及其协同建设落实情况的监督检查。

在推进两种民主形式协同发展中，领导干部应发挥带头垂范作用，主动学习社会主义民主理论，灵活掌握选举与协商的工作方法，努力成为推动协商民主与选举民主协同发展的参与者、组织者，通过发展协商民主和选举民主，改善和加强党的领导。

（二）明确协同发展策略

1. 党内协同与党外协同相结合

从党的十六大提出党内民主是党的生命、发挥党内民主对人民民主示范和带动作用以来，党的十七大、十八大都继续强调党内民主对于党的重要性，要求推动以党内民主带动人民民主。"所谓党内民主是指执政的中国共产党党员按照党章的规定履行自己的义务，行使自己的权利，以直接或间接的方式参与党内事务的决定和管理。所谓人民民主是指在我国社会主义条件下，人民依据宪法和法律，享有管理国家和社会事务的权利，当家作主。"① 人民民主一方面体现在人民参加国家事务上，另一方面体现在人民参加社会事务上；参加国家事务管理的人民民主是国家政治层面的民主，参加社会事务管理的人民民主是社会自治领域即社会层面的民主。② 党内民主本身属于人民民主的重要范畴，因为政党本身来自人民，人民民主的发展为政党党内民主发展提供了理念、条件、制度的支撑。但是也应看到，党内民主与人民民主是不同的。党内民主主要面向中国共产党内部，而人民民主的范围则更广，更具有根本性意义。

如前文所述，协商民主与选举民主两种民主形式及其协同存在且运行于国家、社会和共产党党内三个层面，所以推动两种民主形式协同发展也

---

① 王俊拴. 党内民主对人民民主的示范和带动作用分析：学习十六大报告的点滴体会 [J] . 政治学研究，2003（2）：30.

② 任中平. 党内民主与人民民主、国家民主与社会民主的关系辨析及发展走向 [J] . 云南社会科学，2011（2）：22.

要与以党内民主带动人民民主的民主发展思路和路线结合起来。换句话说，就是要以共产党党内协同带动国家层面、社会层面的协同。之所以如此，主要原因如下。一是无论是协商民主还是选举民主抑或两者协同都在党内民主与人民民主中发挥着连接和桥梁作用。"协商民主的发展，既是建设党内民主和由党内民主带动人民民主的前提，也是党内民主带动人民民主的必要中介。"① 党内民主与人民民主的另一个重要结合点就是建立健全民主授权机制，而这离不开选举民主。现在党的领导干部、国家机关领导人员的产生都要经过民主选举，由于中国共产党是中国特色社会主义事业的根本领导力量，作为中国的执政党，其领导权的一个重要方面体现在人事推荐权、任免权上，按照党管干部原则中国共产党党内对领导干部人选有一个党内协商酝酿过程，之后经过党内选举授权，再由党向国家机关推荐人选，最终通过国家权力机关选举、获得任命。二是中国民主政治发展的历史逻辑。中国共产党先于其领导的政权而创建，这就决定了共产党的党内民主先于人民民主运行，共产党党内民主制度先于人民民主国家制度建立。而西方资本主义国家，例如，英国、美国，它们是在先确立近代资本主义国家制度之后，才创建政党，这也就意味着它们是先确立人民民主才确立党内民主。在实行人民民主之前，党内民主由中国共产党率先实行。"党先于人民民主而实行党内民主，这并没有违反从人民民主到党内民主的一般发展规律，即从世界范围看，中国共产党的党内民主也是在已存在着人民民主的背景下发生的。"② 而中国两个领域民主发展的先后之别，体现了后发国家政党领导人民夺取政权、建设政权中党内民主先于国家民主发展的独特性，这也是对世界民主发展一般规律的一个重大贡献、重要补充，所以它也是中国民主政治发展独特道路的重要内容。三是中国

---

① 尹学朋，龙志芳. 以党内民主带动人民民主发展的研究理路 [J]. 学习论坛，2012
（3）：27.
② 许耀桐. 党内民主和人民民主的相互关系 [J]. 毛泽东研究，2017（6）：33.

共产党自身先进性的要求。中国共产党是社会各行各业最先进、最有觉悟、最优秀的分子组成的政党，同时又是领导中国前行的执政党，所以它理应在民主政治建设中体现带动作用。也完全可以发挥带动作用，而且中国共产党要带领人民实现民主，发展社会主义民主，如果自身不是民主的党就很难做到这一点。所以，中国共产党提出以党内民主带动人民民主的命题，从另一个侧面也说明中国共产党对自身加强民主建设、推动民主执政提出了更高要求。四是新中国成立以来中国民主政治建设的经验和教训都反复提醒我们在中国发展民主政治重要的是先要发展好党内民主。纵观整个中国共产党党史、新中国民主政治建设史可以看出，其中蕴含一个共性的现象，即如果共产党党内民主没有发展好，其领导的人民民主实践就不可能发展得好；如果党内民主发展得好，人民民主实践也会有好的发展。

2. 自上而下与自下而上相结合

从中国民主政治发展实践看，单独的自上而下或自下而上推动，都不现实，都不能解决中国政治发展的问题。单独的自下而上，而不自上而下，会使得民主政治的发展难以推进。单独的自下而上，下改上不改，容易使下层的改革失去动力，也使得下层的改革在很多方面缺乏依据和支持。单独的自上而下实施，也不现实，因为随着我国经济社会的发展，群众的民主诉求越发高涨，很多创新的民主形式在基层不断探索创新出来，如果我们要推动社会主义民主政治发展，当然就没有理由约束和限制这种发展。因此，最现实、最有效、最需要的就是自上而下与自下而上两种方式结合起来。"上下结合的政治发展模式的优点在于，能够密切执政党、政府与社会组织、公民个人之间的互动合作关系。"① 不然的话，执政党和政府不了解民众的利益诉求、现实需要，出于好意，把自认为对群众有益

---

① 施雪华，孙发锋. 对中国特色社会主义政治发展道路的理论探索：关于中国政治发展的动力、方式、途径和手段 [J]. 马克思主义研究，2009 (4)：26.

的政策和福利实施于群众，而群众对此却不需要、不领情，这就会造成"甜蜜的负担"，所以在民主政治发展中注重将"上下结合"起来。这样有助于将党的领导与人民民主真正统一起来，既尊重了人民的主体地位，调动了群众的积极性，同时又坚持、巩固和完善了党的领导。反过来说，能够将党的领导和尊重人民主体性、发挥人民创造性统一起来的最好民主政治发展模式就是"上下结合"的模式。

3. 内向协同与外向协同相结合

一方面要推动内向协同，即推动中国共产党层面、国家层面、社会每个层面协商民主与选举民主的协同发展，这是社会主义协商民主与选举民主整体协同发展的重要基础和保障；另一方面要推动外向协同，即推动中国共产党层面、国家层面、社会层面三个层面之间的协商民主与选举民主协同发展，推动它们之间的衔接、联系、互动。三个层面的协商民主与选举民主实践本身并不是孤立的、割裂的，而是有机联系的，应该继续坚持一盘棋的观念，推动三者更加紧密地协同，从而提升协商民主与选举民主协同的整体实效。

（三）采取差异推进政策

协同发展要求总体上重视并同步推进两种民主形式，但并不否定在具体情况下根据现实需要优先运用和发展某一民主形式。在推进协商民主与选举民主协同发展进程中，当然要对两种民主形式同等重视、全面推进，但是也要做到突出重点，不能做到突出重点，全面推进就会大打折扣。这种重点突出既关注不同情况下对某一民主形式的优先运用，也关注不同情况下对两种民主形式协同发展内容和目标的特别强调；既关注党内层面、国家层面、社会层面各自协商民主与选举民主协同发展中的突出重点，也关注三个层面全面协同发展中的重点突出。协商民主与选举民主本身互有优缺、互相补充，关注点不同，所以也要根据特定的事项和情形运用或优先运用某一民主形式。当然，在这方面，盲目实行选举民主优先发展或协商民主优先发展都不可取，一定要区分特定事项和情形。比如，在国家和地方的重大决策问题上，为了科学决策还是要充分运用协商民主，听取各方面包括利益相关方的建议和看法，其中一些专业性问题还需要吸纳相关专家的参与，"将全部利益主体和专家学者纳入一个统一的平台进行磋商和探讨，减少政治差异的、化解政治冲突、增进政治理解、汇集政治粘力"①。在共产党层面，"在市县基层加强党内选举民主，以党内选举民主带动协商民主；在市县以上政治层面，适当加强党内协商民主建设，有效推动党内选举民主建设"②。在基层社区，选举民主和协商民主作为基层群众自治的重要民主形式，两者协同发展推动了群众自治，但相对于选举民主，协商民主无疑是可以频繁运用以保证群众参与的民主形式。

（四）树立协同发展理念

习近平总书记提出了协调发展的新发展理念。协同发展本身就包含着协调发展之意。推动选举民主与协商民主协同发展，首先要具有协同发展的理念，"单级"思维，只强调某一种民主形式的发展，是不可能推动两者协同发展的。协同发展理念必须打破有界、分割、各自为战的思维理念，摒弃"各人自扫门前雪，莫管他人瓦上霜"的固化观念，具有整体性思维、"一盘棋"意识、共同体观念。理念的创新对于实践创新至关重要，推进新时代社会主义民主政治发展必须要形成协同发展理念，特别是形成推进协商民主与选举民主协同发展的理念。

二、构建协商式选举

在中国，协商民主已经一定程度地融入选举民主，所以中国的选举民

---

① 宁超，郭小聪. 论新时代协商民主与选举民主的协同发展 [J]. 湖北社会科学，2018（12）：40.

② 赵宬斐，牟言波. 基层党内选举民主与协商民主协同机制研究 [J]. 新视野，2016（4）：58.

主并不是简单的选举投票，而是协商民主的理念、原则、程序和民主选举紧密结合运作的选举方式。因此，从某种意义上讲，它是一种“协商式选举”。对于协商式选举，有学者指出：“协商式选举就是平等、自由利益相关者掌握足够的信息，进行充分的参与，对自己的选举意见与其他人进行理性的交换，试图说服他人，或者转换自身的偏好的一种选举形式。其核心是在持续的协商的基础上达成共识。”① 协商式选举的一个突出特征就是它不单单关注选举投票，而且将选举看成一个各环节环环相扣的运行过程，其中协商就是选举运行过程中十分关键的环节，选举前有协商，选举后有协商，选举中还有协商，其重要的优势也在于此。

（一）完善选举前协商

1. 推动党代表产生前协商

党代会代表由党员直接或间接选举产生，体现了权力来源于党员群众，体现了党内的权力授受关系。在党代表选举产生之前，就党代表候选人展开协商讨论，是党内权力民主产生的重要体现，也保证了选出的党代表的质量。选举民主是党内民主的重要形式，也是其中的一个重要程序，所以不能认为选举民主是党内民主的全部，协商民主在党代表候选人提名、确定等环节中的运用提升了党内选举的质量，形成了党内“协商式选举”，“通过这种方式，实现党内民主与集中的协调一致、民主协商与民主决策的有效结合、多数与少数的有机统一”②。将协商民主运用于党内选举程序，建立党员群众在党内人事选择上的协商表达机制，能够给党员提供更多的参与机会，通过理性地参与、充分地协商，提升人才选拔的民主性、针对性、科学性，增强党员在党内选举中的主体地位。

提名是党代表选举的起始环节。是否被提名决定了有没有可能成为代

---

① 戴均. 协商民主：村民自治可持续发展的政治诉求［J］. 人文杂志，2009（2）：188.

② 赵宬斐. “协商式选举”：党内选举的路径探索及分析［J］. 教学与研究，2015（2）：22.

表候选人，有没有机会成为候选人又直接影响着是否可能成为代表。所以，从这个意义上讲，把好提名关就是把好了源头关。把好提名关也就把好了代表候选人的质量，而把好了代表候选人的质量也就在很大程度上把好了党代表的质量，因为最终的党代表是在候选人中选举产生的，这是优中选优。为了严把提名关，保证提名的质量，提名需要充分地协商酝酿。

中国共产党对于党内正式选举之前开展候选人人选协商做出了明确规定。《中国共产党章程》规定：党的各级代表大会的代表，党的各级委员会的委员，其候选人人选必须要经过讨论环节，"候选人名单要由党组织和选举人充分酝酿讨论"①。《中国共产党基层组织选举工作条例》规定："从党支部开始推荐提名。根据多数党组织和党员的意见，提出代表候选人推荐人选。"②《中国共产党地方组织选举工作条例》规定，"采用自下而上的方式提名，经过充分酝酿协商，根据多数党组织或多数党员的意见提出代表候选人初步人选"③。从这些规定可以看出，党的各级代表大会的代表人选产生需要经历提名酝酿。

由于党支部提名推荐的人选汇总起来以后，数量比较庞大，所以最后还需要不断筛选，筛选出候选人人选、候选人预备人选，直到候选人正式人选，筛选也是党组织自上而下、自下而上反复协商酝酿的过程。按照《中国共产党基层组织选举工作条例》的规定，在提名推荐人选产生后，选举单位要就推荐人选同上级党组织进行沟通，在沟通协商之后，确定初步的候选人人选，当然，要对初步的候选人人选进行严格的审查把关，并在一定范围内对他们的个人基本情况进行公示。公示没有问题以后，进入候选人预备人选确定环节，选举单位讨论决定预备人选。之后是对预备人选的审查，在审查结束之后，"选举单位召开党员大会或者党员代表大会，

---

① 中国共产党章程 [N]. 2017-10-29 (1).
② 中共中央印发《中国共产党基层组织选举工作条例》[N]. 2020-07-21 (1).
③ 本书编写组. 党的基层组织工作手册 [M]. 北京：人民出版社，2011：174.

根据多数选举人的意见确定候选人，进行选举"①。按着《中国共产党地方组织选举工作条例》的规定，在提名推荐人选产生以后，要对人选进行充分协商酝酿，经此形成初步候选人名单，在对其进行考察、确认无问题之后，选举单位召开党委会议决定候选人预备人选，然后将人选名单报与召开党代会的党委会实施审查。审查通过后，"选举单位召开党员大会或代表大会或代表会议，对候选人预备人选进行充分酝酿，根据多数选举人的意见确定候选人，进行选举"②。在这种协商筛选过程中，上级党委需要集中讨论酝酿，尽管在讨论酝酿中也会总体考虑下级党组织单位的重要性、规模大小等，但由于缺乏具体的选择标准，党委不满意的人选一般会在综合平衡、反复协商中被剔除。所以，这一筛选过程存在的问题也常为人们所诟病。为此，需要提高党委协商酝酿候选人的透明度和民主性。党代表的产生必然要体现组织意图，党组织如果不能够进行适度的干预有可能导致组织控制力的衰减，但是过度干预也有负面作用，它会有损选举的公正性、权威性，挫伤广大党员的积极主动性，破坏党的形象、权威乃至党的整体利益。因此，可以考虑在上级党组织召开协商酝酿党代表候选人会议时，适当邀请下级党组织推荐单位的负责人及代表参与会议协商酝酿，并允许他们就人选问题在会上做适当补充说明，以便能够科学合理地确定酝酿人选，同时应当允许党员旁听，"党代表的产生是党内重大事项，不能光由党组织几位领导讨论的方式进行酝酿、平衡，应当允许一定的党员自愿报名旁听'圈选''遴选'等过程，以增加制约，同时上级党委和纪委要对这一产生过程实施实质性的监督"③。另外，也可以考虑在上级党组织协商酝酿推荐候选人名单之后，在将候选对象名单返回党支部（党总支）协商讨论时，出具一个关于协商酝酿确定候选对象情况的书面说明，

①　中共中央印发《中国共产党基层组织选举工作条例》[N]. 2020-07-21（1）.

②　本书编写组. 党的基层组织工作手册 [M]. 北京：人民出版社，2011：174.

③　万雪芬. 完善党代表选举机制的操作规则探究 [J]. 领导科学，2015（26）：35.

甚至是直接派出相应工作人员进行情况说明。

2. 推动人大代表产生前协商

推动人大代表产生前协商，需要在以下方面下功夫。

一是做好组织宣传工作。选民工作小组在发起协商酝酿之前，应该大力宣传会议的重要性，使得更多选民增强主人翁意识，动员更多的选民参与协商酝酿会议，积极主动地提名推荐，参与人选协商讨论，并发挥监督作用。在对候选人选进行宣传的过程中，注重公平对待选民推荐的候选人和组织推荐的候选人，不要做片面化宣传，有针对性地引导。

二是确立协商酝酿的标准。标准的确定应该更多地依据候选人的自身素质，看这些候选人是不是真正具有水平和能力，政治立场是否坚定，真正能够发挥代表作用，代表所代表的群众利益。

三是充分协商讨论。选举机构应该总体协调，注重时间节点把握，在正式选举之前应该留足时间讨论协商。在选民小组会议上，应该留足时间允许选民发言，在发言讨论中对候选人人选进行反复比较，择优推荐。不能随意简化程序、缩短时间，更不能通过做工作的方式说服一些候选人退出竞争。

四是推动协商酝酿留痕。协商酝酿的过程应该允许记录在案，记录在案的目的在于推动这一过程的规范化，同时也便于后续查询、发挥监督作用。比如，在选举过程中出现围绕候选人的相关争论时，可以通过查询记录的方式进行核实。当然，为了更好地发挥监督作用，也有必要通过适当的形式对协商酝酿的记录材料进行一定范围的公开。

五是遵循"较多数意见"中"较多数"的标准。应该尊重选民或代表意见，充分发扬民主，允许并留足时间进行协商讨论，形成多数一致的意见，而不是将领导的意见当成多数意见。如经过反复协商讨论，仍未形成集中意见，应该通过预选进行筛选。

3. 推动村（居）委会委员产生前协商

现在村民委员会委员的候选人，经过几十年的实践逐步形成了以村民直接提名为主的提名方式。当然也有一些地方部分地采用基层党组织提名、村民小组提名等方式。现在的《村民委员会组织法》明确规定，"选举村民委员会，由登记参加选举的村民直接提名候选人"①。候选人的确定过程也包含着协商讨论。比如，《村民委员会选举规程》规定，"候选人中应当有适当的妇女名额，没有产生妇女候选人的，以得票最多的妇女为候选人"②。这一规定在实施中有时就需要协商讨论，比如，当得票最多的是两位妇女候选人，她们拥有一样的票数，或者得票最多的妇女候选人仍未达到应当选的票数，而票数排在该妇女之前的男性候选人人数刚好满足村民委员会名额要求，且有两位男性候选人票数一样时，这种情况当然是需要协商讨论的。而且由于农村人情关系复杂，这种协商讨论往往容易受到农村复杂人情关系的影响。因此，应建立相应的回避制度，当候选人与村选举委员会成员存在亲属、利益关系时，选举委员会成员应当予以回避。居民委员会委员候选人的确定，不少地方是采用预选方式或选民提名票数来进行确定的。当然也有一些地方采用协商酝酿的方式。这种协商酝酿的方式，也应建立相应的回避制度。

（二）改进选举后协商

1. 完善党内选举后协商

（1）完善党代表大会

党的代表大会代表任期制是完善党的代表大会制度的重要举措。中共十七大正式提出"实行党的代表大会任期制"的要求。中共十七届四中全

---

① 全国人民代表大会常务委员会法制工作委员. 中华人民共和国法律汇编·2018：中 [M]. 北京：人民出版社，2019：758.

② 村民委员会选举规程 [J]. 中国民政，2013（5）：38.

会进一步要求落实和完善党代表大会代表任期制。① 尽管这一命题已提出一段时间，但从现在来看，相关的工作进展不大，由此在理论和实践上一直存在的一个问题是，党的权力机关即党的代表大会与其执行机关即党委会的权责和工作存在脱节，本来党委会要定期向党的代表大会汇报工作，但是由于党的代表大会几年才召开一次，使得党委会工作汇报"失去对象"，在现实中，成了党委常委会向党委全体会议汇报工作，党的代表大会并没有发挥其应有的职权，造成"党的决策权与执行权的职责错位等问题"②。同时，完善党的代表大会制度，还要注意发挥代表作用，建立健全党代表参与重大决策，列席党的重要会议、联系群众、参与干部推荐和评议的制度，保障其享有各项权利，增强党代会的决策权和人事任免权，健全党代表的听证制度。此外，完善党代表大会，要切实落实和保障党章赋予党代会的职权，对于党代会选举产生的领导干部应严格限制其调动，现在中国共产党党内法规也提出对于党代会选举产生的干部要注意尽量保证任期届满，不得随意调动，并且对调动的比例做出了一定的限制。因此，应对党代会选举产生的领导干部任期做出明确限制，"除极特殊情况外，在任期届满以前一般不得随意调配，以尊重党代表和党员的选举意志"③。这种特殊情况应该是某一重要职位出现空缺而其他人又难以胜任的情况，才能够对党代会选举产生的领导干部进行调配。

（2）完善党委会会议

完善党委会会议要具体注意以下四点：一是党委会集体讨论时，可以按着从党委委员、常委、副书记、书记的先后顺序进行发言，避免主要领导先发言，定调子，从而影响后续协商讨论；二是确保参会者都要发言，

---

① 中共中央关于加强和改进新形势下党的建设若干重大问题的决定［J］. 党建研究，2009（11）：9.
② 王光华. 党的代表大会制度的演进与取向［J］. 重庆社会科学，2011（5）：24.
③ 张书林. 地方党的代表大会制度科学化论析［J］. 学习论坛，2012（1）：24.

发言既有态度，也有论据，当然为了保证会议的效率，发言的时间应该有所限制；三是会议主持人不应对发言做主观性评价，以免误导他人发言；四是党委在做决策时发挥党的职能部门、其他部门作用是一个方面，另一个方面也要重视发挥党员群众、社会公众的参与，拓展其参与的渠道和内容，发挥网络协商在党委决策中的作用。

（3）完善常委会会议

在常委会议进行相关问题协商讨论时，应先由分管党委常委就提出议题进行说明，之后，参与的其他常委发表意见，一把手和提出议题的常委应该进行末位表态以免影响意见表达。常委会应定期召开，根据遇到问题的紧急情况，确定随时召集与否。参会人数应至少过常委半数。同时，明确常委会会议议事决策范围，既要做到集体决策，又要防止凡事必议。书记作为会议主持人，要具有驾驭会议的艺术和能力，保证与会人员畅所欲言，议题得到充分的讨论。应对会议过程进行记录备案，形成常委会会议纪要。纪要尽快印发相关人员和议题承办单位。严格实行决策过程记录备案制度，推行决策责任制。"对决策失误问题，要依据备案资料进行分析研究，追究相关责任。要明确决策失误者承担责任的措施，切实把决策权力的大小与应承担的责任统一起来，严格落实各种决策责任制，将决策后果与领导责任挂钩，彻底改变'只决策不负责'的状况。"①

2. 完善国家层面选举后协商

（1）推进人大协商

推进人大听证协商。一是增强听证协商参与主体的代表性。听证协商参与主体应包含听证内容所覆含的利益相关方、行政相对人等，注重弱势群体代表的吸收。二是注重完善听证协商程序。做好协商听证分工，主持人、记录员等各司其职，主持人尤其要掌控好协商讨论的节奏。三是推动

---

① 周建章. 新体制下的地方党委常委会决策机制探析［J］. 领导科学，2010（9）：42.

协商过程公开。采取适当的形式推动协商听证的公开，明确公开的内容，特别是对于陈述人的意见建议，及其采纳情况，应该给予相应的公示。四是及时对听证参与者进行听证意见及其办理情况进行反馈，对于当场能够答复的应该当场给予答复，对于不能当场答复的，应该在明确的较短时间期限内给予答复，提供意见采纳情况及理由。

推进专家咨询和信息化时代民意收集。人大协商的议题很多都具有较强的专业性、实践操作性，因此，提高协商的质量就需要很多精通协商议题的专家来参与论证，以便进行科学决策和立法。为此，需要建立相应的专家库，专家库可以分门别类建立，针对不同专业、行业建立针对性的专业库，甚至通过多种方式建立专门的智库。为了更好地推动专家咨询协商，有必要向参与协商的专家事先提供与议题相关的资料，甚至可以提前组织对议题内容的相关调研，使得与会专家更了解协商议题，以提出更加专业、高质量的建议。进入信息化时代，网络成为群众反馈意见、表达利益诉求的重要渠道和方式。习近平总书记指出："网民来自老百姓，老百姓上了网，民意也就上了网。"① 人大协商应该注重网络民意的表达、收集，通过网络民意诉求的汇聚、分析，汲取有益成分，以推动决策和立法符合群众利益诉求。

建立健全人大协商机制。一方面要完善协商议题确定机制。人大协商事项涉及面广，范围宽，所以必须突出重点，这就对协商议题的选择提出了更高的要求，它必须精准、科学地选题，体现"少而精"。可以考虑安排每年在第四季度，由人大常委会工作机构汇总多方面意见建议，提出下一年协商工作的总体规划。这需要人大常委会工作机构与对应的中共各级党委工作机构、各级政府工作机构等形成沟通联系，也需要人大做好各方面选题意见建议的收集、汇总工作。在汇总整理之后，经常委会委员长

---

① 习近平在网络安全和信息化工作座谈会上的讲话 [M]．北京：人民出版社，2016：7．

（主任）会议通过后，报送同级党委，最后形成正式年度协商规划。规划制定后，通过网站等方式予以公开，以便协商参与者、参与单位能够做好准备。另一方面要完善协商结果论证机制。在协商会议正式完成之后，还应该进行专门的研究论证和会议审议从而形成协商成果。"负责协商工作的牵头部门要组织专门力量，根据需要邀请有关专家学者和主管部门工作人员参与"①，对协商议题展开深入的讨论、论证，在可行性、推进思路上进行重点考量，不仅深入讨论论证实施方案的可行性、必要性，也要对方案实施后可能存在的风险、问题进行提前预判并提出应对方案。经过扎实地讨论研判，形成协商结果，在征求各方意见、大家对协商结果没有太大异议后，按照程序规定提请人大相关会议讨论决定，形成正式成果。

（2）推进政协协商

为推动政协协商民主发展，党中央、政协出台了不少相关制度文件。现在政协协商制度已构建起来。为推动政协协商民主发展，从宏观上讲，有必要优化政协界别设置，以此提升政协协商的质量。现在科学技术的不断进步、经济的不断发展都在影响着社会结构的变化，社会结构也在动态的发展之中，新的职业、新的社会阶层不断涌现，作为统战组织的人民政协也应该适时做出界别的调整以适应变化着的社会，以增强政协界别的适用性、包容性、代表性，"力求使每一个界别都能有效地收集和表达本界别社会公众的利益诉求"②。另外，现在政协协商存在一个问题，即由于政协委员主要是由遴选产生而不是由选举产生，所以一些政协委员并没有认识到这一身份的职责和使命。而是将其视作为一种荣誉，一种社会地位，他们缺乏主动协商的主观能动性，因此如何使他们具有与这一身份相对应的政治责任意识成为一个迫切需要解决的问题。就当前而言，紧要的是，

① 山东省人大常委会研究室课题组. 对地方人大开展协商工作基本方式和制度机制问题的思考 [J]. 山东人大工作，2017（7）：53.
② 顾建军，王柳，曹伟. 人民政协协商民主的创新、问题及优化：杭州市政协的实践与探索 [J]. 中共天津市委党校学报，2016（2）：48.

"完善协商激励制度，对于积极参与协商、对协商作出贡献的政协委员，要有具体的激励制度；对于积极支持配合政协协商、对协商意见及时办理和反馈的党委政府及其有关部门等，要有具体的激励制度；对于积极履行政治协商职能、不断创新协商实践的政协组织，要有具体的激励制度。"① 此外，要注重政协与党政部门工作的衔接，使得政协协商真正服务于党和国家工作大局，做到无协商，不决策、不任免、不立法。

（3）推进政府协商

制定并公布政府协商事项目录。在制定协商事项目录时要关注经济社会发展中的重大问题、重点事项。厘清政府及其工作部门协商的范围和边界，协商事项目录可采用专题形式，也可按照行业类别进行划分。目录部分事项制定可考虑交由有关社会组织和公众讨论加以确定。制定目录内容应该包括政府工作报告、国民经济和社会发展规划、财政预决算报告起草，政府性法规制定，涉及重大公共利益、群众切身利益的政策制定、收费标准制定等。

进一步增强行政协商的广泛性和针对性。为增强协商的广泛性，应拓展和畅通社会大众参与决策动议提出的渠道与相关机制，从而使民众及时顺畅地向行政机关提出立法和决策的意见建议。② 同时利用现代信息技术，例如，微信公众号、博客、微博等渠道就感兴趣的话题进行议题设置展开讨论交流，寻求各方共识。为增强协商针对性，提升协商质量，建立健全专家咨询论证制度十分必要。

根据具体协商事项明确行政协商的时间限制。无限期的协商最终会导致协商的流产。协商的期限不应仅由行政机关随意决定，必须依据讨论事项、涉及群体等综合因素做出大家一般都能接受的时间安排。

---

① 刘俊杰. 人民政协政治协商面临的问题与发展路径［J］. 中州学刊，2012（1）：9.
② 杨克勤. 扎实推进政府协商 加强社会主义协商民主建设［J］. 中国政协理论研究，2015（3）.

解决行政听证的"形式主义"问题。确保代表选取的代表性，完善听证代表产生程序，政府部门可以提前组建听证代表数据库。数据库分门别类，既考虑依据听证事项确立对应的代表；也考虑一些代表的经历、阅历，将其纳入多个事项对应的代表数据库。当需要听证时，从数据库中随机抽取代表，并做好过程监督工作，避免代表内定和抽取舞弊问题发生。推动政府部门将听证结果直接作为决策基本依据。推动听证信息公开，听证过程、听证结果等与听证会相关的信息都应该给予公开。推动议题提出主体的多元化，听证议题的选择和确定可以通过多种渠道发挥群众参与的作用，例如，网络平台，从而使议题更符合民意。

3. 完善城乡社区选举后协商

现在城乡社区协商民主还存在一些不足，主要表现如下。一是社区党组织、居委会业委会与议事会职权边界不清。"在具体实践中，社区议事会的人员构成、议事内容与居委会成员，以及工作任务存在交叉，出现了议事会与居委会职权边界不清、议事会'僭越'居委会、居委会地位矮化的问题。"① 二是议事会成员构成不合理。参与者年轻人少，新市民少，有时还存在利益相关方不足的问题。三是议事制度存在不完善的问题。比如，在议事职责上，议事成员、社区工作人员等在议事过程中承担的职责不明确；普遍缺乏反馈制度，尚未建立明确的议题提出和确定制度。四是相应机制不健全。缺乏专门的协商技能培训和提升机制，议事考评激励机制以及多元协同机制。五是协商形式有待进一步灵活多样。

为此，推进城乡社区协商需要注重以下六方面。一是明确党组织、居委会与城乡社区议事会的边界。城乡社区党组织在协商过程中应发挥统筹规划、总体协调、方向掌控和保障落实的积极作用，具体协商事务可以由社区协商议事会主导完成。社区议事会应在社区党组织领导下、在社区居

---

① 刘俊杰. 城市社区协商民主的现实问题与推进路径：以无锡市城市社区议事会为例 [J]. 黑龙江社会科学，2018（4）：129.

委会主导下发挥协商治理作用。二是完善议事会人员构成。注重吸纳青年人、新市民、利益相关方的参与，同时对于在社区生活工作的社区退休干部、人大代表、专家学者、党派团体成员等，也要积极发挥他们的作用。三是建立健全议事制度。明确社区干部、社区组织、议事员等在议事中的具体职责，建立完善协商议题提出和确定制度，建立议事结果反馈制度等。四是构建相应保障机制。通过"请进来"和"走出去"的方式建立议事员及主持人素质与能力提升机制；建立协商主体激励与退出机制，经济条件较好的社区可以考虑给予表现较好的议事人员或组织一定的奖励包括现金奖励，对于不称职者应予以退出。构建党组织领导、居委会为主导、多主体参与的协同工作机制。五是培育和发展公益组织。一些协商事务的解决与处理可以交由公益组织解决。六是丰富协商形式。适应基层群众多元化参与需求，探索更加丰富灵活的协商形式，充分利用微信群、QQ群或其他交流网站或建立专门的沟通交流平台进行交流协商。

（三）推动选举中协商

在正式进入选举环节以后，在选举中如出现问题还需要相应的协商沟通。现在，县级以上的人大代表、领导干部都是间接选举，差额选举也大都在预选环节进行，所以正式选举环节的争议较少。但是在城乡社区实行直接选举的背景下，由于选举直接面向最广大的人民群众，涉及群众的切身利益，加之城乡社区选举还存在一些不完善的地方，所以选举中经常会有一些争议。出现争议后，就需要处理争议，化解纠纷。而协商沟通是处理争议、纠纷的重要方式和手段。村民委员会、居民委员会下设的人民调解委员会就是调解民间纠纷的自治组织。居民发生的选举纠纷属于居民自治的范围，所以人民调解委员会也可在调解选举纠纷中发挥一定的作用。当然，这种调解的救济范围是比较有限的。它只能调解居民内部的选举纠纷，对于来自社区之外的选举侵权行为是无能为力的，而且当人民调解委员会的组成人员本身就是侵权人或与侵权人存在密切联系时就会使得调解的公正性受到质疑，产生进一步争议。在这种情况下，当人民调解委员会无力解决时，行政救济是化解选举纠纷的另一条路径。在发生选举纠纷，人民调解委员会的自力调解无能为力时，基层人民政府运用调解手段解决村民选举纠纷。正式选举环节中的协商沟通实际上是现有选举制度不完善的结果，解决这一问题在于选举制度的完善。当然，在现实条件下，这种协商既是一种现实存在也具有其现实合理性，它确实有助于化解选举纠纷，推动民主选举顺利实施。所以，在现有条件下，重要的是建立人民调解委员会协商化解选举纠纷的自力救济制度，建立完善行政调解协商化解选举纠纷的公力救济制度，同时要把握好这种行政调解与一般民事纠纷的差异。

（四）发展协商中选举

如前文所述，随着我国城乡协商民主的发展、选举民主的推进，城乡社区协商民主与选举民主的协同发展也随之加快，近年来在基层协商民主实践中出现了一些将民主选举融入协商过程的创新探索，比如，前文提及的 WX 市 HJ 社区的探索。推动协商中选举，就要做好协商民主实践中协商主体的选举工作。另外，城乡社区层面需要处理好由选举产生的协商主体组成的议事会与同样由选举产生的村（居）民委员会之间的关系。需要注意的是，村（居）民委员会是国家法律认定的基层群众自治组织，由于其承担着一些政府职能，所以也有学者将其定性为准政府组织，而城乡社区协商议事会，只是党和政府文件推行的群众自治形式，几乎不承担政府职能，是居民自治探索的创新形式。从现在城市社区实践来看，各地对于居民议事会与居民委员会关系的处理不一样，比如，课题组调研的 WX 市 HJ 社区，这个案例前文已有所阐述，实行的是议事结果直接成为决策，交由居委会执行。而课题组调研的 WX 市 YC 社区议事会的议事结果，需要先经过社区层面评估，评估通过后居委会才执行。如果如同前者，居委会完全遵照执行议事会决议，在理论和实践上面临一个问题：居委会由居民会议或居民代表会议选举产生，它理应向居民会议或居民代表会议负责，执行居民会议或居民代表会议的决议，但议事会成员不少并不是由居民会议或居民代表会议选举产生，在这个意义上，居委会比议事会更具合法性，居委会可以不向议事会负责，可以不执行协商决议。当然，还有其他诸多相关问题需要明确，比如，居委会有没有权力撤销协商代表资格、议事会决议与居委会决议冲突怎么办等。因此，当前紧迫的是在现有法律框架下，理顺议事会与居委会、居民（居民代表）会议等自治组织之间的法理关系，赋予议事会合法性基础并明确其职责范围。但无论如何，村（居）民委员会在社区治理中都应该居于主导地位，这是现行法律与党和政府文件所明确的，包括在社区协商民主治理中也是如此。这也就是说，社区协商议事会的开展应该由村（居）民委员会主导。

三、发展选举民主

（一）加强选举立法

1. 制定统一集中的选举法

前文已经提到，中国现行选举有直接选举与间接选举，县乡人大代表的选举、村民委员会选举实行直接选举，不少地方居民委员会也实行直接选举。在中共十八大之前，我国一些地方在选举实践探索中也曾将直接选举的范围扩大至乡镇党委、政府主要负责人，有些甚至推进至更高层级。

我国现行的人大选举、村（居）民委员会选举都有明确的国家法律保障。除了人大选举、村（居）民委员会选举之外，中国共产党党内选举也有相关的党内法规。此外，在每次换届选举时，各级党组织针对选举工作实施会出台一些规范性文件，比如，十九大召开前中共中央印发《关于党的十九大代表选举工作的通知》，相关行政部门也会出台一些有关选举的行政规章，比如，民政部制定的《村民委员会选举规程》。

总的来看，当前我国有关选举的法律规定不够集中、比较分散。这种过于分散的情况在实践中带来一些负面影响，比如，不利于选民、代表及选举机构了解相关法律规定，也不利于发挥各方面对选举工作的监督作用，另外，也会带来法律之间衔接不足的问题。并且，各种临时出台的有关选举的规范性文件更显得选举工作较为随意。所以，中国在未来有必要出台一部总括性的选举法，这部选举法应该在系统考虑、统筹推进各项制度的基础上，将人民代表大会代表的选举、国家机关领导人员的选举、村民委员会及居民委员会的选举囊括进来。在这样一部统一集中的选举法律里面再对具体的人大选举、村民委员会选举等做出分门别类的规定。同时，做好党内法规完善工作，并推进党内选举法规与这部有待出台的选举法的协同工作。

2. 加大选举立法薄弱点补短板力度

现在我国居民委员会选举有《城市居民委员会组织法》，村民委员会选举有《村民委员会组织法》，以及各地制定的村（居）民委员会《组织法》的实施办法和相关选举办法等制度规定。但是，目前还没有制定城市居民委员会的选举法。自1998年村委会《组织法》结束试行、以正式法的形式颁布至今，这一法律和各省区直辖市通过的村委会《组织法》实施办法推动了村委会选举工作的规范化。但是，现在村委会选举存在看重实体轻程序的问题，主要原因在于实体法和程序法的不平衡，因此应尽快出台村民委员会的选举法，加以规范当前村委会选举的具体选举行为。[①]《城市居民委员会组织法》1989年12月颁布，到20年后的2018年12月得以第一次修正，这部《组织法》实施至今，对于推动城市社区居委会选举发挥了重要作用。但是，在城市已具备直选的情况下，现在城市居民委员会仍然可以进行间接选举，这与基层民主政治发展的要求不相适应，因此，需要制定关于城市居民委员会的选举法。

---

① 肖立辉. 村民委员会选举研究［M］. 北京：中国社会科学出版社，2009：288.

另外，在中华人民共和国国家机关领导人员的产生上，我国也缺乏专门的法律规定。所以，有必要制定《中华人民共和国国家机关领导人员选举法》。2020年6月，中共中央政治局会议审议通过《中国共产党基层组织选举工作条例》，此外党的各地方组织还制定了专门的选举规定。但是到目前，中国共产党选举工作还缺乏明确统一的一部党内法规，所以有必要制定一部《中国共产党选举工作条例》。

3. 建立选举年制度

2004年宪法和地方各级人大、各级政府组织法修改时，将乡级人民代表大会任期改为5年，从而使各级国家机关任期实现了统一。现在，居民委员会、村民委员会的任期也改为五年。这为集中统一实施选举创造了条件。由于多重选举、选举过于频繁，会增加选举成本，这其中包括选民、代表的时间成本、经济成本的投入，特别是对在外乡务工的农民工来讲，行使投票权利本身就很不容易。同时，频繁选举也会增加政府的时间成本和经济成本的投入，这一点不难理解。因此，可以考虑在同一任期内推动建立选举年制度，选择同一任期内的某一年集中展开选举。在直接选举上，建立县、乡人大代表换届选举与村委会、居委会换届选举同步进行的"四合一"选举制度，在直接选举县乡人大代表之后，进入间接选举环节，县以上的人大代表选举，实行分级、分时间段选举，同一级别选举在同一时间段举行，比如，先选地市的人大代表，之后选举省、自治区、直辖市的人大代表等，"在选举年内，完成各种换届选举"①。集中于一年进行选举既有助于调动选民参与积极性，也有助于减少人力、物力、财力成本的投入，减少干部和选民的厌选情绪。尽管可能会增加选举的难度，但是在初步试点的基础上，总结经验，循序渐进，逐步推开，是可行的。

---

① 袁达毅. 推进我国选举制度建设的几点思考 [J]. 北京行政学院学报，2016（3）：42.

4. 尽量消除法律的模糊空间

现行选举法律涉及量化的一些规定很模糊，比较宏观，比如，"大体相等""较为一致意见"等，这些弹性很大的规定，很容易被选举机构和选举工作人员变通理解与应用，以避免预选，也容易被人为操纵。因此，在未来修订选举法律时应注意避免表述过于宏观，可以考虑以明确的比例规定来代替这些具有模糊性的量化规定。

（二）优化代表结构

1. 规范候选人提名和介绍

现在不论是宪法法律还是党内规定都没有对党组织提名人大代表候选人的名额、时间、程序和效力等问题进行规范。现行法律规定人大代表候选人由政党和人民团体提名、十名选民以上联名两种提名方式。但在现实中选民联名方式经常不受重视，政党和人民团体提名的候选人更容易通过。所以，有必要完善现行法律和党内法规对政党提名候选人的比例进行一定限制（现在只是部分省份直辖市自治区出台了相应的制度规范，对政党提名候选人的比例进行限制），同时对选民或代表联名推荐候选人的比例也应有最低限制，比如，不低于百分之三十。

在党内选举上，当前党内选举采取的是上下结合、广泛推荐、组织考察、党委常委会或全委会通过的提名方式，当然在提名时也会考虑到各方面代表的比例。从理论上讲，这种提名方式比完全实行个人报名、票数决定的提名方式更能够选出合适人员，也比较民主。不过，在现实中，这种提名方式的局限性也很明显。因为，这种提名方式说是上下结合，但实践操作中通常变为自上而下地提名，在党领导选举工作中，组织意图往往被过分强调，上级党组织对党代表的提名和确认更具有实质性的影响。因此，需要建立健全在候选人提名问题上的上下联动协商制度，即除了由上级党委提名候选人初步人选外，在制度上还应规定有一定比例的候选人初步人选须出自党员联合提名和党员个人自荐提名。在框定最终的候选人名单时，应该一视同仁、上下协商一致。受全局把控力、审查权限范围的影响，以及需要兼顾统筹各方需求和情况的要求，由领导机关主持框定候选人名单是必要的，他们认可的候选人在素质、能力、资历、是否"带病提拔"等各方面相较其他人选具有较大的优越性。因此，需要推动领导机关酝酿候选人的规范化，并对提名过程和结果实施全程的监控。①

现在不少人大代表、党代表选出来之后，选民并不熟悉。为了解决这一问题，《选举法》② 规定"选举委员会或者人民代表大会主席团应当向选民或者代表介绍代表候选人的情况"。代表候选人的推荐单位和个人应当在选民小组或者代表小组会议上对推荐候选人进行情况介绍。选举委员会应当组织选民与代表候选人见面。可以看出，上面提到的这些要求使用的是"应当""可以"，而不是要求"必须"介绍代表候选人的情况。《中国共产党地方组织选举工作条例》也规定地方党组织代表大会主席团或选举单位党组织应向选举人如实介绍候选人的有关情况，接受选举人的询问并对询问进行负责的答复。这里也没有明确要求必须向选举人介绍候选人的情况。由于没有规定必须介绍候选人的情况，所以现实选举中，一些选举领导机构以工作繁忙、人员有限等多种借口回避介绍，这导致选民对于代表候选人不了解。另外，在现有选举中，一些选举委员会或大会主席团以书面的形式介绍候选人，只见材料不见人，这尽管比不介绍要好一些，但是仍然不利于选民充分了解候选人。而在一些地方，尽管也组织见面会，但时间安排得过短，参与人员有限，导致沟通也很有限，选民很难深入了解候选人。

为此，有必要规范代表候选人介绍，首先是必须推行代表候选人介绍，并安排充足的时间，召集选举人或代表候选人见面交流，并利用多种

---

① 颜杰峰. 当前党代表选举中存在的问题、原因与对策［J］. 理论探讨，2015（4）：121.
② 本文《选举法》指的是 2020 年全国人大常委会修正的《中华人民共和国全国人民代表大会和地方各级人民代表大会选举法》。

形式给予公开报道，介绍见面会可以采用书面介绍和现场介绍相结合的方式。根据代表候选人的规模和情况，对于见面会的具体实施做出详细规定，向谁介绍、怎么介绍等都应有所要求。同时，可实行由选举登记人员向选举机构提交个人介绍材料，未登记人员被提名时也可根据个人意愿，向选举机构提供个人材料，并允许他们在现场进行自我介绍，改革当前仅由提名人提交介绍材料的做法。在进行候选人介绍时不仅要介绍工作业绩、基本情况，也应介绍当选后的规划和打算，以便于选举人充分了解。

2. 减少选举管理组织对选举的直接干预

在我国选举工作开展中，应选举工作需要而成立的选举委员会、人大主席团都不是真正的中立的选举机构。党领导选举工作决定了共产党对选举工作起着主导作用。但是，主导作用发挥得不好，也会影响选举工作的公正，不利于反映选民和党员的真实意愿，最终会影响党的形象，影响党的领导和执政。因此，无论是国家层面的选举，还是社会层面的选举，抑或中国共产党党内选举，党都要发挥应有的主导作用，但要把握好主导作用的"度"，以党内选举来说，无论是基层党组织的选举，还是地方党委的选举，都不是一蹴而就的，需有收集"民意"这一程序，这一程序甚至是"三上三下"的多轮操作。在这一过程中，党组织是推动选举活动进行的主体，在选举中发挥主导作用。因此，把握好"主导"的"度"非常重要。过分强调党组织的主导性，不利于反映广大党员的意愿；过分强调党员个体或小群体的意愿，则不利于选举的推进。所以"主导"的"度"应当调适到既要反映党组织的意愿，同时也必须充分反映广大党员尤其是选举人的意愿上来。① 所以，这就需要推动党领导选举工作的制度化、程序化、公开化，在发挥党主导选举工作过程中尊重民意，推动民主选举。

---

① 颜杰峰. 当前党代表选举中存在的问题、原因与对策 [J] . 理论探讨，2015（4）：118.

3. 推动代表结构合理化

在选举实践中，选举机构在确定代表候选人时，往往要求从整体上考虑代表的结构比例，需要对代表资源进行提前的摸底，通过一些指导性的计划引导确保代表的结构比例。根据这一状况，有必要在坚持现有区域选举代表方案的同时，实行在一些行业和系统实行界别选举代表的方案。

（三）推进差额选举

1. 扩大差额选举

新中国成立之前中国共产党曾在党内和局部政权民主建设中进行过差额选举。新中国成立至改革开放开启的三十年时间里，中国受苏联影响基本上采用的是等额选举。其间，中国共产党尽管也提出过探索差额选举，但实际上几乎没有实行。改革开放后，为推进社会主义民主政治发展，1979 年《中华人民共和国选举法》《中华人民共和国地方各级人民代表大会和地方各级人民政府组织法》规定全国和地方各级人大代表均实行差额选举，紧接着，第二年出台的《党内政治生活准则》确立了党内差额选举的原则。但实际上直到 1987 年中共十三大召开，差额选举才得以在全党真正实行。中共十三大的"两委"候选人预选时实行了差额选举。中共十九大代表选举前，中央发出的通知要求十九大代表差额选举的比例应多于百分之十五。后来各选举单位的选举都超过这一比例。中共中央关于十九大代表选举办法规定中央委员、中央纪委委员和候补中央委员预选采用差额选举办法，差额比例均多于百分之八。实际上，选举最后实施后，中央委员候选人、候补中央委员候选人、中央纪委委员候选人的差额比例都超过了百分之八，其中候补中央委员的差额比例接近百分之十。现在的《选举法》对人大代表选举的差额做出了明确的规定。《村民委员会组织法》规定村委会成员候选人的名额应当多于应选名额，并未说明详细比例。《城市居民委员会组织法》对差额选举并没有明确规定。当前重要的是规定明确的差额比例，同时扩大差额选举的比例，防止一些人、一些地方变相操作推行等额选举。

从现在差额选举比例的规定和实施来看，差额的比例还是比较低的，可以在人大代表、党代表选举中实行更高的差额比例，比如，百分之三十到百分之四十，并逐步提高主要领导干部选举的差额比例。同时，应考虑扩大差额选举范围，另外也应考虑将差额选举的环节后移，现在差额选举主要在候选人预选环节实施，今后可以逐步推行在正式选举时实施。

2. 保证差额选举的质量

差额选举首先要保证候选人名额总数要多于应选人名额，这是最基本的要求，但是仅有此是远远不够的。公民的选举权是宪法赋予公民的基本政治权利之一。没有候选人的差额，从现代民主政治意义上讲，很难说是自由公正的选举。改革开放前的一段时期内受苏联模式的影响，中国共产党和国家的选举曾经实行等额的选举，这是特殊历史时期、特殊认识条件下的结果，改革开放后中国共产党认识到了其中存在的问题，开始推行差额选举，这也是进入新的历史时期、在新的认识条件下的结果。自由公正的选举，事实上是由两个内涵差异的词汇构成的。自由选举，是指公民能够按照自我意志、不受任何外界压力干扰进行选择。公正选举，是指在选举组织者严格执行各项选举程序、避免"不平等候选人"和选举舞弊等情况下，选举人充分行使选举权利后，在公布选票时，计入的那张选票与该选举人的选择是一致的。①

为保证差额选举的质量，一是要坚持"组织提名、差额选举"原则。在中国共产党领导下，中国的选举实施必须坚持党的领导，组织提名是实现代表和领导干部对上负责的重要保证，同时还要保证真正的差额选举，差额选举体现了权力的来源，有利于保证代理人真正对选民负责。组织提名、差额选举造成了代表和领导干部既对上负责又对下负责，保证了领导

① 刘红凛. "对上负责"与"对下负责"何以兼得：论差额选举与民主政治有序发展 [J]. 人民论坛·学术前沿，2013（2）：61.

干部的权力来自人民、来自党，符合中国国情。二是切实执行法律法规、中央文件关于差额选举比例的规定，推进自由、公开、公正的选举，禁止打着差额选举的幌子，实行变相的等额选举。三是建立中国特色的社会主义竞选制度。中国决不能搞西式的民主政治，不能搞多党竞争执政、"三权鼎立"、指导思想多元化、两院制等，但是我们完全可以搞中国式的选举竞争制度，不能谈竞争色变，我们搞的选举竞争，应该是公开、合法、有序、健康的竞争，是中国共产党领导下的有序、健康、和谐的竞争。我们可以在村委委员会选举竞争经验总结的基础上，出台相关制度，扩大实践范围，在条件成熟后将社会主义竞争选举制度写入选举法律文件。

3. 控制委托投票

当前中国迫切需要健全委托投票机制，对选民接受的委托人数应有明确限制，制定监督委托投票的过程机制，防止委托投票中存在的贿选、贪腐、操控选举行为。可以考虑，"逐步取消和限定委托投票的适用范围，可以采用邮寄选票、网络投票等方式代替，同时改变委托投票监管制度，成立独立的委托投票监管机构，将监管权由选举委员会剥离，尤其要建立委托投票信息公开机制"①。

（四）健全保障制度

1. 建立健全与党内选举制度相配套的任职制度

改变现实政治生活中实际存在的变相领导职务终身制，真正落实与选举制度相对应的任期制度。同时，真正建立与选举制度相适应的免职制度。现在，宪法法律对于受监督的中央国家机关领导人根据他（她）们不同身份，由全国人大常委会做出了不同的免职权规定。尽管地方人大常委会对撤职权做出了明确规定，但宪法法律并未对全国人大常委会的撤职权做出规定，换句话说，宪法法律并未赋予全国人大常委会撤职权。这显然

---

① 李猛，王冠杰，何君安. 新中国选举制度发展历程［M］. 北京：世界知识出版社，2013：185-186.

是全国人大常委会人事权和监督权规定的缺失。"这种多样化多层次的差别对待规定，不仅造成全国人大常委会在缺乏宪法和法律依据的情况下行使此类权力有违宪嫌疑，还对宪法规定的平等原则、反特权原则有严重的削弱抵销作用。为此有必要修改宪法，消除宪法上不合理的差别对待，设立一体化的免职和撤职制度。"① 另外，建立与选举制度相适应的辞职制度，即规定任期内履职考核差、能力不足或能力不能满足工作需求、出现重大工作失误、群众反响大和社会影响较差的，应当在主管部门核实后，按照一定的程序，并根据事态程度、个人态度、补救措施等综合因素，"采取因公辞职、自愿辞职、引咎辞职和责令辞职等方式，解除其职务"②。

2. 健全救济和裁判制度

建议首先在人大代表直接选举、村（居）委会直接选举中，建立选举争议裁判制度，之后再向更高层次推进。在村委会组织法和居委会组织法修改以及未来建立村委会选举法、居委会选举法时可以考虑写入选举争议的裁判制度，将选举权利和选举争议纳入司法救济程序。

3. 健全选举相关信息公开制度

当前比较紧要的是完善党务政务信息公开和候选人信息公开制度。完善这两项制度有助于选民深入了解候选人的过去工作情况，了解候选人的工作范围、业务水平、工作业绩、群众反响、思想政治素质等，从而做出更有针对性的投票，避免投票的盲目性，真正把一些有思想、有担当、有作为、有党性、有觉悟的各行各业的优秀分子选出来，避免选人用人的前置环节出现问题，出现"带病上岗"和"带病提拔"，也有助于发挥广大人民群众对选举工作的监督。

---

① 朱应平. 论建立全国人大常委会一体化免职和撤职制度［J］. 华东政法大学学报，2019（5）：131.
② 林学启. 党内选举的模式演进及其创新路径［J］. 理论导刊，2012（11）：31.

4. 建立选举评价制度

要明确评价的主体和客体。评价主体应包括哪些机构，涉及哪方面人士，具体职责分工是什么，应该有所界定。与此同时，也应该对评价监督的对象即客体给予明确。这方面重要的是建立科学的评价体系，对于选举是否依法依规而行、是否严格按着程序办事、是否体现选举人意志、是否改善了党的执政形象、是否获得人民群众的认可和尊重等，都应作为建立评价体系需要考虑的重要标准和内容。

5. 建立健全切实保障人民当家作主权利的制度

《中华人民共和国宪法》规定，年满十八周岁的中华人民共和国公民除依照法律被剥夺政治权利的人之外，都有选举权和被选举权。公民有言论、出版、集会、结社、游行、示威的自由，公民的人身自由不受侵犯。《若干准则》要求使党员主体地位得到尊重，使党员民主权利得到保障。党的十九大也明确提出要保障人民知情权、参与权、表达权、监督权。尽管法律法规对党员、公民的基本政治权利进行了明确保护，但现实中这些权利并没有得到充分体现和保证。比如，知情权，选举和协商都需要充分知情权，选举人对候选人的情况不了解或者是没有充分了解，这种选举的质量当然是难以得到保证的；又如，表达权，前文已经提及，党委会全体会议上，很多党委委员是没有发言机会的，人民代表大会举行时由于人数较多，代表的表达权也受到很大限制。所以，要建立健全广大人民群众和党员参与民主选举、民主协商必需的政治权利落实保障制度，切实落实广大人民群众和党员参与民主选举、民主协商的相应基本政治权利，这是推动人民群众、党员积极参与选举、协商，推动选举民主、协商民主协同发展的前提性工作。

四、推进两者协同

（一）搭建协同发展支撑平台

1. 搭建组织载体

搭建人大选举组织载体。经过多年的人大选举制度发展，人民代表大会已经形成了自上而下、层次分明的选举组织体系。人大间接选举的组织机构是同级人大常委会，人大直接选举的组织结构是选举委员会。当然，无论是人大常委会还是选举委员会，在人大换届选举工作中，都要接受党的领导。可以说，党组织在人大选举工作中发挥着领导和核心角色的作用，而且这种作用的发挥近年来越来越明显。这符合中国政治的逻辑，也是保证选举工作顺利实施的重要保证。

搭建协商组织载体。随着信息化时代的到来，适应信息化时代的协商组织载体也应该有所体现。无论哪种协商渠道都可以创新协商手段和形式，开展网络协商。比如，人大在立法或重大决策时可以采用网络论坛的形式征集民意，政府也可以通过网络互动平台就公共决策等收集民意。现在一些地方的人大、政协已经开始这方面的探索实践，基层协商也不乏这样的案例。今后应该更多地尝试运用信息化手段开展网络协商，搭建更多的网络协商平台，提供更多群众参与的机会。除了利用信息化手段搭建更多协商组织载体之外，还可以利用现有协商组织的"存量"，对其开展一定的整合，实现协商组织载体的"增量"提升，比如，在政府部门主导下，邀请政协机关工作人员、政协委员以及社会组织、人民团体成员等针对某一行政协商内容建立专门的协商咨询会议。在这方面，城乡社区完全可以大有所为。城乡社区可以根据现实需要，在不违反国家法律的情况下，建立定期专门的议事会，例如，楼道长议事会；建立驻社区单位、社区居委会、社区居民及其代表、业委会等多元化主体协商对话会；建立临时的协商会，例如，在社区环境整治中可以吸纳外来务工人员参加对话协商等。

2. 搭建制度载体

构建协同发展的实体制度。实体制度指的是规定协同发展组织领导、目的、原则、内容、方式等内容，也就是规定"做什么"。协同发展的实体制度构建要求对协同发展的内容、协同发展应坚持的原则、协同发展所要达到的目标、协同发展的方式等做出明确的规定。现在我们国家并没有出台这样的制度，这需要今后制定相关的制度。实体制度制定之后，就需要建构程序制度，以便落实实体制度。程序制度规定的是协同发展的流程、措施等内容，也就是规定"如何做"。这要求对两种民主形式协同发展的实施做出明确规定，协同发展从开启到最后流程的完结都应该有清晰的规定。之后，要构建协同发展的评价监督制度，以更好地激励和督促两种民主形式的协同发展。

3. 搭建网络载体

信息化时代也为民主政治的发展提供了便捷。现在在基层社区协商民主实践中，微信群、QQ 群以及专门建立的网络讨论平台为社区协商提供了便利和条件。在新冠肺炎疫情期间，企业微信、腾讯会议等视频会议软件也为参与主体的协商提供了技术条件。一系列信息化技术手段为开展异地的协商讨论创造了条件，同时专门的论坛平台也为参与者在不同时间段参与协商讨论创造了条件，规避了时间空间的限制。这些信息化时代的网络协商民主实践具有明显优势。

但是信息化时代，网络协商民主的发展也面临着一系列现实困境，比如，前文提到的信息化鸿沟导致一些人被"屏蔽"，信息"穷人"成为受损者；网络协商平台缺乏规范化建设，处于无序状态；存在语言非理性和群体极化现象；出现违背国家法律法规的言语，也使得公权力部门建立网络协商平台的动力减弱；信息不对称，政府部门掌握大量信息；等等。为此，有必要推进网络协商，建立更多的协商平台，加大信息化教育力度，畅通政府与公民信息传递的路径，尽量缩小信息差距，推动跨越数字鸿沟，促进协商资源平等。同时，加强网络治理，培育理性和具备一定能力的网络协商主体。政府应加强网络协商相关的法制建设，同时加大对网民的网络法律意识教育和道德教育力度，从而增强网民自身的法律素养，让其知晓网络不是法外之地，提升网民的道德修养和知识素养，引导他们理性、全面、辩证地看问题，不人云亦云，一味盲从。

相对于协商民主，选举民主的实行较少引入网络技术，实际上信息技术可以充分应用于选举民主。比如，在村委会选举中，外地务工的选民可以与选举委员会通过微信视频的方式取得联系，并明确自己的选举对象，这样可以避免较为繁杂的选举委托环节，也能避免委托环节中存在的违背委托人意愿、舞弊等问题。以村委会选举来说，在未来条件成熟时，可以建立专门的网络投票平台，将全村选民拉入平台，选举开始后，主持人线上主持、监督人线上监督，每位选举候选人在网络平台上都有照片和简历以及相对应投票按钮，这样便于不识字的选民根据图片投票，便于选民对于候选人情况的了解，也有助于减少选民参加选举的时间成本、经济成本，增加他们参与的新鲜感，提高他们参与的积极性。对于不会使用网络投票的年长选民，可以由村选举委员会安排专人指导支持。

（二）建构协同发展动力机制

协同发展的动力机制包括内部动力机制和外部动力机制。内部动力机制主要体现在参与主体对于选举民主与协商民主协同发展的现实需要；外部动力机制主要表现在外在的社会需求、执政需要等对推动协同发展起到作用的外部因素。

从内部动力机制构建上来说，一是构建个人需要的动力机制。人类认识和实践活动的出发点源自需要，没有需要，认识和实践活动就缺乏基本的动力。需要是与人的活动紧密联系的。在马克思的语境中，"人的需要是一个历史概念，人的生存需要、社会需要和自我实现的需要形成了这个概念"①。实际上，在现代民主社会，选举和协商的民主参与不仅是一种生存需要，也是一种社会需要，从更高层次上讲，它也是一种自我实现的需要。只不过在现实生活中，当人们还繁忙于最基本的物质生存需要时，往往将政治参与的生存需要抛之脑后，也顾不上通过民主参与来感受自我实现。这一点在现实中存在诸多这样的例子，当很多外出的民工还在为生活而奔波时，他们很多往往是无暇顾及选举权利的。从这个意义上讲，最根本的还是要加快发展，改善人民生活，使得人民丰衣足食，在具有了这一基础之后，人们才会对参与民主选举、民主协商及其协同发展产生最现实的需要。二是构建利益驱动机制。利益是历史唯物主义的重要范畴，是人们在不同社会关系中所表现出来的不同需要。构建利益协同的机制可以在实践中使人民群众知晓选举民主与协商民主同国家利益、集体利益、个人利益密不可分，作为国家一分子、社会一分子、集体一分子，应肩负起应有的职责。在现有条件下，可以考虑，比如，对于因为参与选举、协商而耽误工作的公民给予适当的补贴，实际上现在一些地方已经在这样做。不仅是物质的补贴，精神荣誉奖励也可以采用，比如，开展"优秀议事员""优秀选举工作者"等评比活动，颁发相应的证书，这也是一种荣誉的激励。三是构建目标驱动机制。目标一致是社会主义协商民主与选举民主协同发展的前提条件。从协同学角度来看，参与协同的各子系统具有一定的独立性和自主性，同时也存在着基于自身利益的目标追求，若要实现系统的有效协同，就必须将各子系统的多元目标统一整合为系统的一致性目标。社会主义协商民主与选举民主分别属于不同的工作范畴，虽然民主的手段或侧重点有所不同，但二者的最终目标是一致的，就是最大限度地实现人民当家作主。目标一致也为两者之间的协同发展提供了前提条件。在

---

① 林帮钦. 论马克思的需要理论与分配正义的张力 [J]. 山东社会科学, 2020 (6): 57.

最终目标一致的前提下，制定协同发展的阶段性目标，并可通过阶段性目标的实现驱动协商民主、选举民主的主体积极参与和推动两者发展及其协同。

从外部动力机制构建上说，一是将推动协商民主与选举民主协同发展工作纳入领导干部政绩考核。我国改革开放后的一些政治体制改革是从下而上开始的，所以从以往基层和地方政治体制改革情况看，领导干部特别是主要领导干部对政治体制改革的重视程度或者说政绩观对于推动政治体制改革具有最直接的影响。在中共十八大之前，"公推直选试点"一度轰轰烈烈，前几年领导干部财产公开试点一度如火如荼，都与地方主要领导干部的政绩观存在很大关联，鉴于此，有必要将推动两者协同发展及其实效列入领导干部政绩考核的内容。应该允许地方积极探索，领导干部积极作为，当然中央层面的把握方向、统揽全局、协调设计是十分重要的。二是推动协商民主与选举民主协同发展的法制化建设。中国共产党对于推动两种民主形式协同发展的重视程度和推进力度直接关系到两种民主形式协同发展的现实成效。如今党中央已经认识到两种民主形式的发展及其协同的重要性，也在实践中推动选举民主与协商民主发展及其协同。但从现在来看，党和国家出台的相关制度主要还是分别针对选举或协商的，专门针对协商民主与选举民主协同发展的政策尚不明显。尽管长期以来，总体来看，中国共产党和国家对于选举民主与协商民主一直在同时推进，也在着力推动两者协同，但过去一段时期内它更重视和偏向于选举民主的发展。中国共产党在党内有关于选举民主的党内法规，在国家和社会层面也有相应的选举法制保障。《全国人民代表大会及地方各级人民代表大会选举法》《城市居民委员会组织法》《村民委员会组织法》等这些法律的制定使得国家和社会层面的选举民主实践具有了"硬约束"，具有了坚实的法制保障。相比较而言，协商民主的相关制度建设大都停留在党和国家层面出台的一些文件上，很少上升到国家法律层面，成为国家和人民的意志，因此在这个意义上可以说协商民主只是具有"软约束"的民主形式。在中央层面，真正将选举民主与协商民主等量齐观则是在党的十八大之后，这也反映了中国共产党对社会主义民主政治建设规律认识的深化，但是即便如此，协商民主的相关法制建设仍然是缺乏的。因此建议推动协商民主法制化，只有协商民主实现了法制化，才可能实现协商民主的法治化。对于国家和基层社区协商民主实践要制定相应的法律规范，切实将协商纳入决策程序，使在决策前和决策执行过程中开展协商得到法律保证。同时，对于中国共产党党内选举民主也有必要制定统一规范的选举规定，对于中央、地方、基层的选举制定专门具有针对性的党内法规，对于过去地方和基层的党内选举制度规定进行适当修订。完善人民民主范畴的选举民主法制规划，在此基础上，制定选举民主与协商民主协同发展的相应法制规划。三是建立相应的评价监督机制。这一点下文有述，此处不再赘言。

（三）厚植协同发展政治文化

公民文化是一种以参与型政治文化为主体的混合型政治文化。它是现代民主政治依存的重要政治文化基础。无论是选举民主还是协商民主，参与是其最基本的前提和条件，选举民主与协商民主的协同发展同样离不开公民参与。因此，营造选举民主与协商民主协同发展的氛围，现代公民文化的培育和弘扬不可或缺。为此，需要主动地构建参与型公民文化以更好地为推动选举民主、协商民主发展及其协同提供政治文化支撑。主要有如下四方面。一是注重丰富参与公民的政治知识。政治知识是政治主体"对政治系统、政治结构、公共政策、政治权威、政治事件的认知"[①]。具备丰富的政治知识储备是公民良好的政治素质的重要体现，选举需要对相关选举知识有所了解，比如，对选举法律法规、选区划分、委托投票、代表候选人的提名和确定、选举争议问题的救济和裁判都应有所了解，协商同样

---

① 王洪树. 协商合作视野下的民主政治研究［M］. 北京：中国社会科学出版社，2011：139.

要求公民对协商内容、协商程序、协商规则有所了解。因此，党委政府应该在平时加强对公民的政治知识教育，并将一些重要的政治知识内容纳入义务教育、高中教育、大学公共基础课教育内容体系。二是注重对公民理性、互谅互信、包容、开放等公民精神的培养。选举民主与协商民主的实施，不能为选举而选举，为协商而协商，走走过场，简单完成任务，搞形式主义，在选举、协商民主实践中，可以有意识、有组织地推动公民精神的培养。比如，在协商论坛开展时可以加强对参与者协商规则意识的培养，课题组在 WX 市 HJ 社区调研时了解到，刚开始协商时，公民对协商会议规则不了解，经常大吵大叫，甚至乱作一团，后来社区建立完善了议事规则，主持人用罗伯特议事规则适时提醒大家整个过程要注意"对事不对人"，严禁人身攻击，做到"文明表达""一时一件""限时限次"，参与协商的议事人员和旁听群众也可以与议事代表有观点交锋。当有参会人员胡搅蛮缠、无理取闹时，主持人可用让别的参会代表发言的方式来礼貌打断。这样经过几次协商之后，大家规则意识明显增强，最后都遵守了会议规则，协商会议有序进行，提高了协商的秩序和实效。这说明公民精神是完全可以在选举民主、协商民主实践中进行主动塑造的，但这需要大量的精力投入、时间投入，需要相应完善的制度设计，需要相关组织人员的细心、耐心和诚心。三是注重公民政治能力的培养。一个人不是天生就会参加选举和协商的。协商和选举作为一种政治能力是可以在政治实践中得以培养和提升的。党和政府以及其他相关选举、协商实践的组织者在组织选举、协商实践中，应该注重通过宣传教育、实践历练，不断提升参与主体的沟通交流能力、分析判断能力、宽容接纳能力等。四是强化协商主体的主体意识。有意识地通过宣传教育、实践锻炼，在选举、协商民主实践中不断增强对公民主体意识的培养，增强公民的主人翁意识、权责意识、协商意识等。

（四）深化协同发展理论研究

推进选举民主与协商民主协同发展需要理论研究的支撑。理论研究有助于发现问题、研究问题、提出解决问题的方案从而为实践上推动两者协同发展提供参考和指导。现在国内学者针对协商民主或选举民主的研究已有不少成果，但直接针对协同发展的研究还比较少，很多问题还是刚刚涉及，缺乏深入的理论分析和实践考察。所以今后要深化这一问题的研究。深化选举民主与协商民主协同发展问题研究，就要聚焦这一实践领域的问题所在。基于学界前期研究，以及在开展这一问题研究中的发现和感悟，笔者认为以下四个问题需要重点研究或者是研究中需要重点考虑。

第一个问题，是基于广义选举民主与协商民主协同发展的理解问题。笔者在研究协同发展时，为了防止研究的范围过大，是从狭义上来界定选举民主的，即选举民主主要指的是"选人"的民主。除此之外，按照一些学者的理解，他们也将在公共决策中采取票决方式进行决策的民主形式认为是选举民主，这当然是广义的理解。如果按照广义的理解，那么选举民主与协商民主协同发展涉及的内容会大大拓展，它涉及权力运行的更长环节，在这种理解下，什么是选举民主与协商民主的协同发展，需要重新定义。如何推动广义上的选举民主与协商民主协同发展，这一问题学术界可以说是刚刚触及，还有待深化研究。

第二个问题，是从运行机制上厘清共产党层面、国家层面、社会层面协商民主与选举民主协同发展的内在联系。著作所探讨的选举民主与协商民主协同发展是从中国共产党党内、国家层面、社会层面三个向度展开的。这三个向度看似平行，但实际上密切联系。特别是由于中国共产党的执政地位，所以其党内协商和选举对于国家层面、社会层面的协商和选举是具有重要影响的，人大代表候选人的提名确定、国家和地方主要领导干部的推荐提名和确定、社区居委会成员和党支部书记的提名确定都离不开中国共产党党内协商讨论，因此，从运行机制上厘清从党内协商民主与选举民主协同运行到国家层面以及社会层面协商民主与选举民主协同运行的流程和机理，厘清党内协商民主与选举民主协同运行同国家层面、社会层面协商民主与选举民主协同运行之间的内在关联，对于理解协商民主与选举民主的协同发展具有十分重要的意义。本文对于这一问题进行了阐述，但只能说是初步探讨，由于这一问题本身的复杂性、具有很强的实践性，加上相关资料和数据难以掌握与获得，研究起来存在一定难度，所以真正厘清这一问题还需要学界和政界的协同配合。

第三个问题，是从更宏观的视野来思考和研究社会主义协商民主与选举民主协同发展问题。既要精准聚焦两种民主形式协同发展这一研究对象，同时也要"跳出来"，走出这一研究对象，与"五位一体"总体布局、"四个全面"战略布局，与国家治理体系和治理能力现代化，与中国共产党长期执政、科学执政、民主执政、依法执政等重大问题结合起来考虑。社会主义协商民主与选举民主协同发展是社会主义民主政治、社会主义政治文明建设的重要方面，研究这一问题还要与社会主义民主政治建设的其他方面内容结合起来。比如，与社会主义民主监督、民主管理、民主决策研究起合起来，与推进党的集中统一领导等结合起来。特别是中共十八大以后随着党中央对社会主义民主认识的深化，提出了全过程人民民主重大理念，并提出发展全过程人民民主的重大命题。全过程人民民主理念是新时代中国特色社会主义民主理论创新的重大理论成果，全过程人民民主实践是新时代中国特色社会主义民主在前期探索基础上的重大实践创新成果，全过程人民民主强调民主选举、民主协商、民主决策、民主管理、民主监督环环相扣、彼此贯通、形成合力。因此，当前研究社会主义协商民主与选举民主协同发展问题需要与全过程人民民主理论和实践结合起来，将其置于全过程人民民主之中加以思考。

第四个问题，是社会主义协商民主与选举民主协同发展的评价问题。前文也已提到，社会主义协商民主与选举民主协同发展问题，如何进行评价，现在这方面的研究还是一个空白，而这一问题又非常重要，所以无论是从理论上还是从实践上看，都应该重视两种民主形式协同发展的评价问题，建立相应科学合理的评价体系。

结　语

　　创建社会主义选举民主与协商民主并推动两者协同发展是中国共产党
对人类民主政治的一大贡献。中国共产党带领中国人民创建和发展了社会
主义协商民主与选举民主两种重要民主形式。在创建和发展两种民主形式
的过程中，中国共产党不仅重视两种民主形式的各自发展，而且随着对民
主政治认识的深化，在不断综合运用两种民主形式，推动两者协同发展，
进而总体形成了现今两种民主形式协同发展的局面。社会主义协商民主与
选举民主协同发展不是两种民主形式的简单相加、平均发展，而是两种民
主形式的相互协调、有机衔接、同步推进、有效融合。历史地看，中国共
产党领导的协商民主与选举民主协同实践曾对于推进中国革命和建设事
业、实现党的奋斗目标产生了积极而深远的影响。现实地看，社会主义协
商民主与选举民主协同发展在推进国家治理体系和治理能力现代化、巩固
共产党执政地位、发展社会主义公民文化、彰显中国政治制度优势等方面
发挥着积极实践效应。当然，如前文所述，社会主义协商民主与选举民主
协同发展是中国社会主义民主政治建设的特有命题，这一问题在西方并不
存在。因为西方协商民主的提出和存在是为了弥补西方自由选举民主的不
足而不是要同选举民主协同发展，并且西方协商民主目前主要是一种规范
的理论，尽管有试验探索，但都规模较小，所以在西方还谈不上协商民主
与选举民主协同发展的问题。因此，从这个意义上讲，创建两种民主形式

并推动其协同发展毫无疑问是中国对人类民主政治的一大贡献。

在推动协商民主与选举民主协同发展基础上提出全过程人民民主重大理念，并致力于发展全过程人民民主是中国共产党对人类民主政治的又一重要贡献。提出并发展全过程人民民主是当前中国社会主义民主政治建设的新要求和显著亮点。进入新时代，中国共产党治国理政特别重视全面协同，从提出全面建成小康社会、全面深化改革、全面推进依法治国、全面从严治党"四个全面"战略布局，到全面建成小康社会实现后继而新提出的全面建设社会主义现代化国家、全面深化改革、全面依法治国、全面从严治党"四个全面"战略布局，再到当前党中央反复强调协调推进"四个全面"战略布局，在新征程上把握协调推进"四个全面"的历史主动，都充分体现了这一点。在"五位一体"总体布局、"四个全面"战略布局下，在社会主义民主政治建设上，要求包括协商民主与选举民主在内的民主制度、形式和环节全面协同发展，是中国共产党治国理政从"中心"走向"全面"背景下的逻辑使然。正是在这种背景下，全过程人民民主重大理念和发展全过程人民民主重大命题呼之欲出，所以可以看到《中共中央关于党的百年奋斗重大成就和历史经验的决议》指出要积极发展全过程人民民主，健全全面、广泛、有机衔接的人民当家作主制度体系，构建多样、畅通、有序的民主渠道，丰富民主形式，从各层次各领域扩大人民有序政治参与，使各方面制度和国家治理更好体现人民意志、保障人民权益、激发人民创造。全过程人民民主重大理念与实践是新时代以习近平同志为核心的党中央进行社会主义民主理论和实践创新的重大成果，丰富了人类民主思想和实践。

在推动社会主义协商民主与选举民主协同发展中发展全过程人民民主。社会主义协商民主与选举民主是中国社会主义民主的两种重要形式，共同构成了中国社会主义民主政治的制度特点和优势。发展社会主义民主政治关键是要把我国社会主义民主政治的特点和优势充分发挥出来。民主选举、民主协商是社会主义民主五大形式和环节中排在前两位密切联系的民主形式和环节，发展全过程人民民主重要的是要将社会主义协商民主与选举民主相结合的制度特点和优势发挥出来，推动两种民主形式的协同发展，并以两者的协同发展带动全过程人民民主发展。同时，反过来看，发展全过程人民民主，主张完整的制度程序和参与实践，要求以全链条全方位全覆盖的民主实践落实人民主权，强调把反映人民愿望、维护人民权益、增进人民福祉落实到实现民主的各领域各环节全过程，重视民主选举、民主协商、民主决策、民主管理、民主监督环环相扣、彼此贯通、形成合力，也会推动选举民主与协商民主的协同发展。习近平总书记在庆祝中国共产党成立100周年大会上指出要："践行以人民为中心的发展思想，发展全过程人民民主，维护社会公平正义，着力解决发展不平衡不充分问题和人民群众急难愁盼问题，推动人的全面发展、全体人民共同富裕取得更为明显的实质性进展！"因此，面向未来，要在推动社会主义协商民主与选举民主协同发展中发展全过程人民民主，在发展全过程人民民主中推动两种民主形式的协同发展，推崇人民至上的崇高价值，尊重人民的主体地位，坚持问题导向，以社会主义民主的发展完善推进高质量发展、创造高品质生活、不断满足人民对美好生活向往，让民主之花绚丽绽放在中华大地，造福中国和中国人民。

参考文献

一、中文文献

（一）著作

[1] 马克思恩格斯选集（第1-4卷）[M]．北京：人民出版社，1995.

[2] 列宁选集（第1-4卷）[M]．北京：人民出版社，1995.

[3] 马克思恩格斯文集（第1-10卷）[M]．北京：人民出版社，2009.

[4] 毛泽东选集（第1-4卷）[M]．北京：人民出版社，1991.

[5] 毛泽东文集（第1-8卷）[M]．北京：人民出版社，1993-1999.

[6] 邓小平文选（第1-3卷）[M]．北京：人民出版社，1993-1994.

[7] 江泽民文选（第1-3卷）[M]．北京：人民出版社，2006.

[8] 胡锦涛文选（第1-3卷）[M]．北京：人民出版社，2016.

[9] 马克思恩格斯全集（第2卷）[M]．北京：人民出版社，1957.

[10] 马克思恩格斯全集（第3卷）[M]．北京：人民出版社，2002.

[11] 马克思恩格斯全集（第3卷）[M]．北京：人民出版社，1960.

[12] 马克思恩格斯全集（第4卷）[M]．北京：人民出版社，1958.

[13] 马克思恩格斯全集（第5卷）[M]．北京：人民出版社，1958.

[14] 马克思恩格斯全集（第6卷）[M]．北京：人民出版社，1961.

[15] 马克思恩格斯全集（第7卷）[M]．北京：人民出版社，1959.

［16］马克思恩格斯全集（第 8 卷）［M］．北京：人民出版社，1961.

［17］马克思恩格斯全集（第 12 卷）［M］．北京：人民出版社，1962.

［18］马克思恩格斯全集（第 17 卷）［M］．北京：人民出版社，1963.

［19］马克思恩格斯全集（第 19 卷）［M］．北京：人民出版社，1963.

［20］马克思恩格斯全集（第 22 卷）［M］．北京：人民出版社，1965.

［21］马克思恩格斯全集（第 25 卷）［M］．北京：人民出版社，2001

［22］马克思恩格斯全集（第 33 卷）［M］．北京：人民出版社，1973.

［23］马克思恩格斯全集（第 35 卷）［M］．北京：人民出版社，1971.

［24］马克思恩格斯全集（第 39 卷）［M］．北京：人民出版社，1974.

［25］马克思恩格斯全集（第 45 卷）［M］．北京：人民出版社，1985.

［26］列宁专题文集（论无产阶级政党）［M］．北京：人民出版社，2009.

［27］列宁全集（第 7 卷）［M］．北京：人民出版社，1959.

［28］列宁全集（第 7 卷）［M］．北京：人民出版社，1986.

［29］列宁全集（第 8 卷）［M］．北京：人民出版社，1986.

［30］列宁全集（第 10 卷）［M］．北京：人民出版社，1987.

［31］列宁全集（第 11 卷）［M］．北京：人民出版社，1987.

［32］列宁全集（第 14 卷）［M］．北京：人民出版社，1988.

［33］列宁全集（第 15 卷）［M］．北京：人民出版社，1988.

［34］列宁全集（第 19 卷）［M］．北京：人民出版社，1989.

［35］列宁全集（第 29 卷）［M］．北京：人民出版社，1985.

［36］列宁全集（第 33 卷）［M］．北京：人民出版社，1985.

［37］列宁全集（第 35 卷）［M］．北京：人民出版社，1985.

［38］列宁全集（第 37 卷）［M］．北京：人民出版社，1986.

［39］列宁全集（第 43 卷）［M］．北京：人民出版社，1987.

［40］列宁全集（第 49 卷）［M］．北京：人民出版社，1988.

［41］中央档案馆．中共中央文件选集（第 1-18 册）［M］．北京：

中共中央党校出版社，1989-1992.

[42] 中共中央文献研究室. 建国以来重要文献选编（第1-20册）[M]. 北京：中央文献出版社，2011.

[43] 中共中央文献研究室. 十二大以来重要文献选编（上、中、下）[M]. 北京：人民出版社，1986-1988.

[44] 中共中央文献研究室. 十三大以来重要文献选编（上、中、下）[M]. 北京：人民出版社，1991-1993.

[45] 中共中央文献研究室. 十四大以来重要文献选编（上、中、下）[M]. 北京：人民出版社，1996-1999.

[46] 中共中央文献研究室. 十五大以来重要文献选编（上、中、下）[M]. 北京：人民出版社，2000-2003.

[47] 中共中央文献研究室. 十六大以来重要文献选编（上、中、下）[M]. 北京：中央文献出版社，2005-2008.

[48] 中共中央文献研究室. 十七大以来重要文献选编（上、中、下）[M]. 北京：中央文献出版社，2009-2013.

[49] 中共中央文献研究室. 十八大以来重要文献选编（上、中、下）[M]. 北京：中央文献出版社，2014-2018.

[50] 全国政协办公厅，中共中央文献研究室. 人民政协重要文献选编（上、中、下）[M]. 北京：中国文史出版社，2009.

[51] 中共中央统一战线工作部，中共中央文献研究室. 新时期统一战线文献选编（续编）[M]. 北京：中共中央党校出版社，1997.

[52] 中国民主同盟中央文史资料委员会. 中国民主同盟历史文献[M]. 北京：文史资料出版社，1983.

[53] 中共中央文献研究室. 毛泽东年谱（全三卷）[M]. 北京：中央文献出版社，2002.

[54] 邓小平年谱（上、下）[M]. 北京：中央文献出版社. 2004.

[55] 中共中央文献研究室. 江泽民论有中国特色社会主义（专题摘

编）［M］．北京：中央文献出版社，2002.

［56］周恩来统一战线文选［M］．北京：人民出版社，1984.

［57］建国来毛泽东文稿（第1卷）［M］．北京：中央文献出版社，1987.

［58］中共中央文献研究室，中国延安干部学院．延安时期党的重要领导人著作选编（上、下）［M］．北京：中央文献出版社，2014.

［59］中共中央文献研究室．毛泽东著作专题摘编［M］．北京：中央文献出版社，2003.

［60］中共中央文献研究室．毛泽东思想形成与发展大事记［M］．北京：中央文献出版社，2011

［61］中共中央文献研究室，国务院发展研究中心．新时期农业和农村工作重要文献选编［M］．北京：中央文献出版社，1992.

［62］西北五省编纂领导小组，中央档案馆．陕甘宁边区抗日根据地文献卷（上、下）［M］．北京：中共党史资料出版社，1990.

［63］中共延安地委统战部，中共中央统战部研究所．抗日战争时期陕甘宁边区统一战线和三三制［M］．西安：陕西人民出版社，1989.

［64］全国人民代表大会常务委员会法制工作委员会．中华人民共和国法律汇编（2004）［M］．北京：人民出版社，2005.

［65］全国人民代表大会常务委员会法制工作委员．中华人民共和国法律汇编·2018（中）［M］．北京：人民出版社，2019.

［66］编写组．中国共产党党内常用规章选编［M］．北京：中国文史出版社，2012.

［67］中共中央办公厅法规室等．中国共产党党内法规选编（1978—1996）［M］．北京：法律出版社，2009.

［68］中国革命博物馆．中国共产党党章汇编［M］．北京：人民出版社，1979.

［69］中共中央党校党章党规教研室．十八大以来常用党内法规

[M]．北京：人民出版社，2019.

[70] 中国共产党组织史资料（第9卷）[M]．北京：中共党史出版社，2000.

[71] 党政领导干部选拔任用工作条例 [M]．北京：人民出版社，2019.

[72] 国家行政学院政治学部．中国共产党党内重要法规（2016）[M]．北京：人民出版社，2016.

[73] 习近平谈治国理政（第2卷）[M]．北京：外文出版社，2018.

[74] 关于党内政治生活的若干准则 [M]．北京：人民出版社，1980.

[75] 城市街道办事处组织条例、城市居民委员会组织条例、人民调解委员会暂行组织通则、治安保卫委员会暂行组织条例 [M]．北京：人民出版社，1979.

[76] 本书编写组．党的基层组织工作手册 [M] 北京：人民出版社，2011.

[77] 关于加强和改进城市社区居民委员会建设工作的意见 [M]．北京：人民出版社，2010.

[78] 党史资料征集编研协作小组，井冈山革命博物馆．井冈山革命根据地 [M]．北京：中共党史资料出版社，1987.

[79] 陕西省档案馆，陕西省社会科学院编．陕甘宁边区政府文件选编（第1卷）[M]．北京：档案出版社，1986.

[80] 厦门大学法律系，福建省档案馆选编．中华苏维埃共和国法律文件选编 [M]．南昌：江西人民出版社，1984.

[81] 甘肃省社会科学历史研究室编．陕甘宁革命根据地史料选辑（第1卷）[M]．兰州：甘肃人民出版社，1981.

[82] 中国共产党第十二次全国代表大会文件汇编 [M]．北京：人民出版社，1982.

［83］中华人民共和国国务院新闻办公室.中国的民主［M］.北京：人民出版社，2021.

［84］习近平.论坚持人民当家作主［M］.北京：中央文献出版社，2021.

［85］柏莉娟.乡村治理方式变迁与创新方法研究［M］.北京：中国商务出版社，2019.

［86］吴雨欣.选举民主的有效性与有限性［M］.北京：中国社会科学出版社，2018.

［87］王洪树.协商合作视野下的民主政治研究［M］.北京：中国社会科学出版社，2011.

［88］赵周贤.全面从严重点案例选编［M］.北京：人民出版社，2016.

［89］杨永华.陕甘宁边区法制史稿（宪法、政权组织法篇）［M］.西安：陕西人民出版社，1992.

［90］李小三.中央革命根据地简史［M］.南昌：江西人民出版社，2009.

［91］梁星亮，杨洪，姚文琦.陕甘宁边区史纲［M］.西安：陕西人民出版社，2012.

［92］肖立辉.村民委员会选举研究［M］.北京：中国社会出版社，2009.

［93］李凡主.中国城市社区直接选举改革［M］.西安：西北大学出版社，2003.

［94］刘俊杰.当代中国党际协商民主研究［M］.镇江：江苏大学出版社，2013.

［95］李猛等.新中国选举制度发展历程［M］.北京：世界知识出版社，2013.

［96］任寅虎，张振宝.古代雅典民主政治［M］.北京：商务印书

馆，1983.

[97] 周叶中，朱道坤. 选举七论 [M]. 武汉：武汉大学出版社，2012.

[98] 陈炳辉. 西方民主理论：古典与现代 [M]. 北京：中国社会科学出版社，2016.

[99] 郭中军. 中国的选举民主 [M]. 上海：学林出版社，2014.

[100] 陈家刚. 协商民主与国家治理 [M]. 北京：中央编译出版社，2014.

[101] 陈家刚. 协商民主与当代中国政治 [M]. 北京：中国人民大学出版社，2009.

[102] 陈家刚. 协商民主与政治发展 [M]. 北京：社会科学文献出版社，2011.

[103] 林尚立. 建构民主：中国的理论、战略与议程 [M]. 上海：复旦大学出版社，2012.

[104] 林尚立. 协商民主：中国的创造与实践 [M]. 重庆：重庆出版社，2014.

[105] 李君如. 协商民主在中国 [M]. 北京：人民出版社，2014.

[106] 谈火生. 审议民主 [M]. 南京：江苏人民出版社，2007.

[107] 唐玉. 社会主义协商民主：主体维度的思考 [M]. 北京：社会科学文献出版社，2014.

[108] 刘世华. 中国民主政治模式研究 [M]. 北京：人民出版社，2014.

[109] 王邦佐. 中国共产党统一战线史 [M]. 上海：上海人民出版社，1991.

[110] 胡筱秀. 人民政协制度功能变迁研究 [M]. 上海：上海人民出版社，2010.

[111] 朱光磊. 当代中国政府过程 [M]. 天津：天津人民出版

社，1997.

[112] 王浦劬. 政治学基础［M］. 北京：北京大学出版社，2001.

[113] 曹海晶. 中外立法制度比较［M］. 北京：商务印书馆，2004.

[114] 中共中央党史研究室. 中国共产党的九十年［M］. 北京：中共党史出版社，2016.

[115] 胡伟. 政府过程［M］. 杭州：浙江人民出版社，1998.

[116] 莫吉武. 协商民主与有序参与［M］. 北京：中国社会科学出版社，2009.

[117] 黄福寿. 中国协商政治发生与演变逻辑［M］. 上海：上海人民出版社，2009.

[118] 慕毅飞. 民主恳谈：温岭人的创造［M］. 北京：中央编译出版社，2005.

[119] 阳安江. 协商民主研究［M］. 北京：同心出版社，2010.

[120] 李强彬. 协商民主与公共政策前决策过程优化——中国的视角［M］. 成都：四川大学出版社，2013.

[121] 牛立文. 协商民主理论与实践研究［M］. 北京：中共党史出版社，2014.

[122] 李仁彬. 中国协商民主理论与实践探析［M］. 成都：四川大学出版社，2011.

[123] 常士闇. 比较政治制度［M］. 天津：天津人民出版社，2013.

[124] 韦森. 社会秩序的经济分析导论［M］. 上海：上海三联书店，2001.

[125] 彭友今. 当代中国的人民政协［M］. 北京：当代中国出版社，1993.

[126] 戴激涛. 协商民主研究：宪政主义视角［M］. 北京：法律出版社，2012.

[127] 沈荣华. 社会协商对话［M］. 北京：春秋出版社，1988.

［128］浦兴祖. 中华人民共和国政治制度［M］. 上海：上海人民出版社，1999.

［129］徐行. 当代中国协商民主的制度化建设［M］. 天津：南开大学出版社，2017.

［130］季丽新. 农民政治水平和农村民主协商治理机制研究［M］. 北京：中国社会科学出版社，2017.

［131］袁泽民. 协商的建构研究［M］. 北京：中国社会科学出版社，2014.

［132］梅丽红. 建国以来党内民主与人民民主关系的历史考察［M］. 上海：东方出版中心，2011.

［133］韩福国. 开放式党建：协商民主与群众路线的融合［M］. 上海：上海人民出版社，2013.

［134］马黎晖. 中国协商民主理论与实践［M］. 北京：社会科学文献出版社，2013.

［135］黄国华. 中国社会主义协商民主思想史稿［M］. 成都：西南交通大学出版社，2013.

［136］张秀霞. 中国民主进程中的协商民主研究［M］. 北京：中央编译出版社，2015.

［137］宋连胜，董树彬. 协商中国［M］. 长春：吉林大学出版社，2014.

［138］张涛等. 中国城市基层直接选举研究［M］. 重庆：重庆出版社，2008.

［139］李永洪. 选举民主经济成本论［M］. 北京：中国社会科学出版社，2014.

［140］刘军宁. 民主与民主化［M］. 北京：商务印书馆，1999.

（二）论文

［1］莫纪宏. 在法治轨道上有序推进"全过程人民民主"［J］. 中国

法学，2021（6）.

[2] 程竹汝. 论全过程人民民主的制度之基 [J]. 中共中央党校（国家行政学院）学报，2021（6）.

[3] 鲁品越. 全过程民主：人类民主政治的新形态 [J]. 马克思主义研究，2021（1）.

[4] 蒯正明. 全过程人民民主对人类政治文明的新贡献 [J]. 马克思主义研究，2021（9）.

[5] 王宗礼、李振江. 全过程人民民主：社会主义民主政治理论与实践的重大创新 [J]. 行政论坛，2021（4）.

[6] 王建华. 中国共产党局部执政时期政权选举的特点 [J]. 南京社会科学，2016（7）.

[7] 陈炳辉，王卫. 民主共识的达成——协商民主解决多元偏好冲突的路径选择 [J]. 厦门大学学报（哲学社会科学版）. 2012（5）.

[8] 陈大雄. 民主的威力——乐河镇村民议事会纪实 [J]. 社会工作，1994（6）.

[9] 陈怀平. 基于理论与价值本源的中国协商民主理路透析——兼与李景治先生商榷 [J]. 社会主义研究，2014（2）.

[10] 陈怀平. 协商民主的实践理念探析 [J]. 中国特色社会主义研究，2014（2）.

[11] 陈怀平. 正当性缺失：西方协商民主理论与实践的逻辑悖理 [J]. 新疆社会科学，2014（4）.

[12] 陈辉，谢世诚. 建国初期城市居民委员会研究 [J]. 当代中国史研究，2002（4）.

[13] 陈家刚. 城乡社区协商民主重在制度实践 [J]. 国家治理，2015（34）.

[14] 陈家刚. 基层协商民主的实践路径与前景 [J]. 河南社会科学，2017（8）.

[15] 陈家刚. 协商民主：制度设计及实践探索 [J]. 国家行政学院学报, 2017 (1).

[16] 陈家刚. 协商民主：概念、要素与价值 [J]. 中共天津市委党校学报, 2005 (3).

[17] 陈家刚. 协商民主的价值、挑战与前景 [J]. 中共天津市委党校学报, 2008 (3).

[18] 陈家刚. 协商民主引论 [J]. 马克思主义与现实, 2004 (3).

[19] 陈家刚. 协商民主与当代中国的政治发展 [J]. 北京联合大学学报, 2008 (6).

[20] 陈家刚. 协商民主与政治协商 [J]. 学习与探索, 2007 (2).

[21] 陈家刚. 中国协商民主的比较优势 [J]. 新视野, 2014 (1).

[22] 陈家喜, 桑玉成. 组合式选举：党内公推直选的模式选择与体制约束 [J]. 江苏行政学院学报, 2012 (4).

[23] 陈进华. 治理体系现代化的国家逻辑 [J]. 中国社会科学, 2019 (5).

[24] 陈朋亲. 论"三三制"政权对我国选举民主与协商民主协同发展的启示 [J]. 理论观察, 2015 (8).

[25] 陈剩勇, 杜洁. 互联网公共论坛与协商民主：现状、问题和对策 [J]. 学术界, 2005 (5).

[26] 陈剩勇, 杜洁. 互联网公共论坛：政治参与和协商民主的兴起 [J]. 浙江大学学报 (人文社会科学版), 2005 (3).

[27] 陈剩勇. 协商民主理论与中国 [J]. 浙江社会科学, 2005 (1).

[28] 陈曙光, 刘影. 西方话语中的"民主陷阱"及其批判 [J]. 毛泽东邓小平理论研究, 2015 (2).

[29] 陈毅. 基于协商的治理：中国的协商政治研究 [J]. 探索, 2015 (6).

[30] 陈元中, 闪希. 论基层选举民主与协商民主的理论范式、制度

模式及协同发展向度 [J]．中共福建省委党校学报，2016 (1)

[31] 程凯．一九四九年前后"各界人民代表会议"的确立与演变 [J]．中共党史研究，2016 (11).

[32] 程竹汝．试论人民政协作为专门协商机构的意蕴 [J]．中共福建省委党校学报，2016 (5).

[33] 池忠军．治国理政途径的协商民主话语阐释 [J]．理论与改革，2017 (2).

[34] 池忠军．毛泽东思想对社会主义协商民主的贡献 [J]．湖南科技大学学报（社会科学版），2017 (3).

[35] 崔应美，梁月群．中国选举民主与协商民主比较研究 [J]．社会主义研究，2015 (3).

[36] 村民委员会选举规程 [J]．中国民政，2013 (5).

[37] 戴均．协商民主：村民自治可持续发展的政治诉求 [J]．人文杂志，2009 (2).

[38] 戴玉琴．改革开放以来农村民主政治发展论析 [J]．马克思主义与现实，2008 (5).

[39] 戴玉琴．农村协商民主：乡村场域中群众路线实现的政治路径 [J]．江苏社会科学，2016 (2).

[40] 党代表大会代表的产生（二）[J]．党建研究，2012 (3).

[41] 党的代表大会制度和党的代表会议制度 [J]．党建研究，2012 (1).

[42] 党小组及党小组会议 [J]．支部建设，2018 (13).

[43] 邓红，梁丽辉．"三位一体"：抗战时期晋察冀边区村政权的构成及职能 [J]．抗日战争研究，2011 (3).

[44] 邓玉函，何为．论社会主义核心价值观视阈下的政治平等 [J]．云南民族大学学报（哲学社会科学版），2016 (4).

[45] 董树彬．人大选举民主与政协协商民主的协同发展 [J]．理论

探讨，2015（6）.

[46] 董树彬. 协商民主发展的中国智慧 [J]. 当代世界与社会主义，2018（2）.

[47] 段治文，杨光. 论中国式协商民主的逻辑形成 [J]. 理论探讨，2017（2）.

[48] 樊泓池，赵连章. 新时期中国共产党执政资源更新论——以中国多元化社会分层为视角 [J]. 探索，2011（1）.

[49] 方刘松，蒋建新. 协商民主：推进国家治理现代化的有效机制 [J]. 黑龙江社会科学，2014（7）.

[50] 方刘松，张立. 中国协商民主的生成逻辑与现实定位 [J]. 求实，2013（2）.

[51] 房宁. 发展协商民主是中国民主建设的重点 [J]. 中国政协理论研究，2014（3）.

[52] 冯莉. 新中国基层选举六十年：变迁、特征与意义 [J]. 毛泽东邓小平理论研究，2009（9）.

[53] 福建省委党校课题组. 论中国社会阶层结构变迁对党执政基础的影响 [J]. 中共福建省委党校学报，2006（9）.

[54] 付超. 中国基层协商民主发展的内外逻辑 [J]. 内蒙古农业大学学报（社会科学版），2016（1）.

[55] 谷玉辉，朱哲. 中国农村协商民主制度体系建构路径探析 [J]. 南京政治学院学报，2017（6）.

[56] 顾碧，刘俊杰. 中国协商民主与选举民主关系的理论分析与历史考察 [J]. 社科纵横，2017（12）.

[57] 顾建军，王柳，曹伟. 人民政协协商民主的创新、问题及优化——杭州市政协的实践与探索 [J]. 中共天津市委党校学报，2016（2）.

[58] 关锋. 有效性与事实性的复杂关联与双轨制协商民主——哈贝

马斯民主法治国思想的深层解读［J］．天津社会科学，2011（3）．

［59］郭红军．政府协商的基本内涵、现实障碍与优化路径［J］．中州学刊，2020（1）．

［60］郭亚全．论中国共产党执政资源的有效利用及其优势拓展［J］．理论探讨，2011（3）．

［61］韩光宇．选举人大与人大选举［J］．中共中央党校学报，2011（1）．

［62］韩志明．选举民主与协商民主的比较——以民意信息处理为中心的技术分析［J］．清华大学学报（哲学社会科学版），2019（1）．

［63］何彬生，曾昭伟．论协商民主与选举民主相结合对中国特色社会主义民主的创新与发展——兼论西方代议制的选举民主的本质及历史局限性［J］．湖南省社会主义学院学报，2011（1）．

［64］何俊志，钟本章．新中国人大选举组织体系的演化模式［J］．北京行政学院学报，2019（2）．

［65］贺美，程晓．协商民主在不同领域中的应用［J］．学术探索，2014（11）．

［66］赫崇飞．试论统一战线工作对党的执政能力建设的作用［J］．白城师范学院学报，2012（4）．

［67］侯书和．论中国共产党的协商民主执政方式［J］．中州学刊，2014（3）．

［68］侯微．清末宪政改革的意义［J］．兰台世界，2010（11）．

［69］黄列．协商民主必须以选举民主为基础［J］．团结，2011（5）．

［70］黄明英．贤能民主：贤能政治与民主政治的融合［J］．天府新论，2018（4）．

［71］黄明哲，吴丽芳．论优化党的执政环境［J］．江西社会科学，2005（3）．

［72］黄相怀，李向军．"中国式民主"的现实逻辑与内在理路［J］．

中国特色社会主义研究, 2013 (4).

　　[73] 黄相怀, 李向军. "中国式民主"的政治智慧 [J]. 求是, 2014 (4).

　　[74] 贾可卿. 协商民主的价值及其局限 [J]. 新视野, 2008 (4).

　　[75] 贾庆林. 健全社会主义协商民主制度 为全面建成小康社会广泛凝聚智慧和力量 [J]. 求是, 2012 (23).

　　[76] 江畅. 论价值的基础、内涵和结构 [J]. 江汉论坛, 2000 (7).

　　[77] 蒋红. 协商民主: 社会主义民主优越性的本质体现 [J]. 红旗文稿, 2013 (19).

　　[78] 金安平, 姚传明. "协商民主": 在中国的误读、偶合以及创造性转换的可能 [J]. 新视野, 2007 (5).

　　[79] 金太军, 周义程. 西式选举民主的病症与病根 [J]. 红旗文稿, 2016 (17).

　　[80] 金业钦. 参与型公民文化与政治稳定 [J]. 理论月刊, 2014 (6).

　　[81] 寇鸿顺. 协商民主: 中国特色民主的自主性制度创新 [J]. 河南大学学报 (社会科学版), 2013 (4).

　　[82] 郎友兴. 商议式民主与中国的地方经验: 浙江省温岭市的"民主恳谈会"[J]. 浙江社会科学, 2005 (1).

　　[83] 黎家佑. 群众路线与协商民主的逻辑契合——对推进中国民主政治建设的思考 [J]. 党的文献, 2016 (2).

　　[84] 李昌鉴. 以十八大的理论创新精神推动人民政协理论研究工作 [J]. 中国政协理论研究, 2013 (1).

　　[85] 李承福, 周德丰. 中国式协商民主的优秀传统文化底蕴 [J]. 学术探索, 2017 (8).

　　[86] 李格. 论"人民代表会议"制 [J]. 中共党史研究, 2010 (10).

[87] 李广民, 张怀勋. 选举民主与协商民主之比较 [J]. 中国政协理论研究, 2011 (1).

[88] 李建, 宋连胜. 协商民主与选举民主协同发展的治理优势 [J]. 长白学刊, 2016 (6).

[89] 李景治. 当代中国政治发展中的协商民主与票决民主 [J]. 中国人民大学学报, 2011 (5).

[90] 李奎. 浅析选举民主 [J]. 湖北社会科学, 2007 (5).

[91] 李奎. 选举民主的积极功能 [J]. 武汉理工大学学报 (社会科学版), 2007 (2).

[92] 李良栋. 我国民主政治建设的前沿问题 [J]. 湖南社会科学, 2012 (1).

[93] 李蕊. 人大协商: 内涵、理论与要素 [J]. 经济社会体制比较, 2018 (4).

[94] 李涛, 王新强. 协商民主、选举民主与民主政治建设 [J]. 政治学研究, 2014 (3).

[95] 李先广. 强化党的委员会全体会议的作用 [J]. 领导科学, 2011 (23).

[96] 李晓彬, 汪金龙. 城市社区党群议事会的困境与对策——以上海市 L 社区为例 [J]. 党政论坛, 2016 (11).

[97] 李永洪. 把法治思维作为公民文化培育的重要支点 [J]. 理论探索, 2015 (6).

[98] 李允熙, 杨波. 协商民主中国化的理论与实践研究 [J]. 安徽大学学报 (哲学社会科学版), 2008 (4).

[99] 梁妍慧. 党管干部原则内涵探析 [J]. 中国党政干部论坛, 2005 (7).

[100] 梁迎修. 推进国家治理体系和治理能力现代化的法治之道 [J]. 社会治理, 2019 (11).

[101] 廖维晓，王琦. 民主技术的演进——从辩论、投票、选举、媒介到网络 [J]. 社会主义研究，2011 (2).

[102] 林帮钦. 论马克思的需要理论与分配正义的张力 [J]. 山东社会科学，2020 (6).

[103] 林开华. 公民有序政治参与之平等 [J]. 人民论坛，2008 (6).

[104] 林尚立. 论以人民为本位的民主及其在中国的实践 [J]. 政治学究，2016 (3).

[105] 林尚立. 协商政治：对中国民主政治发展的一种思考 [J]. 学术月刊，2003 (4).

[106] 林尚立. 协商政治与和谐社会：中国的国家建设之路 [J]. 天津社会科学，2008 (3).

[107] 林尚立. 协商政治与中国的政治形态 [J]. 中国人民政协理论研究会议会刊，2007 (1).

[108] 林学启. 党内选举的模式演进及其创新路径 [J]. 理论导刊，2012 (11).

[109] 林雪霏. 当地方治理体制遇到协商民主——基于温岭"民主恳谈"制度的长时段演化研究 [J]. 公共管理学报，2017 (1).

[110] 刘春择. 论协商民主理论价值原则的政治文化根源——以中西方政治文化比较为视角 [J]. 学术交流，2011 (8).

[111] 刘大生. 规范党的领导的三个基本方面 [J]. 政治与法律，2004 (2).

[112] 刘光峰. 党内选举的历史回顾与展望 [J]. 求实，2011 (7).

[113] 刘红凛. "对上负责"与"对下负责"何以兼得——论差额选举与民主政治有序发展 [J]. 人民论坛·学术前沿，2013 (2).

[114] 刘建明. 利益冲突型群体性事件的化解之道：协商民主视角的解读 [J]. 学海，2011 (6).

［115］刘俊杰. 马克思恩格斯民主制思想的再阐释［J］. 中南大学学报（社会科学版），2018（6）.

［116］刘俊杰. 国外学界关于中国社会主义协商民主的研究现状及启示［J］. 学习与探索，2019（6）.

［117］刘俊杰. 城市社区协商民主的现实问题与推进路径——以无锡市城市社区议事会为例［J］. 黑龙江社会科学，2018（4）.

［118］刘俊杰. 发展社会主义协商民主需要正确认识和处理的五大关系［J］. 中州学刊，2015（1）.

［119］刘俊杰. 人民政协政治协商面临的问题与发展路径［J］. 中州学刊，2012（1）.

［120］刘俊杰. 西方代议制民主的两大民主理论批判及其比较——基于马克思主义民主理论与西方协商民主理论［J］. 理论月刊，2018（11）.

［121］刘俊杰. 中国党际协商民主的实践价值论析［J］. 江西师范大学学报（哲学社会科学版），2013（1）.

［122］刘俊杰. 要正确把握中国特色社会主义制度的优势［J］. 中共福建省委党校学报，2015（12）.

［123］刘敏军，吴怀友. 西方国家推崇的选举民主真相透视［J］. 红旗文稿，2018（11）.

［124］刘仁勇. 完善协商民主理论实践 推进国家治理体系建设［J］. 中央社会主义学院学报，2014（1）.

［125］刘世华. 协商民主广泛多层制度化发展面临的问题及对策论析［J］. 理论学刊，2014（4）.

［126］刘同舫. 构建人类命运共同体对历史唯物主义的原创性贡献［J］. 中国社会科学，2018（7）.

［127］刘玉辉. 中华民族传统政治文明中的民主基因及中西民主观的异同［J］. 红旗文稿，2016（17）.

［128］刘志锋. 协商彰显民主实质——"直击县乡人大代表换届选

举"之协商代表正式候选人［J］.人民论坛，2006（12）.

［129］卢瑾.协商民主与中国民主政治建设［J］.学术探索，2011（2）.

［130］路立营.制度变迁中的协商民主［J］.河北学刊，2011（1）.

［131］罗峰.社会主义政治文明与公民的政治素质［J］.党政论坛，2003（2）.

［132］马宝成.如何认识选举民主与协商民主的关系［J］.中国党政干部论坛，2013（7）.

［133］马奔，程海漫，李珍珍.从分散到整合：协商民主体系的构建［J］.中共中央党校学报，2017（2）.

［134］马奔，彭宗超.协商民主与票决民主的整合：中国民主政治发展模式的探讨［J］.中国政协理论研究，2009（4）.

［135］马奔.协商民主与选举民主：渊源、关系与未来发展［J］.文史哲，2014（3）.

［136］马德普.协商民主是选举民主的补充吗［J］.政治学研究，2014（4）.

［137］马黎晖.选举民主与协商民主［J］.贵州民族学院学报（哲学社会科学版），2012（3）.

［138］马岭.选举权的性质解析［J］.法商研究，2008（2）.

［139］马宁奇.马克思的市民社会理论与社会主义公民文化教育［J］.河南师范大学学报（哲学社会科学版），2013（5）

［140］马全江，傅开梅.论选举与民主［J］.理论学刊，2009（3）.

［141］马晓红.对公民政治素质的个案分析与思考［J］.科学社会主义，2005（6）.

［142］宁超，郭小聪.论新时代协商民主与选举民主的协同发展［J］.湖北社会科学，2018（12）.

［143］欧阳君君，马岩.论行政协商决策及其制度保障［J］.河南师

范大学学报（哲学社会科学版），2012（2）.

[144] 潘荣江，陈朋. 选举民主与协商民主共生发展：乡村的实践与价值——浙江泽国镇的案例启示 [J]. 中国特色社会主义研究，2009（4）.

[145] 庞洪铸. 权力控制：民主政治的基石和根本要求 [J]. 河南师范大学学报（哲学社会科学版），2010（5）.

[146] 彭姝. 协商民主：国家治理现代化转型的政治逻辑 [J]. 甘肃理论学刊，2014（7）.

[147] 浦兴祖. 重新认识"被选举权" [J]. 探索与争鸣，2016（3）.

[148] 戚建庄，霍振，赵一鸿. 正确处理选举民主与协商民主的关系 [J]. 人大建设，2016（6）.

[149] 齐卫平，陈朋. 现代国家治理与协商民主的耦合及其共进发展 [J]. 华东师范大学学报（哲学社会科学版），2014（4）.

[150] 齐卫平，陈朋. 协商民主：社会主义政治文明建设的生长点 [J]. 贵州社会科学，2008（5）.

[151] 齐卫平. 协商民主制度与中国特色社会主义政治发展 [J]. 桂海论丛，2013（1）.

[152] 齐艳红. 协商民主与社会正义——当代西方民主理论的内在反思及其社会基础 [J]. 山东社会科学，2017（5）.

[153] 邱国良，戴利朝. 困境与出路：协商民主与村级选举制度的完善——以江西省若干村选举为研究对象 [J]. 求实，2007（11）.

[154] 曲延春，陈浩彬. 农村基层协商民主制度化：实践困境与推进路径 [J]. 农村经济，2017（10）.

[155] 曲延春. 中国乡村治理中的协商民主：发展逻辑与推进对策 [J]. 农村经济，2011（11）.

[156] 任德新，楚永生，陆凯旋. 国家治理体系和治理能力现代化的阐释 [J]. 江苏社会科学，2017（4）.

[157] 任进. 清末的咨议局 [J]. 法学杂志, 1994 (2).

[158] 任中平, 张露露. 党内民主带动人民民主的路径和机制探析 [J]. 探索, 2016 (4).

[159] 任中平. 党内民主与人民民主、国家民主与社会民主的关系辨析及发展走向 [J]. 云南社会科学, 2011 (2).

[160] 任中义. 新中国中央人民政府组织结构的人民性意蕴 [J]. 毛泽东邓小平理论研究, 2019 (9).

[161] 山东省人大常委会研究室课题组. 对地方人大开展协商工作基本方式和制度机制问题的思考 [J]. 山东人大工作, 2017 (7).

[162] 申建林, 蒋田鹏. 中国民主政治发展的 "协商" 与 "选举" 之辩——兼评 "协商民主优先论" [J]. 武汉大学学报 (哲学社会科学版), 2014 (1).

[163] 施雪华, 孙发锋. 对中国特色社会主义政治发展道路的理论探索——关于中国政治发展的动力、方式、途径和手段 [J]. 马克思主义研究, 2009 (4).

[164] 时伟. 增强公民参与意识是促进公民有序政治参与的重要条件 [J]. 学校党建与思想教育 (下), 2010 (11).

[165] 史成虎. 现代公民文化: 构建良性政治生态的 "软件" [J]. 理论导刊, 2016 (5)

[166] 史献芝. 协商民主与社会管理的链接与良性互动 [J]. 理论探讨, 2012 (2).

[167] 宋坚刚, 赵宬斐. 党内 "选举民主" 与 "协商民主" ——双向逻辑演进及其兼容性分析 [J]. 石河子大学学报 (哲学社会科学版), 2014 (6).

[168] 宋雄伟. 政府协商的逻辑起点、基本内涵与完善路径 [J]. 江汉论坛, 2016 (6).

[169] 宋玉波, 黄锟. 党政体制改革的探索与优化 [J]. 上海行政学

院学报，2020（1）.

[170] 苏爱萍. 浅论协商民主在我国农村基层民主政治中的实践 [J]. 东岳论丛，2013（12）.

[171] 孙德海. 中西方协商民主同构异质的学理分析 [J]. 中州学刊，2018（2）.

[172] 孙关宏. 对"中国式民主"的五点思考和质疑 [J]. 党政视野，2015（2）.

[173] 孙照红. 选举民主和协商民主：中国特色的双轨民主模式 [J]. 唯实，2007（7）.

[174] 谈火生，于晓虹. 中国协商民主的制度化：议题与挑战 [J]. 华中师范大学学报（人文社会科学版），2017（6）.

[175] 谈火生. 双周协商座谈会：人民政协协商民主的制度创新 [J]. 国家行政学院学报，2017（2）.

[176] 谈火生. 协商民主理论发展的新趋势 [J]. 科学社会主义，2015（6）.

[177] 唐鸣，魏来. 协商民主的生长逻辑——中国经验的整体性视角和理论研究的整合性表述 [J]. 江苏社会科学，2016（5）.

[178] 陶文昭. 协商民主的中国视角 [J]. 学术界，2006（5）.

[179] 同文. 完善选举民主 健全协商民主 [J]. 江苏政协，2011（11）.

[180] 万雪芬. 完善党代表选举机制的操作规则探究 [J]. 领导科学，2015（26）.

[181] 王翠芳. 发展党内民主——党内监督的基础政治生态建设之关键 [J]. 社会主义研究，2010（5）.

[182] 王道坤. 协商民主在中国的适用性条件及其前景 [J]. 华中师范大学学报（人文社会科学版），2006（4）.

[183] 王凡. 党内民主示范带动人民民主的理论与实践研究——以成

都为例 [J]．理论与改革，2009（2）．

[184] 王芳．比较视角下的国家治理模式及其理论构建 [J]．人民论坛·学术前沿，2016（20）．

[185] 王光华．党的代表大会制度的演进与取向 [J]．重庆社会科学，2011（5）．

[186] 王海军，刘云华．宪政视角下中国共产党执政体制建设的制度设计 [J]．求实，2009（11）．

[187] 王聚芹，饶一鸣．新时代"人类命运共同体"的"天下"治理 [J]．甘肃社会科学，2018（2）．

[188] 王俊拴．党内民主对人民民主的示范和带动作用分析——学习十六大报告的点滴体会 [J]．政治学研究，2003（2）．

[189] 王敏，冯秋婷．党的全面领导：理论逻辑与实践机制 [J]．中共福建省委党校学报，2018（11）．

[190] 王浦劬．中国的协商治理与人权实现 [J]．北京大学学报（哲学社会科学版），2012（6）．

[191] 王珊．加强人民政协协商民主制度建设的对策研究 [J]．广东省社会主义学院学报，2018（3）．

[192] 王廷连．有感于"民主还是中国的好" [J]．红旗文稿，2009（4）．

[193] 王孝勇．论"三三制"政权建设中选举民主与协商民主的有机结合及其启示 [J]．湖北社会科学，2013（7）．

[194] 王岩，魏崇辉．协商治理的中国逻辑 [J]．中国社会科学，2016（7）．

[195] 王一多．政治权利平等是公民社会权利平等的前提条件 [J]．西南民族大学学报（人文社会科学版），2010（11）．

[196] 魏晓文，李春山．当代中国公民政治素质发展的动力机制和互动规律 [J]．思想教育研究，2011（12）．

［197］魏星河. 我国公民有序政治参与的涵义、特点及价值［J］. 政治学研究, 2007 (2).

［198］温敬元. 论健全中国共产党的执政体制——以政党政治的基本架构为视角［J］. 中共福建省委党校学报, 2007 (11).

［199］吴斌. 我国公民权利意识现状述评［J］. 云南社会科学, 2009 (3).

［200］吴辉. 党的十九大代表是如何产生的［J］. 前线, 2017 (10).

［201］吴鹏. 红色政权第一个施政纲领［J］. 华北民兵, 2011.

［202］吴莹. 国家治理现代化视阈下中国共产党执政资源的开发与利用［J］. 广西社会科学, 2017 (4).

［203］夏继舟. 比较分析: 选举民主与协商民主［J］. 理论界, 2010 (1).

［204］肖永明. 协商民主: 人大不应"缺席"［J］. 人大研究, 2015 (3).

［205］萧树祥. 论建国初期各界人民代表会议的历史作用［J］. 中共党史研究, 1992 (1).

［206］谢文娟, 张乾元. 论构建人类命运共同体的"四位一体"——学习习近平人类命运共同体的重要论述［J］. 社会主义研究, 2018 (2).

［207］谢一彪, 朱腾云. 论中国苏维埃选举制度的特点［J］. 赣南师范学院学报, 2002 (1).

［208］辛向阳. 坚持党的领导、人民当家作主、依法治国有机统一［J］. 思想理论教育导刊, 2014 (1).

［209］徐嘉. 中国共产党全国代表大会全纪录 新世纪召开的首次党代表大会——中共十六大［J］. 党史纵览, 2011 (11).

［210］徐建萍. 当代中国社会阶级阶层结构与政党制度的关系演变及特点分析［J］. 中央社会主义学院学报, 2013 (6).

［211］徐艳玲, 李聪. "人类命运共同体"价值意蕴的三重维度

[J]．科学社会主义，2016（3）.

[212] 徐勇，吕楠．热话题与冷思考——关于国家治理体系和治理能力现代化的对话 [J]．当代世界与社会主义，2014（1）.

[213] 许耀桐．党内民主和人民民主的相互关系 [J]．毛泽东研究，2017（6）.

[214] 许奕锋．选举民主与协商民主的内在逻辑及价值取向 [J]．湖南省社会主义学院学报，2011（2）.

[215] 郇雷．协商民主对票决民主的改造和完善 [J]．上海师范大学学报（哲学社会科学版），2016（5）

[216] 言浩杰，李婧．十八大以来社会主义协商民主制度化研究综述——基于文献计量法的实证分析 [J]．湖北行政学院学报，2017（10）.

[217] 言浩杰，李婧．习近平全面从严治党思想中的"自我革命"论 [J]．思想政治教育研究，2017（05）.

[218] 言浩杰，李婧．习近平新时代民主思想探究 [J]．广西社会科学，2018（05）.

[219] 颜杰峰．当前党代表选举中存在的问题、原因与对策 [J]．理论探讨，2015（4）.

[220] 燕继荣．"中国式民主"的理论构建 [J]．经济社会体制比较，2010（3）.

[221] 燕继荣．协商民主的价值和意义 [J]．科学社会主义，2006（6）.

[222] 杨弘，郭雨佳．农村基层协商民主制度化发展的困境与对策——以农村一事一议制度完善为视角 [J]．政治学研究，2015（6）.

[223] 杨华．县域治理中的党政体制：结构与功能 [J]．政治学研究，2018（5）.

[224] 杨克勤．扎实推进政府协商 加强社会主义协商民主建设 [J]．中国政协理论研究，2015（3）.

［225］杨丽华. 民主选举与选举民主［J］. 山东社会科学，2001 (2).

［226］杨玉凤. 从"中国式民主"看"中国模式"［J］. 当代世界与社会主义，2010 (6).

［227］包心鉴. 协商民主制度化与国家治理现代化［J］. 学习与实践，2014 (3).

［228］叶长茂. 协商民主：后发国家政治可持续发展的优选路径［J］. 高校理论战线，2013 (3).

［229］易承志. 协商民主、国家建设与国家治理［J］. 学术月刊，2016 (3).

［230］易承志. 中国协商民主法治化的诉求与建构逻辑［J］. 当代世界与社会主义，2016 (2).

［231］殷冬水. 政治平等：神话还是现实——政治平等的内在逻辑与实现路径的规范分析［J］. 江海学刊，2015 (2).

［232］尹汉宁. 西方民主源流与资产阶级民主的实质［J］. 红旗文稿，2013 (18).

［233］尹学朋，龙志芳. 以党内民主带动人民民主发展的研究理路［J］. 学习论坛，2012 (3).

［234］尹中卿. 三十年来中国人大选举制度不断改进［J］. 中国人大，2008 (19).

［235］虞崇胜，何志武. 选举民主与协商民主的互动效应分析［J］. 学习与实践，2007 (1).

［236］虞崇胜. "人民民主专政"概念的历史考察［J］. 党的文献，1999 (5).

［237］袁达毅. 推进我国选举制度建设的几点思考［J］. 北京行政学院学报，2016 (3).

［238］袁廷华. 论政治协商的政治功能、民主价值和完善途径［J］.

中央社会主义学院学报, 2006 (5).

[239] 张爱军, 王伟辰. 中国协商民主发展的多维透视 [J]. 贵州社会科学, 2012 (4).

[240] 张爱军, 杨晓丹. 选举式民主、协商式民主与人民政协 [J]. 信阳师范学院学报 (哲学社会科学版), 2009 (6).

[241] 张爱军, 张嫒. 网络协商民主的实践优势、困境及其化解 [J]. 江淮论坛, 2019 (04).

[242] 张程. 揭穿西式选举民主的"神话" [J]. 红旗文稿, 2017 (4).

[243] 张聪, 蔡文成. 选举民主: 政治合法性的建构及其困境 [J]. 理论与改革, 2014 (5).

[244] 张等文, 管文行. 中国农村协商民主与选举民主的互动关系 [J]. 理论与改革, 2015 (6).

[245] 张等文, 刘彤. 西方学者视域中的协商民主: 理念、价值与限度 [J]. 东北师范大学学报 (哲学社会科学版), 2012 (1).

[246] 张等文, 杨才溢. 网络协商民主发展的障碍因素与良性运行思路 [J]. 东北师大学报 (哲学社会科学版), 2017 (4).

[247] 张等文, 岳登晓. 协商民主视角下的行政听证制度优化路径 [J]. 探索, 2016 (2).

[248] 张方华. 协商民主语境下的公民参与 [J]. 南京社会科学, 2007 (7).

[249] 张紧跟. 邻避冲突何以协商治理: 以杭州九峰垃圾焚烧发电项目为例 [J]. 行政论坛, 2018 (4).

[250] 张莉. 论选举民主与协商民主 [J]. 西南石油大学学报 (社会科学版), 2011 (2).

[251] 张明军, 易承志. 中国复合民主的价值及其优化逻辑 [J]. 政治学研究, 2017 (02).

［252］张润嘉. 论权威稳定模式下的民主［J］. 人民论坛，2013（8）.

［253］张善喜. "村改居"社区居委会选举困境与治理路径——以城乡协调发展为视角［J］. 中国农村观察，2016（4）.

［254］张书林. 地方党的代表大会制度科学化论析［J］. 学习论坛，2012（1）.

［255］张太保. 我国农村发展协商民主的基础探析［J］. 求实，2011（1）.

［256］张维为. 中国人，你要自信！［J］. 党的生活（黑龙江），2015（4）.

［257］张献生，吴茜. 西方协商民主理论与我国社会主义民主政治［J］. 中国特色社会主义研究，2006（4）.

［258］张翔，吴晓林. 中国行政机构协商民主的运作模式、逻辑与建议［J］. 经济社会体制比较，2014（4）.

［259］张雅勤. 论国家治理体系和治理能力现代化的价值目标——基于现代性分化与融合的视角［J］. 中国行政管理，2015（10）.

［260］张扬. 论我国社会主义协商民主体系中的政府协商［J］. 浙江学刊，2016（3）.

［261］张毅. 中西协商民主比较研究［J］. 云南行政学院学报，2015（3）.

［262］赵宬斐，年言波. 基层党内选举民主与协商民主协同机制研究［J］. 新视野，2016（4）.

［263］赵宬斐. "协商式选举"：党内选举的路径探索及分析［J］. 教学与研究，2015（2）.

［264］赵光勇. "浙江模式"的一种政治阐述——读"让公民来当家：公民有序政治参与和制度创新的浙江经验研究"［J］. 浙江社会科学，2009（4）.

［265］赵天娥. 推进国家治理体系和治理能力现代化的四个维度 ［J］. 探索，2014（6）.

［266］赵中源. 人民民主的时代诠释及其基本边界 ［J］. 当代世界与社会主义，2014（6）.

［267］殷冬水. 论国家认同的四个维度 ［J］. 南京社会科学，2016（5）.

［268］中共中央办公厅国务院办公厅关于加强和改进乡村治理的指导意见 ［J］. 新农村，2019（9）.

［269］中共中央关于加强和改进新形势下党的建设若干重大问题的决定 ［J］. 党建研究，2009（11）.

［270］中国共产党党员权利保障条例 ［J］. 党的建设，2004（11）.

［271］中国共产党地方组织选举工作条例 ［J］. 党的建设，1994（5）.

［272］中华苏维埃共和国宪法大纲 ［J］. 江西社会科学，1981.

［273］周建章. 新体制下的地方党委常委会决策机制探析 ［J］. 领导科学，2010（9）.

［274］周淑真. 从比较的视角看中西政党制度 ［J］. 新视野，2014（1）.

［275］周文朗，刘宝良. 农民参政议政的有效途径——孤山子镇农村实行"双议事会"制度的调查 ［J］. 党政干部学刊，1990（3）.

［276］周义程. 票决民主中的票决困境解析 ［J］. 学海，2009（3）.

［277］朱勤军. 中国政治文明建设中的协商民主探析 ［J］. 政治学研究，2004（3）.

［278］朱世海. 选举民主与协商民主相结合是中国社会主义民主的重要特色 ［J］. 中央社会主义学院学报，2008（1）.

［279］朱应平. 论建立全国人大常委会一体化免职和撤职制度 ［J］. 华东政法大学学报，2019（5）.

［280］朱兆华. 党内选举民主与党内协商民主的互动关系研究［J］. 中州学刊，2013（2）.

［281］［澳］何包钢. 中国农村从村民选举到乡村协商：协商民主试验的一个案例研究［J］. 周艳辉译，国外理论动态，2017（4）.

［282］［澳］何包钢. 中国协商民主制度［J］. 陈承新，摘译. 浙江大学学报（人文社会科学版），2005（3）.

［283］朱哲. 农村基层协商民主制度建设面临问题及对策［J］. 理论探讨，2016（6）.

［284］刘玲灵，徐成芳. 论当代中国协商民主的历史底蕴与创新［J］. 社会主义研究，2014（3）.

［285］唐皇凤. 新贤能政治：我国干部选拔制度的民主化与现代化［J］. 复旦学报（社会科学版），2016（4）.

［286］中国共产党党务公开条例（试行）［J］. 社会主义论坛，2018（1）.

［287］包心鉴. 论协商民主的现实政治价值和制度化构建［J］. 中共天津市委党校学报，2013（1）.

（三）报纸

［1］习近平. 高举中国特色社会主义伟大旗帜 为全面建设社会主义现代化国家而团结奋斗——在中国共产党第二十次全国代表大会上的报告［N］. 人民日报，2022-10-26.

［2］习近平. 在庆祝中国共产党成立100周年大会上的讲话［N］. 人民日报，2021-07-02.

［3］关于加强和完善城乡社区治理的意见［N］. 人民日报，2017-06-13.

［4］关于新形势下党内政治生活的若干准则［N］. 人民日报，2016-11-03.

［5］胡锦涛在首都各界纪念全国人民代表大会成立50周年大会上的讲话［N］.人民日报，2004-09-16.

［6］胡锦涛.坚定不移沿着中国特色社会主义道路前进 为全面建成小康社会而奋斗［N］.人民日报，2012-11-18.

［7］中华人民共和国国务院新闻办公室.中国的政党制度［N］.人民日报，2007-11-16.

［8］廖振民，尹继承.推进选举民主与协商民主的协调配合［N］.广西政协报，2013-10-17.

［9］习近平.共倡开放包容 共促和平发展——在伦敦金融城市长晚宴上的演讲［N］.人民日报，2015-10-23.

［10］深化农村改革综合性实施方案［N］.人民日报，2015-11-03.

［11］习近平.决胜全面建成小康社会 夺取新时代中国特色社会主义伟大胜利［N］.人民日报，2017-10-28.

［12］习近平在第十三届全国人民代表大会第一次会议上的讲话［N］.2018-03-21.

［13］习近平在哲学社会科学工作座谈会上的讲话［N］.2016-05-19.

［14］习近平在庆祝全国人民代表大会成立60周年大会上的讲话［N］.人民日报，2014-09-06.

［15］习近平在庆祝中国人民政治协商会议成立65周年大会上的讲话［N］.人民日报，2014-09-22.

［16］习近平在首都各界纪念现行宪法公布施行30周年大会上的讲话［N］.人民日报，2012-12-05.

［17］习近平在中央政协工作会议暨庆祝中国人民政治协商会议成立70周年大会上的讲话［N］.人民日报，2014-09-21.

［18］徐继昌.南京市政协全程参与立法协商［N］.人民政协报，2013-02-27.

［19］杨雪冬. 推动选举民主与协商民主的发展［N］. 陕西日报，2009-03-25.

［20］俞可平. 衡量国家治理体系现代化的基本标准［N］. 南京日报，2013-12-10.

［21］习近平在第十八届中央纪律检查委员会第六次全体会议上的讲话［N］. 人民日报，2016-05-03.

［22］中办国办印发《关于深入推进农村社区建设试点工作的指导意见》［N］. 人民日报，2015-06-01.

［23］中共中央关于加强和改进新形势下党的建设若干重大问题的决定［N］. 人民日报，2009-09-28.

［24］中共中央关于加强人民政协工作的意见（摘要）［N］. 人民日报，2006-03-02.

［25］中共中央关于坚持和完善中国特色社会主义制度 推进国家治理体系和治理能力现代化若干重大问题的决定［N］. 人民日报，2019-11-06.

［26］中共中央国务院关于实施乡村振兴战略的意见［N］. 人民日报，2018-02-05.

［27］中共中央印发《关于加强社会主义协商民主建设的意见》［N］. 人民日报，2015-02-10.

［28］中共中央印发《中国共产党基层组织选举工作条例》［N］. 2020-07-21.

［29］中共中央召开党外人士座谈会［N］. 人民日报，2019-07-31.

［30］中国共产党章程［N］. 人民日报，2017-10-29.

［31］保障人民选举权和被选举权 确保选举工作风清气正［N］. 人民日报，2016-11-16.

［32］北京市社会科学院《社会主义协商民主研究》课题组. 对中国特色协商民主与选举民主相互关系的认识［N］. 北京日报，2008-01-11.

（四）文件汇缉

［1］中央人民政府政务院秘书厅．中央人民政府政务院政务会议文件汇辑（第3卷）［G］.1953.

二、英文文献

（一）著作

［1］American National Government［M］.Chicago：University of Chicago Press，1994.

［2］Dennis Thompson，Amy Gutmann. Why Deliberative Democracy? ［M］.Princeton，NJ：Princeton University Press，2009.

［3］Jorge M. Valadez. Deliberative Democracy，Political Legitimacy，and Self-Democracy in Multicultural Societies［M］.Boulder：USA Westview Press，2001.

［4］Ethan J. Leib And Baogang He，ed. The Search for Deliberative Democracy in China［M］.New York：Palgrave Macmillan US，2006.

（二）译著

［1］［澳］何包钢．协商民主：理论、方法和实践［M］.北京：中国社会科学出版社，2008.

［2］［美］罗伯特·达尔．多元主义民主的困境：自治与控制［M］.周军华译．长春：吉林人民出版社，2006.

［3］［美］罗伯特·达尔．论民主［M］.李风华编译．北京：中国人民大学出版社，2012.

［4］［英］安东尼·阿伯拉斯特．民主［M］.孙飞等译．长春：吉林人民出版社，2005.

［5］［美］萨托利．民主新论［M］.冯克利等译．上海：上海人民出版社，2009.

［6］［美］熊彼特. 资本主义、社会主义与民主［M］. 吴良健译. 北京：商务印书馆，1999.

［7］［美］弗朗西斯·福山. 历史的终结与最后的人［M］. 陈高华译. 桂林：广西师范大学出版社，2014.

［8］［美］哈罗德·F. 戈斯内尔，理查德·G. 斯莫尔卡. 美国政党和选举［M］. 复旦大学国际政治系译. 上海：上海译文出版社，1980.

［9］［美］阿米·古特曼，丹尼斯·汤普森. 民主与分歧［M］. 杨立峰等译. 上海：东方出版社，2007.

［10］［美］罗尔斯. 政治自由主义：批评与辩护［M］. 万俊人等译. 广州：广东人民出版社，2003.

［11］［美］本杰明·巴伯. 强势民主［M］. 彭斌、吴润洲译. 长春：吉林人民出版社，2006.

［12］［南非］毛里西澳·帕瑟林·登特里维斯. 作为公共协商的民主：新的视角［M］. 王英津等译. 北京：中央编译出版社，2006.

［13］［澳］约翰·德雷泽克. 协商民主及其超越：自由与批判的视角［M］. 丁开杰等译. 北京：中央编译出版社，2006.

（三）论文

［1］Alfred Moore. Public Bioethics and Deliberative Democracy［J］. Political studies，2010（4）.

［2］Ana Zeleznik. Is Successful Deliberation Possible? Theories of Deliberative Democracy in Relation to the State, Civil Society and Individuals［J］. Politicka Misao，2016（4）.

［3］Archon Fung. Deliberation before the Revolution：Toward an Ethics of Deliberative Democracy in an Unjust World［J］. Political Theory，2005（3）.

［4］Aviezer Tucker. Pre-emptive Democracy：Oligarchic Tendencies in Deliberative Democracy［J］. Political Studies，2008（1）.

[5] Beibei Tang. The Discursive Turn: Deliberative Governance in China's Urbanized Villages [J]. Journal of Contemporary China, 2015 (91).

[6] Didier Caluwaerts and Kris Deschouwer. Building Bridges across Political Divides: Experiments on Deliberative Democracy in Deeply Divided Belgium [J]. European Political Science Review, 2014 (3).

[7] Heejin Han. Policy Deliberation as a Goal: The Case of Chinese ENGO Activism [J]. Journal of Chinese Political Science, 2014 (2).

[8] Iris Marion Young. Activist Challenges to Deliberative Democracy [J]. Political Theory, 2001 (5).

[9] James A. Gardner. The Incompatible Treatment of Majorities, in Election Law and Deliberative Democracy [J]. Election Law Journal, 2013 (4).

[10] James S. Fishkin. Deliberative Democracy and Constitution [J]. Social Philosophy and Policy, 2011 (1).

[11] Jane Mansbridge et al. The Place of Self-Interest and the Role of Power in Deliberative Democracy [J]. Journal of Political Philosophy, 2010 (1).

[12] Jin-Wook Choi. Deliberative Democracy, Rational Participation and E-Voting in South Korea [J]. Asian Journal of Political Science, 2006 (1).

[13] Joseph M. Bessette. The Mild Voice of Reason: Deliberative Democracy and Kate Crowley. Can Deliberative Democracy Be Practiced? A Subnational Policy Pathway [J]. Politics and Policy, 2009 (5).

[14] Kenneth Baynes. Deliberative Democracy and Public Reason [J]. Veritas, 2010 (1).

[15] Kiran Cunningham, Hannah McKinney. Towards the Recognition and Integration of Action Research and Deliberative Democracy [J]. Journal of

Public Deliberation, 2010 (1).

[16] M. A. Griffin. Motivating Reflective Citizens: Deliberative Democracy and the Internal Deliberative Virtues [J]. The Journal of Value Inquiry, 2011 (2).

[17] Maeve Cooke. Five Arguments for Deliberative Democracy [J]. Political Studies, 2000 (5).

[18] Marcus Andre Melo, Gianpaolo Baiocchi. Deliberative Democracy and Local Governance: Towards a New Agenda [J]. International Journal of Urban and Regional Research, 2006 (3).

[19] Matthew Festenstein. Deliberative Democracy and Two Models of Pragmatism [J]. European Journal of Social Theory, 2004 (3).

[20] Michael Angelo Neblo. Thinking through Democracy: Deliberative Politics in Theory and Practice [J]. Acta Politica, 2005 (2).

[21] Ryfe, David M. Does Deliberative Democracy Work [J]. Annual Review of Political Science, 2005 (1).

[22] Samuel Freeman. Deliberative Democracy: A Sympathetic Comment [J]. Philosophy & Public Affairs, 2000 (4).

[23] Selen A. Ercan, John S. Dryzek. Special Issue: The Sites of Deliberativ Democracy [J]. Policy Studies, 2015 (3).

[24] Simon Niemeyer. Democracy and Climate Change: What Can Deliberative Democracy Contribute? [J]. Australian Journal of Politics and History, 2013 (3).

[25] Simone Chambers. Deliberative Democratic Theory [J]. Annual Review of Political Science, 2003 (1).

[26] Stephen Elstub. A Genealogy of Deliberative Democracy [J]. Democratic Theory, 2015 (1).

[27] Tina Nabatchi. Addressing the Citizenship and Democratic Deficits:

The Potential of Deliberative Democracy for Public Administration ［J］. The A-merican Review of Public Administration, 2010 (4).

　　［28］Wuyun Siqin, Wang Yujia. Socialist Consultative Democracy——CPPCC: Practicing Consultative Democracy ［J］. China Today, 2018 (3).

　　［29］Yasmin Dawood. Second－Best Deliberative Democracy and Election Law ［J］. Election Law Journal, 2013 (4).